시창작과
문화 콘텐츠

Poetry Creation & Cultural contents

김완하 외

글누리 HNU

책머리에

창의적인 상상력이 무엇보다 요구되는 시대이다. 삶 도처에는 우리가 주체적으로 움직여야 할 것으로 가득하다. 우리에게 '창작이란 무엇인가'라는 질문이 필요한 까닭이다. 어쩌면 살아가는 삶의 모든 과정을 창작이라 해야 옳을 것이다. 매일 우리에게 주어진 시간을 장식하며 새로운 삶을 살기 때문이다. 우리의 삶 전 과정이 하나의 창작인 셈이다. 그러므로 창조는 신의 영역이고 우리가 주어진 시간을 새롭게 펼치는 삶은 모두 창작이라 할 수 있다.

우리는 누구나 훌륭한 창작의 주체가 될 수 있는 것이다. 우리 삶에는 구체적인 창작 결과물이 있는 경우와 그 과정에 부여되는 아이디어와 상상력이 있다. 일생 동안 많은 창작물을 남기는 사람이 있는가 하면, 구체적인 형태로는 남기지 않으나 삶에 새로운 계기를 부여해 주는 경우도 얼마든지 있다. 이러한 것 모두를 우리는 창작으로 바라볼 수 있다.

그러고 보면 우리에게 창작이란 얼마나 넓고 포괄적인 영역인가. 더욱이 AI와 빅데이터가 활약하는 4차 산업혁명시대를 맞이하여 우리에게 창작은 더 무한정 넓어지고 확대되고 있는 것이다. 또한 창작은 하나의 영역을 다른 영역과 통섭으로, 융복합으로 진화시켜 가고 있다. 그런 의미에서 시창작은 곧 문화콘텐츠의 영역으로 확대되는 출발인 셈이다. 필자들은 이 책에서 시창작과 다양한 문화예술과의 융복합적 상상력을 펼쳐가고 있다. 그런 점에서 시창작은 모든 문화콘텐츠의 출발이자 그 중심이다.

창작은 1차 단계로부터 점차 융복합적으로 진화하는 4단계로 구분할 수 있다. 그것은 1차 창작에서 4차 창작으로의 전개를 꾀하는 것이다. 1차 창작이란 우리 산업의 경우와 비교하여 1차적으로 작품을 창작하는 것을 의미한다. 2차 창작이란 2차 산업처럼 1차로 창작한 것을 가공하고 제품화하는 단계, 즉 활용하는 단계를 의미한다. 3차 창작이란 1차 창작의 결과물 두 가지를 융복합하는 단계로, 1차 창작의 결과를 화학적으로 변용하는 단계이다. 그리고 4차 창작이란 문화콘텐츠 차원에서 새로운 영역으로 좀 더 확장해 가는 단계를 이른다. 최근에 이르러 AI와 빅 데이터를 활용하는 4차 산업혁명시대의 창작은 전혀 예측할 수 없는 방향으로 전개되어 가고 있다. 이제 이러한 시대 변화에 대응하기 위해서도 우리에게는 새로운 차원의 상상력이 필요한 것이다.

그동안 문학은 문화로 확대되었고, 문화는 다시 산업으로 확장되어 왔다. 이러한 과정에서 스토리텔링과 원 소스 멀티 유즈(One Source Multi Use)에 대한 관심은 무엇보다 커져 있다. 4차 산업혁명이라 일컫는 시대의 창작을 펼쳐가기 위해서는 창작의 스펙트럼을 4단계로 구분할 필요가 있다. 이 책은 시창작과 문화콘텐츠에 대한 이해로부터 시와 스토리텔링, 미술, 사진, 영화, 광고, 방송, 공간, 전시, 영상, 음악, 낭송, 여행, 플랫폼 등과의 연관성을 바탕으로 하고 있다. 시창작과 다양한 문화콘텐츠에 대한 이해와 실제 활용을 모색하고 있다.

21세기는 한류의 물결이 세계 속으로 새롭게 번져가는 시대다. 한국 문화의 산업화에 대한 관심과 변화가 급속도로 전개되어 가고 있다. 문화콘텐츠에 대한 필요성은 앞으로 더욱 가속화될 것이며, 미래의 문화콘텐츠는 전혀 예측할 수 없는 양상으로 전개될 것이 확실하다. 우리는 이 책으로 그러한 변화에 순발력 있게 적응하고 대처해 갈 수 있기를 바란다. 시창작을 통해 새로운 상상력을 활짝 펼침으로써 다양한 문화콘텐츠의 발전에도 도움을 줄 수 있기를 기대한다.

2021년 여름

저자 일동

차례

1부

시창작의 이해

시창작과 문화콘텐츠의 이해

_김완하

별들이 아름다운 것은

서로가 서로의 거리를

빛으로 이끌어주기 때문이다

김완하, 「별」 부분

1. 창작이란 무엇인가

2. 시적 상상력과 변용

3. 시창작 순간의 감동과 언어 표현

4. 창작체험에서 얻은 통찰력

5. 시정신이란 무엇인가

* 참여하기

1장 시창작과 문화콘텐츠의 이해

1 창작이란 무엇인가

1-1. 창작의 스펙트럼

창작이란 무엇인가라는 질문에는 수없이 많은 답이 존재할 수 있다. 어찌 보면 우리가 살아가는 하루하루 삶의 모든 과정을 창작이라고 해도 무방할 것이다. 우리가 매일의 시간을 통해 생을 축적해 가는 이 모든 과정들이 창작이다. 그러므로 창조는 신의 영역이고 그 주어진 시간 속에서 우리가 새롭게 만들어가는 삶이 창작인 것이다.

그러므로 우리는 누구라도 훌륭한 창작의 주체가 될 수 있다. 창작이란 구체적인 결과물이 있는 경우와 그것을 만들기 위한 준비과정으로 나눌 수 있다. 일생을 통해서 수없이 많은 창작의 결과물을 만들고 그것을 남기는 사람이 있는 반면에, 구체적인 형태로는 남기지 않았지만 사회변화를 통해서 시간 속으로 스며들게 하는 경우도 얼마든지 있을 수 있다. 발명왕이라고 부르는 에디슨처럼 매사를 호기심과 창의력으로 접근하여 인류에게 소중한 유산을 물려준 경우나, 한 국가의 지도자로서 국민들을 잘 살게 만든 경우에, 이 둘은 모두 창작의 결과인 것이다. 그렇게 생각하면 우리에게 창작이라는 것은 얼마나 넓고도 포괄적인 영역인가. 더욱이 최근에 이르러 4차 산업혁명시대를 맞이하는 우리에게 창작의 영역은 무한정으로 넓어지고 확대되어 가고 있다.

그러나 우리는 이 책에서 그 영역을 문학과 예술을 중심으로 다루고자 하는 것이다. 그 가운데서도 문예창작과 연관시켜서 살피려는 것이다. 우선 창작은 4단계로 구분해 보고자 한다. 모든 창작을 1차 창작으로부터 4차 창작으로까지 연결해 볼 수 있다.

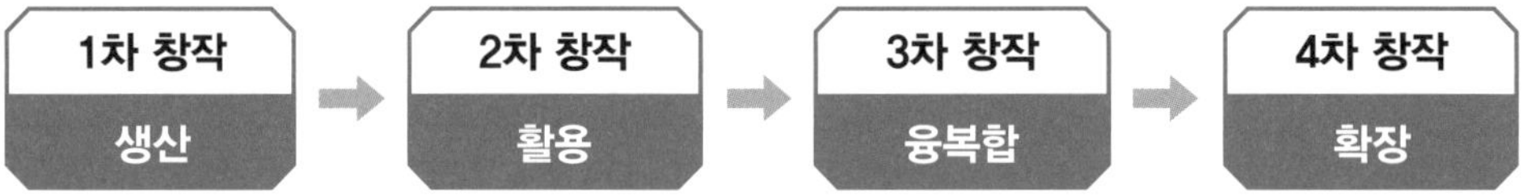

1차 창작이란 우리가 살아가는 산업의 경우로 비교해 볼 때 1차적으로 생산하는 단계를 말한다. 농업, 어업, 광산업처럼 기본적인 자원을 생산하듯이 1차적으로 작품을 창작하는 단계를 의미하는 것이다. 가령, 시, 동시, 소설, 동화, 비평, 에세이, 희곡, 시나리오 등을 창작하는 단계이다.

2차 창작이란 2차 산업에서처럼 1차로 생산한 것을 가공하고 제품화하는 단계를 의미한다. 시와 관련해서는 시낭송이나 시노래로 만드는 경우, 가사로 활용하는 경우, 광고카피로 활용하는 경우, 그리고 시적 역량을 활용하여 특강을 하거나 창작을 지도하는 것도 이곳에 포함시킬 수 있다.

3차 창작이란 1차 창작의 결과물 두 가지 장르를 융합하는 단계로 파악할 수 있다. 가령 시와 영화, 음악을 융합하고, 시와 영상을 연결시켜서 전혀 새로운 세계를 창작해 내는 것 등을 의미한다. 1차 창작의 결과물 두 영역을 융합하여 활용하는 단계이다.

그리고 4차 창작이란 문화콘텐츠 차원에서 새로운 영역으로 좀 더 획기적으로 확장해 가는 영역으로 열어둘 수 있다. 더 나아가서는 인공지능(AI)과 빅 데이터를 활용하는 4차 산업혁명시대의 창작이라고 말할 수 있다.

1차 창작	
단계	작품 자체를 창작하는 단계
창작	시, 동시, 소설, 동화, 비평, 에세이, 희곡 등
활동	시인, 소설가, 동화작가, 비평가, 수필가, 극작가 등

2차 창작	
단계	1차 창작의 결과물이나 그 역량을 활용하여 창작하는 단계
창작	시낭송, 노래 가사, 광고 카피, 시창작 특강 등
활동	광고카피라이터, 작사가, 창작 강사, 문학공연 기획 연출가 등

3차 창작	
단계	두 장르 간의 융복합을 통하여 다양하게 창작하는 단계
창작	시와 영화, 문학관, 테마파크, 소나기마을, 신동엽문학관 등
활동	스토리 텔러, 문화콘텐츠 기획가, 멀키미디어 산업가 등

4차 창작	
단계	4차 산업혁명시대의 문화산업으로서 새로운 영역을 개척하고 다양한 상상력을 가미하는 단계
창작	새로운 블루오션(blue ocean)으로 상승, 각 지역마다 문화콘텐츠 차원에서 축제와 다양한 이벤트로 생산성 추구
활동	인공지능(AI), 빅 데이터(Big Data) 등을 활용한 다양한 영역

그동안 문학은 문화로, 문화는 다시 산업으로 확대되어 가는 경향을 보이고 있다. 가령 그 가운데 가장 큰 영역은 영화로 세계시장으로의 진출을 토대로 하고 있는 것이다. 앞에서 창작을 4단계의 과정으로 구분한 것은 이러한 현상을 아우르고자 했던 것이다. 앞으로 '문학 → 문화 → 산업'으로의 변화는 더욱더 가속화되어 가면서 전혀 예측할 수 없는 양상으로도 나아가리라고 판단한다. 그리고

이러한 흐름은 한 마디로 원 소스 멀티 유즈(One Source Multi Use)라는 양상과 궤를 같이 하는 것이다.

1-2. 창작하는 마음

창작을 하는 마음은 어떠한 모습이 되어야 하겠는가? 그것은 다음과 같은 상황을 통해서 비유적으로 설명할 수 있다.

> 출근길의 붐비는 지하철 바닥에 떨어져 있는 달팽이 한 마리를 어떻게 할 것인가?

이 물음에 대해서는 여러 가지 대답들이 이어질 것이다. 크게는 무관심하게 바라본다. 발로 차서 구석으로 굴려 보낸다. 글쎄, 발로 밟아버리는 사람도 있을까. 그런데 그것을 주워서 주머니에 보관했다 풀밭에 놓아준다는 대답도 있을 수 있다. 그렇다면 왜 그렇게 하려는 것인가?

그것은 바로 달팽이가 살아있기 때문이다. 그렇다. 달팽이는 생명을 가지고 있는 까닭이다. 만일 그대로 방치해 두면 누군가의 발길에 밟혀 부서지고 죽어버리게 될 것이기 때문이다. 그래서 누군가는 얼른 주워 간직하고 있다가 종점에 내리면 풀밭에 놓아주는 정성을 보이는 것이다. 그것은 바로 소중한 생명을 존중하고 사랑하는 마음에서 비롯된다.

그렇다면 우리는 다시 다른 질문을 던질 수 있다.

> 꽃씨를 묻는 마음과 로또를 사는 마음은 어떻게 다른가?

그것은 분명히 많이 다를 것이다.

(1) 꽃씨는 어떠한 마음으로 심는가?
그것은 진정한 노동과 흙을 사랑하는 마음이다. 꽃의 씨앗이 지니고 있는 생명력을 믿기에 그것은 반드시 싹틀 것이라는 확신을 가지고 있는 마음이다. 꽃씨를 묻는 것은 진정한 노동으로 생명을 사랑하고 흙을 신뢰하는 마음인 것이다.

(2) 로또는 어떠한 마음으로 사는가?
그것은 진정한 노동이 아니라 요행을 바라는 마음이다. 자본주의의 논리가 반영되어 있으며 사행성의 심리가 지배하는 태도라고 할 수 있다. 그러므로 진정성이나 확신이 있을 수 없는 것이다. 최근에 한 자료를 살펴보면 우리에게는 주택복권이나 로또를 통해 일확천금을 손에 쥐었던 사람들의 삶이 대개는 불행해졌다고 하는 보고가 있었다.[1)]

그렇다면 창작을 하는 마음은, 우리의 글을 쓰는 진정한 자세는 어떠해야 하겠는가? 우리는 창작에 앞서서 이점에 대하여 심사숙고해 보는 것이 대단히 중요하다고 판단한다.

우리가 문학을 사랑해야 하는 이유도 여기에 있다. 시를 사랑하는 것은 무엇보다 생명을 사랑하고 인간을 사랑하는 일이기 때문이다. 더욱이 OECD 국가 가운데서 대한민국의 자살률이 세계 1위라고 하니 놀라지 않을 수 없다. 우리는 매일 아침에 눈을 뜨면 살인과 자살로 얼룩지는 시대에 살아가고 있다. 이러한 모순에서 하루빨리 벗어나기 위해서라도 무엇보다 시를 사랑해야 한다. 그러므로 창작의 기본 정신은 생명을 사랑하는 데에 초점을 두는 것이다. 그리고 그것은 꽃씨를 묻는 마음과 매우 긴밀하게 통한다.

---

1. 《조선일보》 제28979호.

2

시적 상상력과 변용

우리에게는 한때 순수창작과 실용창작이라는 구분이 있었다. 그러나 최근에 이르러 그러한 용어들도 문화콘텐츠니 스토리텔링(storytelling)이니 하는 용어로 변화되어 사용되고 있다. 이미 최근에는 스토리텔링도 스토리두잉과 스토리리빙으로 진전되어 가고 있는 상황이다.[2)]

이제 우리는 다음과 같은 물음을 되새겨 볼 수 있다. “경포대의 아름다운 달밤에 뜬 달은 모두 몇 개인가?” 이 말은 1980년대에 회자되던 유머이기도 했다. 그러나 다른 관점으로 해석해 보면 거기에는 다양한 상상력이 가미되어 있었던 것이다.

이 질문에 대하여 답변을 하기 전에 우리는 시와 달의 스토리텔링으로 당나라 시인 이태백을 떠올릴 수 있다. 시인 이태백과 달, 술, 동정호 그리고 이태백의 죽음 등은 곧 하나의 고리를 물고 이야기로 연결된다. 이러한 것은 우리가 상당히 오래 전부터 스토리텔링을 해왔다는 것으로 이해할 수 있다. 옛날이야기를 좋아했던 우리 민족은 타고난 스토리텔러라고 말할 수 있는 것이다.

이태백은 당나라 최고의 시인(李白, 701~762)이었다. 그리고 그는 시인 두보(712~770)와의 우정으로도 유명하다. 그들에게는 시마(詩魔)와 시수(詩瘦)라는 별칭도 있었다. 시마는 이태백에게 붙여지고 시수는 두보에게 붙여졌다. 이태백의 광기와 상상력 넘치는 창작 열정을 시마로 칭하였고, 두보의 성실성과 시에 대한 집념과 애정을 시수로 불렀던 것이다. 이들에게 이러한 수식어가 따라붙는 것은 그만큼 이들의 문학적 성취가 높았기 때문이다.

그런데 “경포대의 달밤에는 모두 몇 개의 달이 뜨는가?” 이 물음에는 어떻게 대답할 것인가. 그 답변을 찾아보도록 하자.

---

2. 윤 주, 『스토리텔링에서 스토리두잉으로』, 살림, 2017.

1. 하늘에 떠 있는 달
2. 경포대 앞바다에 드리워진 달
3. 경포호수 위에 비친 달
4. 님과 나누는 내 술잔 속에 뜨는 달
5. 님의 눈동자에 담긴 달

우리는 이렇게 5개 정도의 달을 거론할 수 있다. 물론 다양한 방식으로 접근하면 달의 숫자는 그만큼 늘어날 것이다. 그런데 더 중요한 것은 아직 님을 향한 '뜨거운 열정'이 '끓어 넘치는' 내 '가슴속'에 하나의 달이 더 있다는 것이다. 그리고 이를 바탕으로 좀 더 스토리텔링을 하면, 이상 5개의 달이 잘 어우러져야 비로소 내 가슴에도 진정한 달이 뜬다는 사실이다. 그게 바로 가득 찬 만월일 것이다. 그리고 이 여섯 번째의 달이 떠야만 비로소 경포대의 달은 완성이 된다는 것이다.

다시 이러한 문제는 "여수 오동도에 가면 동백은 몇 번 꽃피는가?" 또는 "진해에 가면 이순신 장군은 몇 분인가?"라는 질문으로 이어질 수도 있다. 그래서 이러한 발상을 원 소스 멀티 유즈(One Source Multi Use)라는 차원으로 연결시켜 이해할 수도 있을 것이다.

시에 대한 다양한 관심으로 독자들로 하여금 시에 대하여 많은 관심과 흥미를 갖도록 유도하기 위해서 원 소스 멀티 유즈에 대한 관심을 높여야 할 것이다. 원 소스 멀티 유즈란 "하나의 콘텐츠를 영화, 게임, 음반, 애니메이션, 캐릭터상품, 장난감, 출판 등의 다양한 방식으로 판매해 부가가치를 극대화하는 방식을 말하는 것이다."[3] 이러한 방식은 제품이나 서비스의 인지도를 높이기 위해서 사용되는 마케팅 비용을 상대적으로 줄일 수 있을 뿐만 아니라, 한 장르에서의 성공이 다른 장르의 문화상품 매출에도 많은 영향을 끼친다는 점이다.

---

3. 원 소스 멀티 유즈(One Source Multi Use)는 문학이 문화콘텐즈로 가는 다양한 방법을 아우르는 것이다.

시와 독자의 만남에서 앞으로도 스토리텔링을 적극적으로 활용할 필요가 있다. 시의 대중화라는 측면에서 이 점은 우리가 창작과 함께 깊이 숙고할 문제라고 하겠다. 이제 그것의 한 예를 좀 더 살펴보도록 하자. 이러한 사실은 필자의 시 「별」을 통해서도 확인해 볼 수 있다.

별들이 아름다운 것은
서로가 서로의 거리를
빛으로 이끌어 주기 때문이다
하루의 일을 마치고
허리가 휘어 언덕을 오르는
사람들 발 아래로 구르는 별빛,
어둠의 순간 제 빛을 남김없이 뿌려
사람들은 고개를
꺾어 올려 하늘을 살핀다
같이 걷는 이웃에게 손을 내민다

별들이 아름다운 것은
서로의 빛 속으로
스스로를 파묻기 때문이다
한밤의 잠이 고단해
문득, 깨어난 사람들이
새벽을 질러가는 별을 본다
창밖으로 환하게 피어 있는
별꽃을 꺾어
부서지는 별빛에 누워
들판을 건너간다

별들이 아름다운 것은
새벽이면 모두 제 빛을 거두어
지상의 가장 낮은 골목으로
눕기 때문이다

– 김완하, 「별」 전문

이 시는 필자의 첫 시집[4)]에 수록된 작품이다. 필자는 여러 편의 '별' 시를 썼는데 가장 첫 번째로 쓴 작품이다. 이 시는 첫 시집 가운데서 독자들의 많은 사랑을 받아서 2차 창작으로도 이어졌다. 이 시에 대해서는 독자들의 다양한 이해와 관심으로 접근이 있었다. 시에 대한 이해와 접근은 다음과 같이 다양한 측면으로도 이루어질 수 있다.

1. 시의 감상, 시의 해석, 시의 칼럼
2. 시의 낭송
3. 시의 노래, 노래 영상
4. 대전의 상징인 '과학'과 '예술'의 객관적 상관물과 로고 등
5. 별의 상상력을 활용한 다양한 별 축제
6. 기타 영화 〈엄마〉, 시 「엄마」, 애니메이션 등등

이러한 사실은 바로 하나의 원(原) 재료를 다양하게 활용하는 경우로 나타나는 것이다. 한 편의 시를 독자들이 시 자체로만 이해하는 데는 한계가 있다. 그러므로 시라는 고정된 텍스트의 이해를 넘어서 보다 더 쉽고 친숙하게 시에 다가갈 수 있게 해야 하는 것이다. 텍스트로서의 시를 다양하게 활용하면서 시적 가치와 효용이 배가될 수 있도록 좀 더 시적인 것을 확장시켜 간다면 독자들에게도 시에 대하여 한층 색다른 친근감을 갖게 할 수 있다.

---

4. 김완하, 『길은 마을에 닿는다』, 문학사상사, 1992.

3
시창작 순간의 감동과 언어 표현

3-1. 창작은 순간에서 비롯된다

시를 쓰는 일을 대상에 대하여 이름을 부르는 행위로 파악할 수 있다. 대상에 대한 인식과정과 그것에 대한 언어화가 이를 뒷받침한다. 그 과정은 시인이 사물이나 대상에 대한 교감과 그것에 꼭 맞고 어울리는 언어를 찾아서 자신의 정서를 드러내야하기 때문이다. 그러므로 이러한 과정을 통해 시창작의 순간 경험한 강한 몰입과 정서적 집중력을 일깨울 수 있다면 시창작에 새로운 활력을 부여할 수 있다. 그렇게 쓰인 시들은 독자와 쉽게 교감할 수도 있게 될 것이다.

나는 몇 년 전에 천리포수목원에 가서 봄의 절정에 피어난 갖가지 꽃들을 보고 그 꽃들의 이름을 부르지 않을 수 없었던 강렬한 체험을 하였다. 그 감동적인 순간을 통해서 창작의 순간에 경험한 강한 깨달음을 봄의 언어와 생성의 언어로 이해하게 되었다. 그것은 시인이 시를 쓰는 과정으로 '꽃의 이름을 부르다'는 의미로 다가왔다.

2013년 4월 중순에 나는 5일 동안 TJB 스탭들과 동행하며 프로그램 '테마스페셜'로 〈포구-바다로의 듦과 남〉을 촬영했다. 그것은 서해안의 포구를 따라가며 그 주변을 찾아 그곳에 펼쳐진 봄을 느끼고 여러 분야의 장인도 만나 이야기 나누는 내용이었다. 그리고 마지막 날은 천리포에 가서 수목원에 들렀다.

천리포수목원에는 14,000여 종의 식물이 있다고 하였는데 때마침 그곳의 나무와 풀과 꽃들은 봄이 왔다는 것을 온몸으로 보여주고 있었다. 그것들은 너무나 아름다워 그냥 지나칠 수가 없었다. 그것들 앞에 서서 이름표에 새겨놓은 이름을 하나하나 불러보았다. 특이한 이름부터 아주 친숙한 이름도 있었으나, 이제 막 피어난 꽃잎을 열고 있는 꽃들 앞에만 서면 내 가슴은 설레고 떨렸다.

그러다 김춘수의 시 「꽃」을 떠올렸다.[5] 김춘수 시인은 대상에 대한 관심에서부터 관계가 맺어지고 거기에서부터 발전되어 서로 의미 있는 존재가 된다는 생각을 드러냈다. 그렇지만 나는 그냥 꽃들에 큰 감동을 받아 순간적으로 그 이름을 부르지 않을 수 없었다. 그러다 하나의 사실을 발견하였다. 그것은 누구라도 이 곳에 오면 꽃의 아름다움에 감흥을 받아 그 꽃 이름을 부르게 되고, 그래서 모두

---

5. 김춘수의 「꽃」은 독자들에게 널리 알려진 대표적인 시이기도 하다. 나와 너의 관계. 이름을 불러주면서 서로에게 의미가 되고자 하는 맥락이 연인들 사이에 간절하게 원하는 마음을 대변해 준다고 이해하기도 하는 것이다. 그러나 천리포수목원에 가서 이 시를 떠올리는 순간, 어떠한 절박함에서 이 시가 쓰였을까를 생각하게 되었다.

   내가 그의 이름을 불러 주기 전에는
   그는 다만
   하나의 몸짓에 지나지 않았다.

   내가 그의 이름을 불러 주었을 때,
   그는 나에게로 와서
   꽃이 되었다.

   내가 그의 이름을 불러 준 것처럼
   나의 이 빛깔과 향기에 알맞는
   누가 나의 이름을 불러다오.
   그에게로 가서 나도
   그의 꽃이 되고 싶다.

   우리들은 모두
   무엇이 되고 싶다.
   너는 나에게 나는 너에게
   잊혀지지 않는 하나의 눈짓이 되고 싶다.

   이 시는 대상과 인식의 주체로서의 인간 사이의 교감을 바탕으로 서로에게 의미가 되고 싶은 간절함을 담고 있다. 이 시는 1952년에 『현대문학』에 발표된 것으로 알려져 있다. 그런 즉 1950년대 전후의 폐허와 무기력, 무관심 등의 맥락을 고려할 때 극도의 절박함 속에서 나온 것이다. 우리가 인식하는 연인에 대한 그리움이나 소통의 욕구를 드러내는 것으로만 보는 것은 대단히 피상적인 이해다. 그러므로 어쩌면 이 시는 소외와 단절로 점철된 21세기의 인간관계를 미리 내다본 것일지도 모른다.

다 시인이 되겠구나 하는 것이었다.

그렇다. 시의 언어는 바로 봄의 언어다. 꽃이 아름다워 누구라도 그 이름을 부르지 않을 수 없는 상태, 그 꽃의 이름을 쓰기만 해도 시가 되는 언어가 바로 봄의 언어였다. 대상과 언어와 시인이 일체가 되는 순간, 바로 그것이 시인 것이다.

3-2. 진정한 봄의 언어는 꽃이다

나는 2013년 4월 중순에 태안의 천리포수목원에 가서 14,000여 종의 수목들이 맘껏 펼쳐놓은 봄을 보았다. 그 수목원은 미국인 민병갈 선생이 6.25에 참전하였다가 전쟁이 끝난 뒤에도 돌아가지 않고, 한국에 남아 가꾼 것으로 한국에 기증한 수목원이었다. 그 곳의 꽃들은 너무 아름다웠다. 그래서 나도 모르게 그 꽃들의 이름을 부르고 있었던 것이었다. 그곳에 오면 누구라도 꽃들의 아름다움에 취해 저절로 그 이름을 부르게 되고, 그 순간 우리 모두는 시인이 되는 것이었다.

누구라도 즉시 꽃의 아름다움에 취하게 되고, 시적 감흥과 영감 속으로 깊이 빠져들게 되는 것이다. 그러면서 그 꽃들 사이에서 피어나는 '사이꽃'을 발견하게 되었다.

꽃과 꽃 사이
피어나는 꽃

꽃과 꽃 사이에
새로이 몸을 내는 꽃

꽃과 꽃 사이에서 피어난

꽃 사이에서 피어나는 꽃
꽃과 꽃 사이사이에서 피어난
꽃 사이사이사이에서 피어나는 꽃

그대와 나 사이 꽃

— 김완하, 「사이꽃」 전문

위 시에서 발견할 수 있듯이 꽃의 아름다움은 꽃 자체에만 있는 것이 아니다. 그것은 다양한 꽃들이 서로 어우러져서 피워내는 '사이꽃'에 있음을 깨달은 것이다. 그러니까 꽃의 아름다움이란 꽃 자체의 아름다움뿐만이 아니라, 그 꽃의 배경에서 다른 꽃들과의 조화에 의해서 피어나는 무수한 꽃의 진정한 모습을 보아야만 한다는 사실이다.

3-3. 가장 아름다운 언어는 꽃 이름이다

한껏 피어난 꽃을 보고 그 꽃들이 일깨워주었던 순간의 감흥은 내게 꽃의 일생으로 다가왔다. 그래서 한 편의 시로 표현해 보았다.

이 세상 언어여
이름이 되려거든
꽃 이름이 되어라

한 번 호명하면 천 년을 가고

한 번 꽃피어 백 년을 가는 향기
이름을 쓰면 시가 되고
이름을 부르면 노래가 되리

꽃들은 제 이름을 새기며
일생을 시로 피어난다

– 김완하, 「꽃의 일생」 전문

그곳에서 불러본 수목의 이름은 이러하다. 우선 특이한 것들 몇 개를 적어본다. "도깨비망초, 망초, 댕댕이, 구슬댕댕이, 조팝나무, 매화오리나무, 큰꽃쉬땅나무, 대청부채, 가는잎조팝나무, 층층나무, 꽝꽝나무, 닻나무, 오구나무, 뿔남천, 꽃댕강나무, 무늬둥근잎말발도리" 등등으로 그 얼마나 아름다운가. 또 이름을 부르는 일은 또 얼마나 신바람이 나는 것인가.

나는 그 꽃들의 아름다움에 취해서 마냥 이름을 부르지 않을 수가 없었다. 그것들은 종이에 적으면 그대로 시가 되고 입술로 부르는 순간이면 노래가 되는 것이었다.

3-4. 시인과 사물과 언어가 하나 되는 봄

바로 이러한 순간에 시가 탄생하는 것이다. 시인의 눈길이 사물에 가닿고 거기에서 언어가 발현될 때 이 세 가지가 하나로 혼연일체가 되는 순간이 바로 시창작의 순간인 것이다. 그 감동을 종합하여 또 한 편의 시가 탄생되었던 것이다.

새들은 제 이름 부르며 노래하고
꽃들은 제 이름으로 피어난다
언어와 사물의 일체화
일물일어의 완벽한 실현

꽃은 이름을 낳고 그 이름이
꽃에 완벽히 육화될 때

이름은 다시
꽃을 낳고,

이름은 가고 꽃만 남은
완벽한 언어의 구체화

시심과 시상이 절로 익어
봄에 잉태되는 위대한 시

자연과 언어와 시인이 일체 되어
꽃은 제 이름을 온몸으로 쓰고 있다

– 김완하, 「꽃과 상징」 전문

그렇다. 봄은 명사(사물)들이 동사(감동)로 바뀌어 가는 때다. 이 지상의 언어들이 그윽한 멜로디로 가득 차오르는 때이다. 그러므로 모든 언어들이 감성과 설렘으로 물이 오르는 때인 것이다. 바로 자연과 언어와 시인이 일체가 되는 단계가 봄인 것이다.

그러므로 시인이 꽃을 보고 이름을 불러주면 봄의 꽃은 신이 나서 자기 이름을 온몸으로 펼쳐보여 준다. 그러니까 꽃들은 대지라는 원고지 위에 몸으로 시를 쓰는 것이다. 그것을 느끼고 시인이 쓴 시와 활짝 핀 꽃이 하나로 만나는 지점에서 완벽한 상징이 실현된다.

개성이나 아름다움은 보편적이거나 일상화된 언어를 가지고서는 표현하기가 어렵다. 봄의 언어야말로 시인의 개성과 특성이 반영된 언어로만 표현할 수 있다. 사랑을 고백할 때는 그 감동을 오롯이 담아 전달하기 위해서 최고의 언어와 표현을 모색하게 되고 그러한 결과에 의해서 얻어진 언어로 드러내려 하는 것이다. 그것이 바로 시다. 봄날의 새들은 자기 사랑의 고백을 위해서 가장 고운 목청을 가다듬고 꽃들은 가장 빛나는 빛깔로 꽃잎을 피워낸다. 그 절정의 순간에 대상에 대한 감동을 시인이 언어와 일체화하는 것이 시창작이다. 그것은 바로 "자연과 언어와 시인이 일체 되어 / 꽃은 제 이름을 온몸으로 쓰고 있"는 순간이다.

4 창작체험에서 얻은 통찰력

우리는 시를 쓰면서 다양한 비유와 은유, 상징 등을 구사한다. 그러한 과정은 일상언어를 넘어서려는 언어와의 치열한 대결이다. 그 과정에서 우리는 다양한 의식작용을 경험하고 거기에서 삶에 대한 통찰력을 얻게 된다.

1. 시인의 길은 어떤 고통을 수반해야 한다. '백지의 공포'라고 한 말라르메(Stephane Mallarme)의 말처럼 창작의 고통과 생의 고통이 항상 따르는 것이다. 창작은 그 고통을 즐겨야만 한다. 어느 순간이라도 그 고통으로부터 자유스러워지려는 바로 그 순간, 그는 이미 시인이 아니다. 시인은 항상 그늘 속에서 빛을 보는 자이다. 빛 쪽에서 그늘을 보아서는 좋은 시를 쓸 수가 없다.

2. 문학에는 치기, 열정 등이 필요하다. 그러나 그것들이 정련되어야 한다. 일상적인 것에는 큰 관심이 없는 사람이 글쓰기에만은 대단히 열심인 경우를 볼 수 있다.

3. 생을 어떻게 살아갈 것인가. 곧 어떻게 경영할 것인가. 이 점이 시인의 삶에선 더욱더 절실하다. 생으로 다가오는 일상에만 매달려도 성공하기 어려운데, 시를 쓴다는 관점으로 생의 전반을 꿰뚫기 위해서는 많은 지혜가 필요하다.

4. 문학은 우리의 생과 그 이면을 어떻게 압축해 보일 것인가 하는 차원에서 전략과 전술이 필요하다. 문학이 어려운 것은 생의 일정한 단계에 이르러서야 완성을 본다는 것이다. 물론 젊은 나이에 빛을 볼 수도 있지만 그것이 끝까지 이어질지 의문이다. 또한 너무 화려한 쪽으로 나아가다 보면 대중화의 경향으로 흐르기도 쉽다.

5. 문학은 크게 말해서 '작가가 세계를 보는 것'이다. 따라서 그가 세계를 어떻게 보고 갔는가 하는 것이 그가 남긴 작품이다. 거기에 그만의 독특한 시각과 상상력이 스펙트럼을 만들어내는 것이다. 시인은 시적으로 보고, 소설가는 소설적으로 보고, 극작가는 극적으로, 비평가는 비평적으로 본다고 하겠다. 그러므로 문학은 세계관의 표현이다. (뤼시앙 골드만, Lucien Goldmann)

6. 문학은 기록, 문자, 쓰기의 중요성에서 출발한다. 이순신이 『난중일기』를 쓴 것과 원균이 일기를 쓰지 않았던 것이 역사에 반영된다. 그 차이가 역사의 진실을 밝히는 정보제공의 유무를 가져왔다. 기억은 유한하므로 언젠가는 망각된다.

7. 기록은 선사시대를 역사로 바꾼다. 개인의 체험을 기록하는 것도 그만큼 그의 생을 풍요롭게 해서 그의 생을 개진해 가게 한다. 유년의 체험에 대한 구체화로의 글 쓰기가 개인의 역사를 확장하고 의미부여할 수 있게 된다. 역사는 기록하는 자가 선점하며 그의 편으로 만든다.

8. 시인이나 작가는 자신을 잘 들여다보고 이해해야 한다. 자신이 무엇을 좋아하고, 무엇을 가장 잘할 수 있는지 깊이 생각하고 관찰하고 그것을 성실하게 추구해야 한다. 그 점에서 문학이나 우리 생은 같은 것이다.

9. 시인은 일상의 시간에서 일탈해 홀로 있을 때 시가 고인다. 그것을 언어라는 표주박으로 퍼내는 것이 시다. 일단 바닥까지 비워내고 그 위에 다시 고이는 물을 길어 올려야 한다. 작가는 문학에 대한 심한 갈증을 느껴야 한다. 무엇보다 창작의 욕구가 강해야 한다. 그 욕구가 바로 생의 의지이다. 따라서 시인들은 시에 온몸을 던지는 것으로 생을 적극 추구해 가고자 한다. 시인은 보편적인 생의 이면을 열어서 확장시켜야 한다는 점에서 이단아일 수 있다.

10. 문학은 세 개의 벽과 싸우는 것이다. 역설적으로 싸움을 통해서 화해한다. 싸움이 있어야만 화해할 수 있는 것 아닌가? 첫째는 자신과의 싸움을 해야 한다. 우리는 모순에 물들어 있기 때문이다. 둘째는 세계와의 싸움을 해야 한다. 우리가 처한 모순의 근원으로서 세계를 극복해야 하기 때문이다. 셋째는 언어와의 싸움을 해야 한다. 언어는 세계에 물들어 있는 것이고 우리는 그 언어에 젖어 있기 때문이다.

11. 문학은 삶을 정화시킨다. 문학에는 역설의 진리가 있다. 문학은 종교보다 더 포괄적이다. 윤동주의 시 「쉽게 씌어진 詩」는 적국의 감옥 속에서 썼다. 정지용의 「琉璃窓」은 자식의 죽음을 극도로 압축하여 드러냈다. 박정만의 시 300여 편은 독재의 고문 후유증에 시달리는 생의 후반기 몇 년 사이에 쓰였다. 김남주는 시 70% 이상을 9년여의 감옥생활에서 썼다.

12. 시를 쓰기 위해 분주한 일상으로부터 자신을 고립시키고 가끔씩 일상화, 상투화되는 자신을 돌아보아야 한다. 숨 가쁜 생을 잠시 정지시켜 보아야 한다. 시를 쓰는 과정 자체는 일상과 거리를 두는 행위이다.

13. 자신이 체험한 것 가운데 가장 울림이 강한 것, 인상적인 것을 토대로 작품을 써야 감동을 줄 수 있다. 자기가 먼저 감동한 것을 토대로 창작해야 독자도 감동하게 된다.

14. 이미 쓴 비유와 표현은 다시 쓰지 말자. 작품에는 이전에 사용하지 않은 언어를 반드시 하나씩 쓰도록 하자. 시의 표현 하나에도 시비를 걸자. 새로운 것이 아름다운 것이다. "친숙함은 경멸을 낳는다."(탈무드, Talmud)

15. 시는 꾸밈이 아니라 진실이다. "시의 언어는 장식의 언어가 아니다."(무카롭스키, J.Mukarovsky) 이는 시어의 중요성과 함께 시는 아무 내용도 없이 언어를 꾸미는 게 아니라는 사실을 암시한다.

16. 문학은 두 개의 크고 작은 선택 사이에 놓여 있다. 그 중에 큰 것은 인생관에 연관되는 것이다. 작은 것은 조사 하나를 뺄 것인가, 말 것인가 하는 등의 아주 미세한 문제이다. 그런데 작은 고민은 작품의 완성에 기여하는 것이지만, 그것이 결국 우리 생을 어떻게 완성할 것인가를 지향한다는 사실이다.

17. 글자 한 자의 더함이나 빠트림이 우주의 파멸을 가져올 수 있다.(탈무드, Talmud) 문학의 표현에서는 그만큼 언어의 완벽한 사용이 중요한 것이다.

18. 발상의 전환이 중요하다. 오히려 아이들의 단순한 생각에서 배울 때가 있다. 아이들은 "사공이 많으면 배가 산으로 간다"를 여럿이 배를 들고 산으로 간다고 이해하였다. 넘어가지 말고 "돌아서 가라"는 말에는 빙글빙글 돌면서 넘어갔다.

19. 동심은 때로 더 깊이 사물의 본질을 직관한다. 조카가 할머니 산소에 가서 "삼촌, 여기 할머니 심었어?"라고 물었다. 외국인들이 "내 키가 짧아요"할 때 그 낯섦에서 웃음이 난다.

20. 필자는 4시집『허공이 키우는 나무』[6]에 수록한 시들을 임상실험 하듯이 써보았다. 1년에 30편 시를 써서 발표하기도 했는데 너무 힘이 들었다. 그래서 20편 정도로 낮추니 그것은 가볍게 쓸 수 있었다. 작품 쓰기를 통해서 자기 역량의 한계를 경험해 보는 것도 중요하다.

5
시정신이란 무엇인가

5-1. 시정신은 세계관이다

1. 시정신이란 무엇인가? 그것은 21세기의 도구적 이성이나 도구적 세계관에 맞싸울 수 있는 백신이다. 그것은 모든 사물들을 사랑과 생명의 가치로 바라보며 교감하는 정신이다.

2. C.V.게오르규(Constant Virgil Gheorghin, 1919~1992)는 소설「25시」에서 시인을 '잠수함' 속의 '토끼'에 비유하였다. 이때 잠수함 속에서 공기의 결핍으로부터 승무원들의 안전을 지켜주는 토끼는 시인이라는 것이다.

3.「누우떼가 강을 건너는 법」에서 복효근(1962~)은 다음과 같이 형상화하였다. 이 시에서 자신을 희생하여 다른 누우들의 생명을 지켜주는 존재가 시인이라는 것이다.

> 건기가 닥쳐오자 / 풀밭을 찾아 수만 마리 누우떼가 / 강을 건너기 위해 강둑에 모여섰다 // 강에는 굶주린 악어떼가 / 누우들이 물에 뛰어들기를 기다리고 있었다

---

6. 김완하,『허공이 키우는 나무』, 천년의시작, 2007.

// 그때 나는 화면에서 보았다 / 발굽으로 강둑을 차던 몇 마리 누우가 / 저쪽 강둑이 아닌 악어를 향하여 강물에 몸을 잠그는 것을 // 악어가 강물을 피로 물들이며 / 누우를 찢어 포식하는 동안 / 누우떼는 강을 다 건넌다 // 누군가의 죽음에 빚진 목숨이여, 그래서 / 누우들은 초식의 수도승처럼 누워서 자지 않고 / 혀로는 거친 풀을 뜯는가 // 언젠가 다시 강을 건널 때 / 그중 몇 마리는 저쪽 강둑이 아닌 / 악어의 아가리 쪽으로 발을 옮길지도 모른다

4. 이건청(1942~)은 「시인」이라는 시에서 앞서 강을 건너려다 악어의 밥이 되는 가젤영양의 최후를 시인의 역할에 비유하였다.

가젤영양 한 마리 물속의 악어에게 먹히고 있다. 순간이었다. 가문 대지 목마른 가젤영양 들이 가물어 말라붙은 초원을 걸어 물을 찾고, 그 물 속에 머리를 들이미는 순간, 코도 귀도 눈도 물속에 감추고 숨어 있던 악어들이 돌진하였다. 정확히 몸통을 물린 가젤영양은 물린 채 깊은 곳으로 끌려갔고, 먹이를 가로채려는 다른 악어떼들의 싸움 속에 형체도 없이 사라졌다. 잠시, 가련한 이 짐승의 머리 부분을 삼키는 예리한 이빨의 악어 모습을 끝으로 연못은 다시 적막 속으로 빠져갔다.

5-2. 왜 시를 쓰는가

프랑스의 시인 말라르메는 '백지의 공포'라는 말을 통해 스스로 시인으로 살아가는 삶의 고통스러움을 고백하였다. 그가 공포를 느끼며 바라볼 수밖에 없었던 '백지'는 시인들이 붓을 들어 한자 한자 칸을 메워 나가야 하는 종이에 해당하지만, 그것은 시인들이 짐 지고 살아가야 할 삶의 백지도 의미한다.

그러므로 시인들에게는 그들이 살아갈 시간의 '백지'와 시가 씌어 질 백지('원고지') 사이의 변증법적인 관계가 설정되는 것이다. 그렇기 때문에 시인들은 삶

의 고통과 시적 창조의 고통을 동시에 짐 지고 살아간다.

그러나 그러한 사실은 시인에게 역설로 작용한다. 바로 그 고통을 시인들은 기쁨이자 영광으로 받아들이는 까닭이다. 시인은 오히려 불행한 현실 위에서도 그것을 딛고, 더욱 빛나는 언어의 광채를 보여주어야 하기 때문이다. 진정한 역설의 의미와 예술적 승화의 가치가 바로 그것이다. 그리하여 시인들은 혼미한 삶, 전망이 부재하는 시대, 가치가 전도된 세계 속에서도 꿈을 꿀 수 있는 것이다. 그런 까닭에 문학이론가 바흐친(M.Bakhtin)은 이미 서정시를 쇠퇴해 버린 장르라고 단언한 바가 있지만, 나는 시인들이 컴퓨터의 칩(chip) 속에 들어앉는 일이 있을지라도 그들이 영원히 꿈을 잃지 않는 한, 시는 끊임없이 쓰일 것이라고 확신하고 있다.

도구적 세계관으로 전락한 시대, 삶의 가치 척도가 양과 속도의 개념으로 전환되어 버린 후기 산업사회 속에서도 시인들은 시 한 줄을 갈고 닦기 위해서 몇 날 밤을 지새운다. 시인들은 고통스러운 세계로부터 상상력의 두레박으로 길어 올린 시의 정신을 펼쳐내기 위해서 '피를 잉크 삼아' 쓰고 또 쓴다. 그들은 대량 복제의 규격화된 사회에서도 자신만의 내밀한 공간에 촛불을 밝히고 시 쓰는 일을 절대 멈추지 않는 것이다.

여기에서 우리는 시인들이 '백지의 공포'와 싸우는 삶의 참된 의미를 깨닫게 된다. C. D. 루이스(Lewis)도 참된 시인이라면 그들은 자만에 떨어지지 않고, 어디까지나 보다 더 좋은 시를 쓰기 위해서 평생을 노력한다고 했다. 그래서 여느 사람들이 직업이나 일을 그만두고 여생을 즐길 나이에도 시인들은 그가 숨을 거두기까지 그의 몸에서 최후 한 방울의 시라도 짜내고자 마냥 고된 작업을 계속한다고 했다.

그러나 시인들이 이렇게 고통을 기꺼이 받아들여 가면서 시를 쓰는 이유는 결코 자신만의 안위를 위한 것이 아니다. 시인들은 자신과의 싸움을 통해 세계와의 싸움을 보여주어야 하기 때문이다. 시인들은 자신의 절망과 어둠을 넘어서는 용기와 결단을 통해 이 세계의 절망이나 어둠과 대결하는 지혜를 보여주어야 한다. 그리하여 시인들은 한 시대의 빛과 어둠을 동시에 인식하며 그것들 사이의 조화를 꾀해 새로운 세계로 도약해 가려는 꿈과 의지를 펼쳐 보여주는 것이다.

시인들은 미래에 대한 전망이 부재하는 불확정성의 시대, 인간에 대한 신뢰가 극도로 상실되어 가는 세계 속에서도 새로운 시적 가치를 추구하며 꿈의 세계를 펼쳐보인다. 그들은 이미 상투화, 자동화, 일상화된 자아와 세계 사이에 시정신을 주입시켜 낡고 분열된 세계를 새롭게 정립시킨다. 그들은 모순된 상황을 해체시키고, 갈고 닦은 언어를 통해 새로운 창조적 이미지의 공간을 축조해 낸다. 이는 혼돈과 무질서한 현실에 발을 딛고 사는 인간들의 생명을 지켜내는 참다운 일이면서, 그 생명이 생명답게 발휘될 수 있도록 꿈의 세계를 그려 보여주는 일이다.

5-3. 왜 시인이 되려 하는가

최근 계간지의 신인공모에 응모된 시작품을 심사한 결과 거기에는 수백 편에 달하는 작품이 응모되어 있었다. 단지 2~3편의 시를 투고하는 것이 아니라, 오랜 동안의 습작을 통해 갈고 다듬는 과정을 거쳐서 걸러진 작품 10편 이상을 정성들여 묶어 보낸 20대의 젊은이들로부터 50대나 60대 장년까지 끊임없이 언어와의 고독한 싸움을 벌이고 있었다. 이들 예비 시인들을 대하며 시를 쓴다는 의미가 무엇인가 되새겨 보지 않을 수 없었다. 바로 그들로 하여금 시를 쓰게 하는 것이 우리 시대의 시정신이고, 시가 이 땅에서 쓰이게 하는 힘이기 때문이다.

한마디로 시를 쓴다는 일은 물질적 욕구나 권력에 대한 관심과 전혀 다른 방향으로 가며, 더 큰 고뇌와 절망의 깊이에서 차오르는 빛으로 이 세상을 비추는 촛불 한 자루의 역할을 하는 것이다. 그것은 어둠 속에서도 생의 온기와 사랑의 빛을 잃지 않으려는 시정신이다.

요즈음 인문학의 위기와 함께 일반적으로 문학에 대한 관심이나 시에 대한 관심은 저조해지는 게 사실이다. 그러나 그와 달리, 신인 등단 시 응모작을 통해 보면 우리 주변에서 시를 쓰려는 사람들은 분명히 더 많아지고 있다. 그 노력 또한 대단히 치열하게 벌이는 것을 발견하게 된다. 이러한 현상을 어떻게 해석해야 할지 자못 난감하다. 어찌 보면 그것은 문화향유의 세분화 현상이 아닌가 하는 생각이 들기도 한다.

그러기에 일반의 시에 대한 관심의 저조라는 평가에는 일정 부분이 출판유통 및 독서시장의 상업성과 연관되어 있는 해석이라는 생각이 든다. 그래도 행복한 일은 문학이 돈이 되지 않는다는 사실이라고 말한 어느 시인의 역설을 떠올려 본다. 그렇기 때문에 시인은 경제적인 것을 염두에 두지 않고 자신이 하고 싶은 문학을 열심히 한다는 것이다.

신인 응모작 가운데 단순한 감정으로 시적 분위기를 풍기려는 것들도 없지는 않지만, 놀라운 것은 전체적인 응모작이 어느 수준을 유지하고 있다는 점이다. 그들의 작품에는 단어 하나라도 함부로 쓰지 않으려 퇴고한 흔적이 역력했다. 서정성부터 현실에 대한 날카로운 풍자와 비판까지 담고 있는 역작도 보였다. 또한 새로운 시도를 통해 기성의 권위에 도전하려는 작품도 많았다. 물론 실험정신이 너무 강해 서투른 결과로 읽히는 시편들도 있었으나, 이러한 움직임 모두가 한국 시단을 든든하게 떠받치는 힘이라고 믿기에 족했다. 그만큼 우리 주변에 이루어지는 시의 모색은 엄청난 것이다.

문학이란 우리 삶을 통해 도전해 볼 것인가, 말 것인가 하는 인생관과 연관되는 큰 문제의 선택과, 조사(助詞) 하나를 어떻게 처리할 것인가 하는 작품 완성을 향한 아주 작은 선택 사이에서 끊임없이 갈등하고 고민할 수밖에 없다. 그러나 그 고통이야말로 우리 삶을 어떻게 성취할 것인가, 한 편의 시를 어떻게 완성시킬 것인가 하는 참다운 기쁨으로 연결되는 것이다. 이 점에서 작품의 성패를 떠나서라도 시를 쓰는 것 자체는 대단히 소중한 경험이다.

5-4. 시의 가치와 미래

점차 시의 위상이 약화되어 가고 있다. 그럼에도 불구하고 시를 쓰려는 사람들은 날로 늘어나고, 실제로 많은 시가 쓰이고 있다. 그렇다면 이러한 아이러니는 어떻게 이해해야 할 것인가. 이러한 기현상 속에서도 우리 시대의 시정신을 확인할 수 있다. 누구나 시의 독자보다는 시창작의 주체로 서려는 것이 아닐까. 그럴 수 있다고 본다.

또 한편으로 시가 점점 하향식 평준화되어 가고 있는 것은 아닐까. 그렇다고도 판단된다. 그리하여 생에 대한 넓은 성찰과 깊은 감동을 주는 시들이 적어지는 것이다. 요즈음 시창작의 주체들은 대다수가 50대나 60대의 사람들이다. 이들은 일단은 생활이라는 문제의 압박을 벗어난 세대들이다. 그 점에서 우리는 생활과 문학 사이의 갈등을 제기할 수 있다. 또한 생활의 고민을 벗어난 50대, 60대에 이르면 시창작에 대한 필요성을 절감하게 된다는 사실을 상기할 수 있다. 그러고 보면 인간은 생활의 부유함만으로는 삶의 만족을 느끼지 못하고, 동시에 시를 읽고 쓰는 정신적 영역이 반드시 필요하다는 것을 확인할 수 있다. 그런 만큼 앞으로도 강한 감동으로 독자들을 사로잡는 시가 나올 때 시의 가치는 제자리를 찾을 수 있을 것으로 확신한다.

그러나 우리는 시가 가로놓여 있는 현실을 직시하고 그곳에서 새롭게 우리 시를 돌아보며 점검하고 모색해 나가야 한다. 시란 본래 다소 어려운 문학 장르라고 말할 수 있다. 시는 고급예술이라 하듯이 모든 사람들이 시에 관심을 갖고 시를 생활화하는 상황으로 가기는 어려울 것이다. 그러므로 시인들은 독자들의 반응이나 독서시장의 동향으로부터도 일정한 거리를 두고 자기만의 세계를 끊임없이 추구해 가는 것이 중요하다고 믿는다. 그러므로 삶과 시, 이 사이에 경제라는 현실논리가 버티고 있는 사실을 인정하지 않을 수 없다.

그러나 시를 쓰고자 하는 사람들은 생이란 좀 더 다른 차원에서 접근해 볼 수 있다는 점을 인정해야 한다. 물질적 풍요나 부의 축적보다 정신의 깊이와 영혼의 높이를 추구해 가는 삶의 소중함을 인정해야 하는 것이다. 바로 그 점이 시정신의 핵심적 요체라 할 수 있는 까닭이다. 우리 삶은 현실적 이해관계가 아니라, 정신의 깊이를 향한 자기 몰입과 치열하게 그것을 밀고 나아가는 데서도 큰 의미를 찾을 수 있는 것이다. 그것을 통해 우리 삶은 얼마든지 풍요로워질 수 있기 때문이다.

시는 결코 우리 삶의 일차적인 문제를 해결해 주거나 거기에 기여하는 것이 아닐 수 있다. 시는 우리의 진실이나 정신을 지향하는 것이기 때문이다. 시정신을 통해서 자기만의 진실을 펼쳐 내려는 노력과 마음의 풍요를 누리는 삶이란 진정으로 얼마나 아름다운 것인가. 자본주의 앞에 굴복해 버린 정신, 생명에 대한 외경과 존중의 자세가 희박해진 시대에 그것들을 단호하게 부정하는 것이 시정신이다. 또한 그러한 의지를 갖는 사람들만이 시를 쓸 수 있는 것이다. 시정신, 그것을 간직하는 것만으로도 우리 삶은 얼마든지 가치 있고 새로워질 수 있다고 믿는다.

참여하기

1. 창작의 스펙트럼을 토대로 다양한 예를 더 찾아보자.

2. 자신에게 다가온 창작적 열정의 순간을 떠올려 보고 그 결과를 제시해 보자.

3. 자신이 쓴 시를 다양한 방법으로 활용할 수 있는 방안을 구상해 보자.

스토리텔링 기법을 활용한 시창작 방법

_박송이

나의 이야기를 한 편의 시로 짓기

“
산산이 부서진 이름이여!

허공 중에 헤어진 이름이여!

불러도 주인 없는 이름이여!

김소월, 「초혼」 부분
”

1. 첫 번째 관문 - 오감 깨우기
2. 두 번째 관문 - 시 읽기
3. 세 번째 관문 - 스토리텔링 하기
4. 네 번째 관문 - 시 짓기
5. 다섯 번째 관문 - 다시 오감 깨우기

* 참여하기

2장 스토리텔링 기법을 활용한 시창작 방법
– 나의 이야기를 한 편의 시로 짓기

1 첫 번째 관문 – 오감 깨우기

본 장은 스토리텔링 기법을 활용한 시창작 방법을 제시한다.[1] 필자의 목표는 매우 단순하다. 시를 짓게 하는 것이다. 천부적인 재능으로 빼어난 창작 실력을 발휘할 수는 있다. 그러나 그런 경우는 극히 드물고 우리는 그러한 재능을 물려받지 못했다. 시창작 수업을 듣는다 해서 창작자의 경지에 올라설 수 있는가? 애석하게도 우리 모두는 그럴 수 없다. 책가방을 싸들고 이 강의실 바깥으로 뛰쳐나갈 것인가. 아직 실망할 때는 이르다. 내가 그저 기쁜 뉴스 하나를 전하러 왔다는 걸 잊지 마라. 마인드 맵핑의 저자이자 이노베이션 공동창립자인 조이스 위코프(Joyce Wycoff)는 “인간은 선천적으로 창의적인 존재”[2]라고 하지 않았던가. 자, 기대하라. 나는 바로 이 시간 여러분에게 시 한 편씩 짓게 할 것이다.[3] 이것이 비록 여러분의 시창작 훈련에 접근하는 소박한 활동에 불과할지라도 말이다.

---

1. 필자는 “시 텍스트가 지니고 있는 미정성의 공간, 상상력, 그리고 학습자들의 흥미, 삶과의 연관성을” 알아보기 위해 시창작 방법론에 스토리텔링 기법을 활용하고자 한다. 필자는 스토리텔링을 활용한 시 교육 연구 중 실제 적용이 용이하다고 판단되는 김효주의 「스토리텔링 기법을 활용한 시 교육 방안 연구」를 적절하게 참고하였음을 밝힌다.(김효주, 「스토리텔링 기법을 활용한 시 교육 방안 연구」, 한양대학교 교육대학원, 2014.)
2. 홍숙영, 『생각의 스위치를 켜라』, 박영사, 2015, 8쪽.
3. 굳이 ‘짓게’라고 표현한 이유는 한 편의 시가 완성되는 일련의 과정이 일종의 집을 짓는 일과 유사하다고 보기 때문이다.

두둥!

숨을 길게 들이마셔 보아라. 그리고 아주 낮고 깊게 멀리까지 그 숨을 내뱉어 보아라. 피부 속으로 들어가 신경에 매달린 세포 조직과 그 조직에 흐르는 피의 흐름을 느껴 보아라. 동공의 떨림과 척추의 긴장과 엉치뼈의 피로에 대하여 묵상해 보아라. 넘어지지 않고 걸을 수 있는 발바닥과 복숭아뼈에 붙은 근육의 노고에 대하여 생각해 보아라. 천천히. 느리게. 느껴지는가. 창작활동을 할 때 가장 먼저 제안하고 싶은 것은 '오픈 마인드'다. 이 강의실에서 마음을 열지 않는 한 마음은 열리지 않는다. 이게 무슨 말이냐. 마인드라는 창문, 거기 달린 잠금장치 그 고리를 활짝 재껴 보라는 말이다.

몸과 마음의 오감 깨우기
이게 첫 번째 관문이다.

지그시 눈을 감고 ……………… 서두를 거 없이
천천히
느리게

2
두 번째 관문 - 시 읽기

필자는 어려운 말, 복잡한 생각을 딱 질색한다. 여러분도 마찬가지인가. 그래서 준비했다. 본 장은 시창작 방법으로 스토리텔링 기법을 제시하지만 나는 어려운 문학용어나 시작법을 언급하지 않겠다. 다만 스토리텔링에 방점을 두고 우리가 어떻게 하면 글 쓰기에 쉽게 접근하여 시창작을 할 수 있는지에 중점을 두겠다.

창작에,
공짜(空—)는 없다.

3월이다. 3월이 아니래도 좋다. 자박자박 시의 밭을 갈아 보자. 밟아 보자. 다져 보자. 새봄이 오면 농부가 새 농사를 짓기 위해 가장 먼저 하는 일은 지난 해 겨울 땅을 갈아 엎는 일이다. 새 흙 새 양분이 필요한 것이다. 우리는 이 시간 언 땅을 엎치락뒤치락 밟아가는 작업부터 시작할 것이다.

땅이 어디 있는가. 무얼 밟아댈 것인가. 바로 기존 시인들이 써 놓은 시들이 시의 밭이다. 이리 와 보라. 갈고 밟고 다진다는 말은 시를 읽어야 한다는 말이고 시를 읽어야 한다는 말은 시를 이해해야 한다는 말이다. 시를 이해했다는 말은 드디어 나의 이야기를 쓸 차례가 왔다는 말이고 나의 이야기를 썼다는 말은 그것이 시로 가는 끄트머리 관문에 도착했다는 말이다. 이건 시창작의 전체 과정을 러프하게 정리했을 뿐이다. 자, 우리가 오픈 마인드했다면 그 다음 해야 할 일은 바로 시를 찾는 일이고 시를 읽는 일이다.

미심쩍은 눈초리,
아주 좋다!

사람을 볼 때 맨 처음 어디를 보는가? 눈인가? 코인가? 맞다. 바로 얼굴이다. 시를 읽는다고 했을 때 맨 처음 무엇을 마주하는가. 그건 바로 문자이다. 사람의 얼굴이 눈, 코, 입, 귀 등의 조직체라면 시는 문자들의 조직화로 이루어진 구조물이다. 사람에게 얼굴이 있다면 시에게는 문자가 있는 셈이다. 억지스러운가? 억지다. 때론 생떼를 부리는 아이가 사탕을 얻어먹기도 한다.

시인은 문자라는 도구로 시를 쓴다. 시인은 문자로 자신의 얼굴을 드러내는 작업을 한다. 어떤 시인은 온화한 얼굴, 또 어떤 시인은 사나운 얼굴, 또 어떤 시인은 난해한 얼굴, 섹시한 얼굴, 우울한 얼굴, 병자의 얼굴, 발랄한 얼굴 등으로 독자들 앞에 얼굴을 내민다. 이렇듯 문자는 단순히 소통의 매개를 넘어선다. 시인이 삶에 대한 태도와 정서의 상태를 시 속에 녹여내니 말이다. 이렇게 녹여낸 표정을 시에서는 어조라고도 한다. 어조라는 말이 어려운가. 시의 태도라고 말해 보자. 시에서 드러나는 시적 화자의 태도가 시의 표현을 좌우하고 그것이 결국 시인의 목소리임을 감지해야 한다.

각 시대마다 주목받는 시인들의 대표적인 특징은 무엇보다 자기 목소리를 뚜렷하게 가지고 있었다는 데 있다. 이 세상에는 참으로 다양한 시들이 존재하지만 그 수많은 시들을 다 읽어볼 수 없기에 자기 목소리를 가진 시집에 주목하게 된다. 그 중 대표 주자가 김소월이다.

산산이 부서진 이름이여!
허공 중에 헤어진 이름이여!
불러도 주인 없는 이름이여!
부르다가 내가 죽을 이름이여!

심중에 남아 있는 말 한 마디는
끝끝내 마저하지 못하였구나.
사랑하던 그 사람이여!
사랑하던 그 사람이여!

붉은 해는 서산 마루에 걸리었다.
사슴이의 무리도 슬피 운다.
떨어져나가 앉은 산 위에서
나는 그대의 이름을 부르노라.
설움에 겹도록 부르노라.
설움에 겹도록 부르노라.

부르는 소리는 비껴가지만
하늘과 땅 사이가 너무 넓구나.

선 채로 이 자리에 돌이 되어도
부르다가 내가 죽을 이름이여!
사랑하던 그 사람이여!
사랑하던 그 사람이여!

— 김소월, 「초혼(招魂)」 전문

「초혼(招魂)」은 김소월의 『진달래꽃』에 실린 시편들 가운데 단연 으뜸이다. 나는 이토록 절절한 시를 읽어 본 적이 없다. 1996년 신예 아이돌 그룹 HOT(High-five Of Teenagers, 10대들의 승리)가 등장할 무렵 나는 중학생이었다. 우연한 기회로 이 시를 접했다. 당시 나는 연애를 한 적도 헤어짐을 겪어 본 적도 없었다. 그럼에도 이 시는 나에게 매우 강렬하게 꽂혔다. 〈전사의 후예〉와 〈We are the future〉를 따라 부르던 그 시절 나는 1902년생 김소월을 친구로 두고 있었다. 이유는 무엇일까. 그것은 시에 담긴 그의 슬픔과 그리움이 세대를 건너 고스란히 내 마음에 닿았기 때문이다.

물론 시대에 따라 시류에 따라 시의 외양이 변하고 있는 건 사실이다. 그것은 창작 활동이 인간사와 그 맥을 함께 하듯 시도 시절을 살아내고 있기 때문이다. 그럼에도 소월시가 "우리 근대시사에 있어서 가장 크고 우람한 예술의 종(鍾)의 하나이기 때문에 앞으로 크게 치면 칠수록 더욱 크고 우람하게, 작게 치면 더욱 섬세하고 아름답게 울려 나갈 것으로 확신"[4]하는 이유는 아무리 시대가 급속도로 발전하고 변한다 할지라도 우리의 오장육부는 여전히 그 자리에서 제 기능을

---

4. 김재홍, 「존재론과 저항정신, 김소월」, 『한국현대문학의 비극론』, 국학자료원, 2020, 215쪽.

할 것이고 인간사 희로애락과 생로병사는 변할 수 없는 생의 원리이기 때문이다. 시는 이러한 생의 원리 가운데 인간의 마음을 대변하는 글이기 때문이다.

> 그에게로 가서 나도
> 그의 꽃이 되고 싶다.
>
> 우리들은 모두 무엇이 되고 싶다.
> 너는 나에게 나는 너에게
> 잊혀지지 않는 하나의 눈짓이 되고 싶다.
>
> – 김춘수, 「꽃」 부분

여기서 우리가 놓치지 말아야 할 것은 바로 시의 정신이다. 예민한 가지 끝에 명멸하는 그 무엇 그 떨림 그 '눈짓'일 것이다. 이제 내가 무슨 말을 하고 싶은지 감을 잡았을 것이다. 시를 창작하기 전 우선 우리가 해야 할 일은 시를 읽는 것이다. 읽어야 한다. 엄격하게 읽고 또 읽어야 한다.

여기 시의 성찬이 차려져 있다.
지금은 시 읽는 시간.

(1) 안도현의 「기차」 전문

> 삼례역에서 기차가 운다, 뿡뿡, 하고 운다, 우는 것은 기차인데
> 울음을 멀리까지 번지게 하는 것은 철길이다, 늙은 철길이다

저 늙은것의 등뼈를 타고 사과궤짝과 포탄을 실어나른 적 있다
허나, 벌겋게 달아오른 기관실을 남쪽 바닷물에 처박고 식혀보지 못했다

곡성이며 여수 따위 목적지로 가기 위해서가 아니라, 배반하지 못했으므로
단 한번도 탈선해보지 못했으므로 기차는 저렇게 서서 우는 것이다

철길이란, 멀리 가보고 싶어 자꾸 번지는 울음소리를
땅바닥에 오롯이 두 줄기 실자국으로 꿰매놓은 것

그 어떤 바깥의 혁명도 기차를 구하지 못했다
철길을 끌고 다니는 동안 서글픈 적재량이 늘었을 뿐

그리하여 끌고 다닌 모든 길이 기차의 감옥이었다고
독방이었다고, 그 안에서 왔다갔다하면서 저도 녹슬었다고

기차는 검은 눈을 끔벅끔벅하면서 기어이
철길에 아랫배를 바짝 대고 녹물을 울컥, 쏟아낸다

(2) 황동규의 「조그만 사랑 노래」 전문

어제를 동여맨 편지를 받았다.
늘 그대 뒤를 따르던
길 문득 사라지고
길 아닌 것들도 사라지고

여기저기서 어린 날
우리와 놀아 주던 돌들이
얼굴을 가리고 박혀 있다.
사랑한다 사랑한다, 추위 가득한 저녁 하늘에
찬찬히 깨어진 금들이 보인다.
성긴 눈 날린다.
땅 어디에 내려앉지 못하고
눈 뜨고 떨며 한없이 떠다니는
몇 송이 눈.

(3) 정호승의「겨울소년」전문

별들에게 껌을 팔았다
지게꾼들이 지게 위에 앉아 떨고 있는
서울역에서 서부역으로 가는 육교 위
차가운 수은등 불빛이 선로 위에 빛나는 겨울밤
라면에 만 늦은 저녁밥을 얻어먹고
양동에서 나온 소년
수색으로 가는 밤기차의 기적 소리를 들으며
별들에게 껌을 팔았다
밤늦도록 봉래극장 앞을 서성거리다가
중림동 성당의 종소리를 듣는
겨울 소년

(4) 진영대의 「길고양이도 집이 있다」 전문

담장 밑에
비스듬히 세워둔 냉장고
버렸다는 사실을
명백하게 해두려는 듯
문짝이 열려 있다

한낮
가득 담아놓았던
햇볕을
다 꺼내먹고

길고양이 한 마리
잠들어 있다

(5) 김해자의 「해자네 점집」 전문

술은 좋아하지만 술 마시면 눕지 못하는 지병이 있는 그 여자, 술이 출렁거리는 머리에 무슨 책이 들어오리요만, 딸내미 머리맡에 차곡차곡 쌓인 책은 읽어졌다는데 그 딸내미도 참 희한하지, 전문 컴퓨터 하나 빼면 주역 사주명리학 애니어그램에 점성학 타로까지 동서양 기기묘묘한 학들이 도표와 그림 속에 들어 있었다는데

어느 땐가 그 여자 기초수급자를 위한 소양 교육이라는 것을 갔다.

시무룩 진짜 수급자처럼 앉아들 있는 통에 금방 눈물이 쏟아질 것 같은 눈매 하나 찍어서 실실 타로 점을 봐주기 시작했다는데, 그렁그렁 눈에서 눈물이 쏟아지고야말았고 눈물이 강물이 되어 한번 휘몰아 간 뒤에, 지퍼 속에 갇힌 입들이 지퍼를 열고 나와 저도요 저도요 하는 통에 수업을 몽땅 타로 점 봐주는 일로 공치고 말았다는데

쫓겨나고 이혼하고 망하고 언제 바닥치고 손목 긋고 꽁꽁 짜매논 이야기가 술술 쏟아졌다는데, 그라도 지가 글 쓰기 선생으로 왔는데요, 오늘 풀어놓으신 야그를요, 고대로 써서 오시믄 사주도 봐드린다카이, 그다음 주 소설 같은 인생 읽어내느라 날밤 새웠다는데

내는 단 하나뿐인 당신이란 별을 보고 있데이, 사람살이가 뭐꼬, 밥 나눠 묵음서 니캉 내캉 가심에 든 이야그 들어 돌란 것 아이겠나, 일하고 놀고 술 먹는 뒤끝마다 신빨 영빨 차곡차곡 쌓은 그 여자 슬슬 영업을 개시했다는데, 말 이을 새도 없이 저짝에서 오대양 육대주가 쏟아져 나와 이짝에선 듣기만 했다는데, 억수로 고맙다고 오천 원 만 원 마빡에 붙여줘서 2차 3차 술값도 계산한다더니

이리 서로 올려다보이 얼매나 좋노? 쪼매만 기둘려보래이, 고마 꽃멍울이 꽃때옷 될 날이 올끼니까 네, 뻘소리 치던 그 여자 어느 날은 만만한 내 이름 두 자 빌려 돌라더니, 걸어 댕기는 점집을 차리고 말았으니 그 이름하야 해자네 점집이라 카더라

위에 제시한 시들을 읽었는가. 어떤가. 각기 다른 시맛이 느껴지는가. 축복이다. 시인의 시를 읽고 그 시의 맛을 느껴보는 일은 시인을 직접 만나지 않고도 함께 식사자리에 앉아 있는 기분이 든다. 정신의 포만감이 든다. 배부르고 싶지 않은가. 시창작을 시작하는 학습자들은 다양한 시인들의 시집을 탐독하는 시간을 가져야 한다.

이제 문학은 영감을 받아 예술혼을 발휘해서 쓰는 특출난 예술가만의 소산이 아니다. 제7차 교육과정에서 창작교육이 “빼어난 예술품이 아닌 문학작품의 수용과 생산”에 있다는 말은 독자가 얼마만큼 문학을 수용했으며 재생산할 수 있느냐에 초점이 맞춰진 말이다.

다른 이의 작품을 읽는 행위(수용)와 자기 창작활동(생산)에서 먼저 이루어져야 할 것은 ‘수용’이다. 즉, 다른 이의 작품을 읽는 일이다. 이때 독자는 작품의 표현과 작가의 태도 등을 헤아려보는 자세가 필요하다.

시의 경우라면 시에 어떤 화자가 등장하고 어떤 화제와 목소리가 담겨 있는지 이해해 보는 시간을 가져야 한다. 이러한 시간이 스스로 시적 역량을 키우는 중요한 훈련임을 명심해야 한다. 무턱대고 시를 쓰려고 의욕을 앞세우기보다는 충분히 다양한 시를 접해 읽어보기를 권한다.

밥상에 다양한 반찬의 가짓수가 차려져 있다. 이 중에서 내가 맛있게 먹을 수 있는 반찬을 찾아야 한다. 내가 요리를 해서 누군가를 대접할 수준은 못하지만 먹을 수 있는 능력은 충분히 갖춰져 있지 않은가. 눈앞에 차려진 성대한 음식에 젓가락을 갖다 대자. 누구에게나 입맛에 맞는 음식이 있듯 입맛에 맞는 시집들이 있다는 것을 명심하자. 시집들이 차려있는 시의 밭으로 찾아가기를 바란다. 그리고 알게 될 것이다. 시를 읽다 보면 시를 안 쓰고는 못 배기게 된다는 걸 말이다.

무턱대고 시를 지으려 하지 말라.
쓰기 전에 읽기가 먼저다.

3
세 번째 관문 – 스토리텔링 하기

다시 묻는다. 이곳에 왜 왔는가. 우리는 시를 창작하기 위해 이곳에 와 있다. 좋다. 그렇다면 시란 무엇인가.[5] 함축적이고 운율적인 언어로 표현한다는 말은 무엇인가. 시의 정의를 살펴보면 시창작 활동 전반을 잘 표현한 정의라 해도 일반인들이 보기에 무언가 접근하기 까다로운 장르로만 느껴진다. 시라는 것이 시적 기법을 활용한 정신의 고차원적인 창작활동이라고 여겨질 때, 시는 우리로부터 멀어지는 게 아닐까. 과연 시는 이토록 있는 척 해야만 하는 걸까.

단연코 아니다.

앞서 우리가 시 읽기로 시를 이해하는 시간을 가졌다면 그 다음 단계에서는 시 핵심이 되는 글감에 주목할 필요가 있다. 위 제시된 시들의 글감으로는 기차, 사랑, 소년, 고양이, 글 쓰기 수업 등이 해당된다. 이러한 글감들 가운데 한 가지를 선택하여 이제 나의 이야기를 만들어보자.

위에 제시된 글감들은 특정 시인만을 위한 특별한 선물이 아니다. 그것은 나의 선물이 될 수 있다. 같은 글감으로 나의 이야기를 펼칠 수 있는 가능성을 품고 있다는 걸 알게 되면 내 마음에 설렘이 찾아온다. 아! 그러나 오버 하지 말라. 이 단계에서 우리가 할 작업은 시창작이 아니다. 그저 글감에 따라 어떤 대상에게 어떠한 이야기를 전달하는 주체 이 역할이 우선이다. 이때 자신의 머릿속에 떠오르는 생각, 이미지, 상상, 정서 등을 총동원하여 자연스럽게 스토리를 만들

---

5. 시는 문학의 한 장르로 자연이나 인생에 대하여 일어나는 감흥과 사상 따위를 함축적이고 운율적인 언어로 표현한 글이다. 시는 자신의 정신생활이나 자연, 사회의 여러 현상에서 느낀 감동 및 생각을 운율을 지닌 간결한 언어로 나타낸 문학 형태이다.(네이버 지식사전과 두산백과 참고)

어 전개하면 된다. 쉽지 않을 것이다. 원래 훈련은 고달픈 것이다.

시는 창작활동의 소산물임에는 틀림없다. 그러나 단순히 보면 시는 글 쓰기의 일종이다. 우리는 시가 걸친 거창한 정의를 걷어내고 나면 매우 담백한 시의 진실을 만날 수 있다. 시는 그저 우리 삶과 현실의 이야기라는 것이다. 시를 쓰기 위해 필요한 도구는 펜과 종이지만 시를 쓰기 위해 필요한 내용은 바로 자연과 문화와 그 속에서 펼쳐진 자기 인생이다. 이 얼마나 친숙하고 친근하지 않은가.

우리는 이 세상을 살면서 겪은 경험이라든지 생각이라든지 느낌이라든지 이런 것들로 글을 쓸 수 있다. 말자하면 나의 인생과 나의 경험이 모두 시가 될 수 있다는 말이다. 모든 시가 다 그렇지는 않더라도 대부분의 시들이 그러하고 또 좋은 시는 자기 삶과 현실의 이야기가 잘 녹아 있다. 시는 내가 살아온 삶의 이야기가 담겨 있어야 하지 않을까? 이런 질문에 얼마든지 딴지를 걸어도 좋다. 지금 자신의 삶을 살고 있는가. 그렇다면 시는 절대로 어려운 것이 아니다. 자신을 둘러싼 자연과 내 인생의 이야기를 끄집어내면 된다.

그렇다면 자연과 인생의 이야기를 어떻게 쓸 것인가 하는 문제에 봉착한다. 실제로 이야기에 접근하는 길이 수월하지는 않다. 누구나 자연 속에서 자신의 인생을 살고 있지만 그것을 어떻게 이야기로 풀어내야 할지는 각자의 의지와 역량에 달려 있다. 그래서 시로 가는 길목에서 수시로 난관에 봉착하게 된다. 그러나 포기하지 마라. 인간은 누구나 자신을 드러내고 싶어 하는 욕구가 있기 마련이니.

인간은 누구나 자신의 이야기를 타인에게 전달하고 싶어한다. 이것은 인간의 기본적인 욕구이다. 또한 인간은 자신의 존재의 가치를 상승시키고 싶어한다. 인간은 사회적 관계를 지향하는 존재이며 타인의 인정을 받고자 하는 욕구가 강한 존재이기 때문이다. 나의 이야기를 한다는 것은 자신을 드러내는 욕구를 분출함과 동시에 자신을 객관화하는 기회가 되기도 한다. 나의 이야기를 쓴다는 것은 자신을 객관적으로 바라봄으로써 자신의 현재 상태를 가늠할 척도가 되기도 한다. 이를 통해 자신을 이해하는 계기를 마련하기도 하는 것이다. 사람은 타인의 인정을 원하지만 가장 인정받고 싶어하는 존재는 자기 자신이기 때문이다.

가장 가깝고도 가장 먼 타인이 바로 '나' 아니던가. 나의 이야기를 쓴다는 것이 자기 이해를 통한 치유의 활동이 아니겠는가.

> 다산이 글 쓰기를 통해 유배지의 죄인이라는 자신의 처지를 곧바로 바꿀 수 있었던 것은 아니었지만 다산은 글 쓰기를 통해 자신의 내면을 바꾸었다. 다산은 글 쓰기에서 새로운 삶을 살기 위한 힘을 얻고 희망을 품었다.[6]

정약용은 40살부터 18년 동안 유배지 생활을 하였다. 당시 그는 글 쓰기를 하면서 참담함과 고립감을 극복하였다. 정약용에게 창작은 낙담과 불행의 삶을 희망으로 전도시킬 힘을 품게 하였다. 이처럼 창작은 자기와의 대화이며 자신의 감정과 내면을 밝히는 불이라고 볼 수 있다. 윤경희는『치유하는 글 쓰기』에서 감정을 표현하는 글 쓰기에 대한 긍정적 효과의 임상실험과 과학적 근거의 사례를 제시하였다.[7] 특히 글 쓰기의 치료 효과에 대해 광범위하게 임상실험을 한 제임스 페니베이커(James Penebaker)에 따르면 절망을 이겨낸 사람들 가운데 70% 이상이 글 쓰기라는 수단을 통해서 절망을 극복해 냈다고 한다. 이게 어떻게 가능한 것일까. 자신을 드러낸 글 쓰기가 절망적 사건과 자신을 좀 더 이해하는 데 도움이 된 건 아닐까.

이제 본격적으로 내 이야기를 할 차례이다.
단, 하나의 글감에 집중하자!

글감을 찾아내기는 쉬운 일이 아니다. 그러기에 시창작의 방법으로 위에 제시된 글감 말고도 이미 많은 시인들이 써 놓았던 시들을 살펴보기를 바란다. 그곳

---

6. 최효준,『다산의 글 쓰기 전략』, 글라이더, 2016, 35쪽.
7. 윤경희,『치유하는 글 쓰기』, 라온북, 2016, 142–143쪽.

에 무궁무진한 글감들이 담겨 있다. 그것들 중 하나를 선택해 자신의 것으로 만드는 시간을 갖는다. 교육자가 하나의 글감을 정해주어도 좋다. 여러분은 정해진 글감에 집중해서 스토리텔링을 할 수 있다.

혼자서 무언가에 집중해서 글을 쓰는 작업은 실은 굉장히 어려운 일이다. 그러나 "글을 쓰는 데 자신의 재능이나 잠재력을 문제 삼을 필요는 없다. 재능과 실력은 훈련을 거쳐 가면서 커지는 법"[8]이기 때문이다. 아리스토텔레스는 창작에 있어서 모방(Mimesis)을 강조하였고 그 누구도 무에서 유를 창조할 수 없다고 하지 않았던가. 홍숙영은 『생각의 스위치를 켜라』에서 모방을 반복하면서 글 쓰기의 기법을 익힌 다음 자신만의 창의적인 글쓰기 방식을 개발해 낼 수 있다고 하였다. 이 시간에는 무언가를 쓴다는 행위에 의의를 둘 수 있다. 무언가를 쓰고 있다는 건 그 무언가에 빠져들어 집중하고 있다는 뜻이다. 이 시간 우리가 이러한 창작방법을 꾸준히 훈련하다 보면 스토리텔링 재능과 실력이 커져나갈 것을 의심하지 않는다. 다음 예문을 보도록 하자.

가장 먼저 선택한 건 글감이다.
글감은 아버지다.

아버지와 관련한 손택수의 「아버지의 등을 밀며」[9] 시 전문을 읽어본다.

아버지의 등을 밀며

아버지는 단 한 번도 아들을 데리고 목욕탕엘 가지 않았다

8. 나탈리 골드버그, 『뼛속까지 내려가서 써라』, 권진욱 역, 한문화, 2013, 63쪽.
9. 손택수, 『호랑이 발바닥』, 창비, 2003, 30-31쪽.

여덟 살 무렵까지 나는 할 수 없이
누이들과 함께 어머니 손을 잡고 여탕엘 들어가야 했다
누가 물으면 어머니가 미리 일러준 대로
다섯 살이라고 거짓말을 하곤 했는데
언젠가 한 번은 입 속에 준비해둔 다섯 살 대신
일곱 살이 튀어나와 곤욕을 치르기도 하였다
나이보다 실하게 여물었구나, 누가 고추를 만지기라도 하면
잔뜩 성이 나서 물속으로 텀벙 뛰어들던 목욕탕
어머니를 따라갈 수 없으리만치 커버린 뒤론
함께 와서 서로 등을 밀어주는 부자들을
은근히 부러운 눈으로 바라보곤 하였다
그때마다 혼자서 원망했고, 좀 더 철이 들어서는
돈이 무서워서 목욕탕도 가지 않는 걸 거라고
아무렇게나 함부로 비난했던 아버지
등짝에 살이 시커멓게 죽은 지게 자국을 본 건
당신이 쓰러지고 난 뒤의 일이다
의식을 잃고 쓰러져 병원까지 실려온 뒤의 일이다
그렇게 밀어드리고 싶었지만, 부끄러워서 차마
자식에게도 보여줄 수 없었던 등
해 지면 달 지고, 달 지면 해를 지고 걸어온 길 끝
적막하디 적막한 등짝에 낙인처럼 찍혀 지워지지 않는
지게 자국
아버지는 병원 욕실에 업혀 들어와서야 비로소
자식의 소원 하나를 들어주신 것이었다.

준비가 됐는가. 째깍째깍 오감을 깨우는 심침(心針) 소리. 위 시를 입으로 낭독하거나 눈으로 읽거나 마음으로 새기거나 시에 대해 이해의 시간을 충분히 가져보자. 오감이 열리도록 시를 충분히 마음에 담아보자. 이제 내 아버지 이야기를 써보자. 내 아버지에 대한 글을 어떻게 시작하면 좋을까. 이 시간 다양한 방식으로 '아버지'를 떠올려 본다. 여기서 중요한 것은 아버지에 대한 '초점화'이다. 아버지의 모든 것을 다 꺼내 쓰려고 하지 마라. 아버지의 새치, 아버지의 주름살, 아버지의 등, 아버지의 구두, 아버지의 지갑, 아버지의 담배, 아버지의 눈물, 아버지의 소주잔 등 하나의 지점 혹은 하나의 사건을 부각시켜 이야기를 풀어간다. 제목도 편하게 지어본다. 시간을 재라. 대략 20분 정도 스토리텔링을 해 본다. 시간이 길게 주어진다고 좋은 글이 써지는 것도 아니다. 단, 집중해라!

다음은 아버지를 글감으로 쓴 스토리텔링 예문이다.

노란 콧물

딸의 코를 엄지와 검지로 풀어주고 있는데 핸드폰이 울린다. 아빠다. 이 사람이 내 코를 풀어 준 적이 있었을까. 나도 아빠에게 노란 콧물이었던 시절이 있었을까. 내가 정확히 몇 개월이 되었는지 몰랐을 때 아마 기저귀도 못 떼고, 걸음도 못 걸었을 때 아빠는 그런 날 놔두고 바레인으로 떠났다. 연탄을 사기 위해서 보행기를 사기 위해서였다고 했다. 아빠는 엄마와 날 놔두고 기름배를 탄 것이다. 아빠는 바레인에서 기름을 나르는 송유관을 만들었다고 엄마에게 나중에 전해 듣기도 했다. 물론 엄마는 아빠를 버리고 코가 잘 생긴 남자랑 바람이 났지만 말이다. 그렇게 아빠는 나의 호적에서 한 줄로 지워졌다. 엄마가 죽고 이듬해 아빠가 죽으면 우리는 고아가 되는 걸까. 어느날 나는 감기 걸린 딸의 코를 풀어주고 있었다. 그런데 '친아빠'에게 전화가 온 것이다. 아빠…… 내가 배운 단어 가운데 가장 슬픈 단어. 아빠는 내게 연신 미안하다 했지만 그리고 손녀에게 돌반지라도 하나 선물하고 싶다 했지만 딸의 코를 닦다 말고 나도 아빠 아빠 딸의 말을 따라 딸의 옹알이처럼 아빠 아빠 감기 중에 아빠라는 말을 배운다.

스토리텔링한 글을 발표하여 다른 사람들과 나누는 시간을 가져도 좋다. 떠오르는 아버지상이 없거나 본인에게 아버지가 그저 막막할 존재일 뿐이라면 아버지를 상상해서 꾸며서라도 지어보라.[10)]

그래도 괜찮다.
아버지이지 않는가.

4 네 번째 관문 - 시 짓기

위에 스토리텔링한 것을 토대로 약 15분 정도 시를 구성하도록 한다. 다음 시는 스토리텔링을 기반으로 구성된 시다.

콧물

딸의 코를 엄지와 검지로 풀어주는데
두 손가락 사이가 진득거린다

10. 나탈리 골드버그는 우리에게 용기를 북돋는 이런 이야기를 한 바 있다. "이야기를 지어보는 것은 좋은 방법이다. 이런 일을 부끄러워하거나 수치스럽게 생각하지 말라. 이야기 만들기는 글쓰기 훈련의 자원이다. 이야기를 해봄으로써 무엇이 다른 사람의 관심을 끌고 무엇이 지루하게 만드는지 의사전달력과 표현력을 배우게 된다." 나탈리 골드버그, 앞의 책, 132쪽.

나도 아빠에게 노란 콧물이던 시절이 있었을까
기저귀도 못 떼고 걸음마도 못 떼었을 때
연탄을 사기 위해 보행기를 사기 위해
아빠는 날 놔두고 바레인으로 떠났다
엄마는 잔병치레처럼 떠돌았고
기름이 드나드는 송유관에서
아빠는 총 쏘는 법을 배웠다
빗금이 그어진 호적에 기대
나는 그 빗금에 살았다
감염은 막을 순 없었던 걸까
바이러스 같은 단어
아빠
딸의 코를 엄지와 검지로 풀어주는데
내 코에서 콧물이 새어 나온다
딸의 코를 닦다 말고
아빠 아빠 딸의 말을 따라
옹알이처럼 아빠 아빠
나는 딸에게 아빠를 옮아 버렸다

내 안의 이야기를 풀어내고 이를 자연스럽게 시로 만들어내는 것은 수많은 시 창작 방법 가운데 하나일 뿐이다. 필자가 스토리텔링 기법으로 시창작을 권하는 이유는 "자신의 이야기가 스토리텔링으로 실현되고 시 텍스트 생산으로 구현될 때 구현 주체를 강력한 자기 주도적 존재로 상승"시킬 수 있기 때문이다. 그리고 "학습자는 스스로 주체적 감상을 통해 능동적인 문학 향유자로 거듭날 수 있으

11. 김효주, 앞의 논문 참고.

며 어렵고 까다롭다고만 생각한 시를 가깝게"[11] 느낄 수 있다는 점에 동의하기 때문이다. 물론 자신의 내밀한 이야기를 쓰다 보면 내 안의 이야기를 끄집어낼 용기가 필요하기도 하다.

> 우리가 글쓰는 방법을 배우는 이유는 누군가를 심판하거나 탐욕과 질투를 키우기 위해서가 아니라 스스로의 인생에 대해 경탄하고 애착을 가지기 위해서다.[12]

이 시간 우리는 스토리텔링된 자신의 글을 시 창작품으로 만드는 창작활동을 해 보았다. 어떤가. 자연스럽게 자신의 이야기를 풀어내 이를 바탕으로 시를 완성해 보았다. 이 시간 용기를 내서 쓴 글은 독자들에게 어떤 울림을 안겨준다. 한 인간의 삶에는 우리가 대체로 공감할 수 있는 지점이 생기기 마련이고 글을 통해 나와 다른 존재를 이해하는 계기를 마련하기 때문이다.

이 시간 내 안의 이야기를 풀어놓는 시간을 가졌는가. 나를 만나는 시간을 가졌는가. 나의 글을 타인과 나누었는가. 우리는 이 시간 쓰기만 하였다. 굳이 창작을 하려고 애쓰지 않았다. 그럼에도 한 편의 시를 완성할 수 있었다. 우리가 시를 창작하는 이유가 있다면 그것은 나와 너, 나와 나, 우리와 우리가 서로 만나기 위해서란 걸 잊지 말기를 바란다.

5
다섯 번째 관문 - 다시 오감 깨우기

미국의 한 교육심리학자는 창의적인 행위를 "태양에 플러그를 꽂는 일"이라고 표현한 바 있다. 그 자체가 바로 헛짓거리와도 같다는 말이다. 사실 태양에 플러그를 꽂는 일 자체가 대단한 일이지만 그것은 불가능한 일이고, 만일 그 일을 해

12. 나탈리 골드버그, 앞의 책, 132쪽.

낸다면 그것은 창작자의 상상력의 영역에서 벌어질 수 있을 것이다. 창작행위는 도전하는 글 쓰기이다. 설령 그것이 불가능해 보일지라도 우리 두 손에 삶이 놓여 있는 한 우리 정신의 상상력을 발휘하는 한 불가능은 가능을 예비하고 있음을 잊지 말자.

다시 읽고
다시 쓰자.

그러면,
된다.

아무튼!

나의 이야기를 한 편의 시로 짓기 위한 과정을 정리하면 다음과 같다.

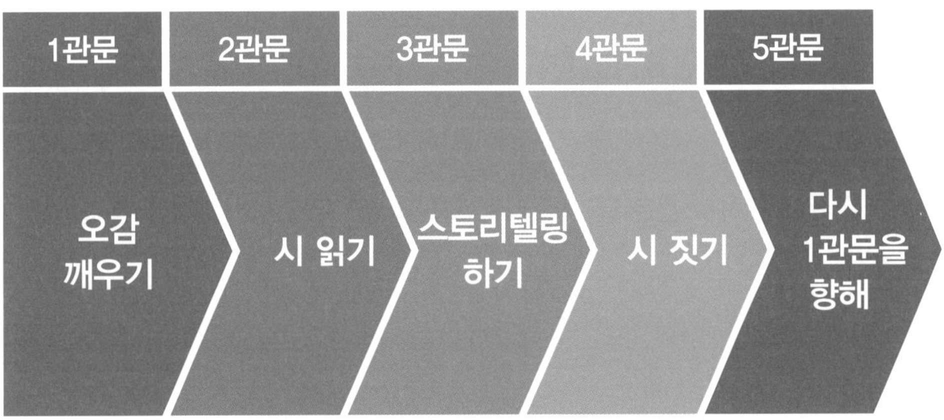

참여하기

1. 〈스토리〉와 〈스토리텔링〉의 차이를 설명할 수 있는가?

2. 〈나에 대한 이야기〉와 〈나의 이야기〉의 차이를 설명할 수 있는가?

3. 평소 내가 가장 쓰고 싶은 글감이나 주제가 있다면 무엇이고, 그 이유를 설명할 수 있는가?

2부

시와 문화콘텐츠

시와 미술 _김혜경

그림으로 쓰는 시

"

이렇게 많은 별 중에서
별 하나가 나를 내려다본다
이렇게 많은 사람 중에서
그 별 하나를 쳐다본다

김광섭, 「저녁에」 부분

"

1. 시와 미술의 관계
2. 그림에서 시 읽기
3. 시에서 그림 읽기
4. 창작에 바탕을 둔 통합으로서의 시와 미술

* 참여하기

Poetry & Art

3장 그림으로 쓰는 시

1 시와 미술의 관계

1-1. 시와 미술에 대한 관점

고대 그리스 시대에 시모니데스가 시와 그림의 상호 연관성을 주장한 이래, 여러 세기를 거쳐 두 장르 사이의 근원적 친밀한 관계에 대한 논의가 끊임없이 이어져 왔다. 시와 그림, 텍스트와 이미지 사이의 근원적 친연성을 최초로 명확히 언급한 사람은 고대 그리스의 시인 시모니데스(Simonides, BC 556~468경)이다. 그는 "시는 말하는 그림이며, 그림은 말 없는 시이다(Poema est pictura loguens, ictura est poema siliens)"라는 유명한 말을 남겼다. 이 말은 두 장르를 미학적 차원에서 동일하게 보는 것을 의미하면서, 오랜 전통의 동양미학에서 줄곧 접하게 되는 "시화일체(詩畵一體)" 혹은 "시화일률(詩畵一律)"의 견해에도 부합된다. 즉, "시는 형상 없는 그림이요 그림은 형상 있는 시(無形畵 有形詩)"라는 동양적 표현과 시모니데스의 말 사이에는 사실상 아무런 차이가 없다.

또한 중국 송(宋)나라 때의 이름난 화가 곽희(郭熙)는 1117년에 펴낸 임천고치(林泉高致)라는 회화의 이론서에 "詩是無形畵 畵是有形詩(시는 형상이 없는 그림이며 그림은 형상이 있는 시이다)"라 읊조린 바 있으며, 북송대(北宋代)의 시인 동파 소식(東坡 蘇軾, 1036~1101)도 "畵中有詩 詩中有畵(그림 가운데 시가 있고 시 가운데 그림이 있다)"라 하였다.

한편 르네상스 시대 시인이자 문학이론가인 시드니(Philip Sidney)는 「시의 옹호 Apology for a Poetry」에서 "시는 말하는 그림"이라고 규정한 바 있다. 푸생(Nicolas Poussin)의 경우, '그림과 같은 시'를 가장 이상적인 작품으로 여긴 화가였다. 또한 마리오 프라즈(Praz Mario)는 문학과 미술, 특히 시와 그림의 관계를 "자매예술(sister's art)"이라고 언급한 바 있다.[1] 이것으로 볼 때 두 예술 장르가 그 어떤 장르에 비해 서로 유사하고 가까운 친족관계에 놓여 있음을 알 수 있다.

1-2. 시와 미술의 상호 관련성

시와 미술이 같은 울타리에 존재한다는 것은 이미지의 개념을 통해서 설명할 수 있다. 마음속에 그리는 그림을 뜻하는 이미지는 T.S.엘리엇(T.S.Eliot)의 '객관적 상관물'이 의미하는 것처럼 추상적이고 관념적인 것을 구체화하여, 내용을 보다 잘 인식하도록 함으로써 독자의 정서적 반응을 불러일으키는 기능을 가진다. 모든 예술은 이미지로 이루어졌다고 할 수 있는데, 이미지의 어원을 보면, 거울에 비친 상이라는 뜻의 모상(模像, eidolon)이다. 플라톤은 현상계가 진리의 세계를 모방한 모상이라고 보았다. 이는 에이콘(eikon)과 판타스마(phantasma)로 나눌 수 있다. 에이콘은 원본(이데아, idea)을 곧바로 묘사한 것으로 유사관계(resemblance)를 말하며, 실재와 닮은꼴로 실재를 적절하게 표현한 것으로 간주된다. 반면에 판타스마는 복사물을 다시 복사한 것, 즉 시뮬라크르(simulacra) 관계를 말하며, 실재를 부적절하게 표현한 것으로 간주된다.

문학과 미술의 상호 관련은 내용(주제), 형식, 수용 등 여러 방면에서 조명해 볼 수 있다. 첫째, 작품의 제재나 주제 측면이다. 그리스-로마 신화나 성서는 고대로부터 현대에 이르기까지 두 예술의 공통된 소재를 제공한다. 이탈리아 르

---

1. 마리오 프라즈, 『문학과 미술의 대화』, 임철규 역, 연세대출판부, 1986, 3쪽.

네상스 화가들의 불후의 명화는 후세의 많은 시인들에게 시를 쓰는 동기가 된다. 작가들은 인접 예술의 작품에서 얼마든지 창작의 영감을 얻을 수 있다. 상상력이란 모든 예술에 공통된 창조의 원류이기 때문이다.

둘째, 표현 방식과 매체 사용에서의 관계이다. 모방(미메시스, mimesis)의 개념으로 환원하는 시학원리는 고대 이후 두 예술의 공통성을 설명하는 기초가 되었다. 아리스토텔레스(Aristoteles)가 『시학』 25장에서 시인과 화가를 함께 모방하는 작가로 소개한 이후 두 예술가는 매우 가까운 사이에 있는 것으로 인정되어 왔다. 호라티우스(Quintus Horatius) 『시학』에서도 "시는 그림과도 같다"고 말하고 있다. 물론 구체적 매체 사용의 이질성은 여전히 논란의 대상이 되고 있다.

셋째, 예술작품의 해석과 수용의 문제이다. 미술, 음악 그리고 문학은 추구하는 목표, 기능, 영향이 동일하다고 볼 수 있다. 예술작품의 수용자(독자 및 관객 등)들은 모든 예술작품이 제공하고 있는 이미지들에 대한 해석과 수용이 제각각일 수밖에 없으나, 예술이라는 큰 틀에 함께 묶일 수 있는 것이다.

1-3. 시와 회화의 결합 방식

시와 회화의 결합 방식을 다섯 가지로 나누어 살펴보면 다음과 같다.

첫째, 시에 의거해서 그림을 그리는 방법으로 글을 얼마나 그림으로 잘 표현할 수 있는가를 연구했던 라파엘 전파의 밀레이(J. E. Millais)가 대표적이다. 밀레이는 테니슨(Alfred Tennyson)의 시 「마리아나(Mariana)」를, 그리고 셰익스피어(William Shakespeare)의 『햄릿』에 나오는 오필리아를 그림으로 그렸다. 이중섭, 박수근, 김영진 등의 화가들은 백석의 시를 통해 얻은 영감을 자신의 작품에 투영해 그림을 그렸다.

둘째, 그림을 제재나 대상으로 하여 시를 쓰는 방법을 들 수 있는데, 이를 형상시라고 한다. 시인이 그림을 감상하고 시적 감흥을 얻어 시를 쓰는 것이다. 아킬레스의 방패무늬 제작과정을 서술한 호머(Homeros)의 『일리아드(Ilias)』(18번째 노래)가 형상문학의 기원이라 할 수 있다. 조각가 로뎅(Auguste Rodin)의 비서였던 릴케(Rainer Maria Rilke)는, 화가들과 활발하게 교류한 경험을 살려, 『형상시집』과 『신시집』을 통해 조형예술의 소재들을 시에 활용하였다. 한편 우리나라의 경우에도 이중섭, 샤갈, 고흐, 뭉크, 피카소, 김정희 등의 작품 및 작가의 삶을 주제로 쓴 형상시가 적지 않다.

셋째, 그림과 문자가 한 화면에 공존하며 상호 보완하는 문자도(文字圖)는 효·제·충·신·예·의·염·치(孝悌忠信禮義廉恥) 등 유교 덕목을 중국의 옛 이야기들과 연관시켜 그림으로 그린 것이다. 글자 속에는 잉어, 죽순, 할미새, 용, 파랑새, 거북이, 복숭아꽃, 봉황, 충절비 등 글씨 의미와 관련된 그림들이 글자마다 포함되어 있다. 글씨의 의미를 그림이 보완해 줌으로써 새로운 이미지를 창조해 낸다.

넷째, 구체시는 이집트의 상형문자를 비롯하여, 고대 중국이나 인도의 전통 회화 및 서예에서도 찾을 수 있다. 특히 말라르메 「주사위 던지기(Un Coup de Des, 1897)」, 아폴리네르(Guillaume Apollinaire) 「칼리그람(Xalligrammes, 1913-6)」 등의 시에서는 종이 위에 자유로이 시행을 배열, 알파벳을 사용한 그림과 같은 효과를 나타내고 있다. 이러한 말라르메나 아폴리네르의 작품은 시각적, 언어적 표현이 하나로 합쳐지는 이중예술품이라 하겠다.

다섯째, 문인화는 시와 그림이 함께 존재한다. 시와 회화는 창작 방법만 다를 뿐 작가 정신의 반영물이라는 점에서는 동일하다고 보는 시각이다. 조선 초기부터 중국 문인화의 시화일치사상(詩畵一致思想)이 유입되어, 우리나라 사대부들에게 문인화의 기법적 토대를 제공해 주었고, 외적인 기교보다 내적인 사상이나 철학 등을 중시하는 우리나라 문인화의 세계를 구축할 수 있도록 도움을 주었다. 문인화에서는 시의 의미와 글씨의 미적 이미지 그리고 그림의 이미지가 조화를 이루고 있다. 글씨도 그림의 하나로 볼 수 있으며, 그림의 주제는 시의 주제와 일맥상통하고 있다.

지금부터 언어예술의 하나인 시와 형상예술에 속하는 회화 사이의 관계에 초점을 맞추어 살펴볼 것이다. 또한 시인이 화가의 기존 작품을 시적 대상화한 시작품과 화가가 시인의 시를 모티프로 그린 회화작품을 텍스트로 분석할 것이다. 이를 바탕으로 시와 미술의 상호 연관성 및 유의미한 관계를 발견하고 나아가 시창작의 새로운 기법의 모색과 방식에 대한 가능성을 찾아보는 데 주력하고자 한다.

시 + 그림	시에 의거	⇒	그림 그리는 방법	시의도(詩意圖)
	그림을 제재, 대상	⇒	시 쓰는 방법	형상시(形象詩)
	그림, 문자 공존	⇒	상호 보완	문자도(文字圖)
	종이 위	⇒	자유로이 시행 배열	구체시(具體詩)
	시, 그림	⇒	함께 존재	문인화(文人畵)

2 그림에서 시 읽기

2-1. 최영미의 「햇빛 속의 여인」과 에드워드 호퍼의 〈햇빛 속의 여인〉

가끔씩 나는 그 방에 간다
밤새 나를 지우고 비워 낸 뒤
날카로운 아침 햇살에 묶여
차마 일어날 용기가 없어,
눈을 감는다

에드워드 호퍼, 〈햇빛 속의 여인〉, 1961.

마지막 그날까지 이 고장난 기계를 끌고
밥을 먹이고 머리를 감기고
지겨운 양치질을 몇번 더 해야 하나?
이를 닦다가 길을 걷다가도, 문득
당신이 기다리고 있는, 그 방을 그려 본다
끊어진 손목, 피멍 든 손으로
문을 두드린다
당신, 너무 빨리 왔군.

언제든지 원할 때 떠날 수 있다는 게
내 삶의 유일한 위안이었지

묘비명을 다시 고쳐 쓰고
충분히 지루했던 40년 생애동안 나를 속였던
수많은 방들을 건너가, 그 방에 간다
구겨진 몸을 담았던 껍질들을 벗으면
도시의 공허가 칼처럼 내리꽂히는 방.

자신의 그림자에 갇힌
여자의 두발은 움직이지 않는다
그녀는 그 빛의 사각형 밖으로 걸어 나올 수 있을까?

– 최영미, 「햇빛 속의 여인」[2] 전문

미국의 사실주의 화가 에드워드 호퍼(Edwad Hopper, 1882~1967)는 20세기 미국인의 삶에 깃들인 고독과 상실감, 소외감을 화면에 담아내 가장 미국적인 화가로 평가받는다. 희망마저 고갈된 도시에서 부대끼며 살아가는 현대인들에 대한 그의 세심한 묘사가 인상적이다.

인물의 표정이나 모습보다 텅 빈 방안에 드리운 빛과 그림자를 활용해 현대인의 고독과 불안감을 이채롭게 잡아내었다. 벌거벗은 채로 침대에서 막 일어나 그림 밖 관람객을 향해 옆으로 포즈를 취하고 있는 '햇빛 속의 여인'은 고독하다. 창문 밖에서 쏟아진 햇빛에 물든 여인의 모습은 빛과 그림자, 밝은 빛 속의 우울한 분위기가 대조를 이루며 고독감을 초월한 불안감으로 다가온다.

위 시 「햇빛 속의 여인」은 현대를 살아가는 한 여인의 상처와 고독, 그리고 싸늘한 실존의 의미를 다룬 작품이다. "충분히 지루했던 사십 년 생애 동안 나를 속였던 / 수많은 방들을 건너가 그 방"을 찾아가는 그녀는 빈방과 동일시되고 있음을 알 수 있다. 시적 화자는 "당신이 기다리고 있는, 그 방"의 문을 "끊어진 손목, 피멍 든 손으로" 두드린다. 자아가 투영된 "햇빛 속"의 그녀는 "언제든지 원할 때 떠날 수 있다는 게 / 내 삶의 유일한 위안"이라면서 "묘비명을 다시 고쳐"쓴다. 그러나 그녀는 이미 "자신의 그림자" 즉, 부정적 삶의 인식에 갇혀버린 존재이다.

방으로 들이친 네모난 햇빛의 도형에 고정된 듯 "여자의 두 발은 움직이지 않"

---

2. 최영미, 「햇빛 속의 여인」, 『돼지들에게』, 실천문학, 2005.

고 마치 실내 정물처럼 멈춰 서 있다. 굳은 표정의 "그녀는 그 어두운 사각형(방) 밖으로", 과연 "걸어 나올 수 있을"지는 의문이다.

2-2. 이승하의 「畵家 뭉크와 함께」와 에드바르드 뭉크의 〈절규〉

에드바르드 뭉크, 〈절규〉, 1893.

어디서 우 울음소리가 드 들려
겨 겨 견딜 수가 없어 나 난 말야
토 토하고 싶어 울음소리가
끄 끊어질 듯 끄 끊이지 않고
드 들려와
야 양팔을 벌리고 과 과녁에 서 있는
그런 부 불안의 생김새들
우우 그런 치욕적인
과 광경을 보면 소 소름 끼쳐 다 다 달아나고 싶어

도 同化야 도 童話의 세계야
저놈의 소리 저 우 울음소리
세 세기말의 배후에서 무 무수한 학살극
바 발이 잘 떼어지지 않아 그런데
자 자백하라구? 내가 무얼 어쨌기에
소 소름 끼쳐 터 텅 빈 도시
아니 우 웃는 소리야 끝내는
끝내는 미 미쳐버릴지 모른다
우우 보트 피플이여 텅 빈 세계여
나는 부 부 부인할 것이다.

– 이승하, 「畵家 뭉크와 함께」[3] 전문

뭉크(Edvard Munch)의 작품에는 사랑, 죽음, 불안 등이 내재되어 나타나는데, 여기에서는 정신분열적 두려움에 대한 자신의 고백이면서 또한 생활과 심리학적인 발전의 사건들과 깊은 관계를 의미한다. 화가 뭉크의 〈절규〉는 핏빛 하늘을 배경으로 세상사에 괴로워하는 인간 내면의 고통을 잘 묘사하였다. 즉, 두려움과 공포를 단순화시키고 또 극대화하여 노골적으로 묘사한 작품으로 평가할 수 있다. 미상불 충격, 불안, 경악, 절망감으로 엄습한 '절규'의 근원지는 뭉크의 내면일 것이다. 나아가 화면이 자아내는 공포 분위기는 우리들 자신에게 잠재되었던 부정적 감정을 불러일으키도록 유도하는 기폭제로써 작품을 보는 내내 불편함과 불안의 정서를 자극한다.

이승하 시인은 다수의 시편들을 뭉크의 작품들과 연계하여 시인의 개인사, 한국 현실, 인류사 문제를 투영시켰다. 이승하 시인과 뭉크의 소통은 단순한 뭉크 그림에 대한 동경이나 찬사가 아닌 뭉크의 화제를 통해 시인의 개인사를 드러내었

3. 이승하, 「畵家 뭉크와 함께」, 『사랑의 탐구』, 문학과지성사, 1987.

으며, 1980년대 한국의 현실과 인류사적인 문제의식으로까지 연결시키고 있다.

1984년 《중앙일보》 신춘문예 당선작인 이 시는 폭력과 광기로 얼룩진 1980년대 사회를 절규하듯 고발하고 있다. 세기말의 학살극과 보트피플을 병치하여 이 세계의 절망감을 표출하는데, 지어낸 이야기 속에서나 나올 법한 일들이 현실에서 태연하게 벌어진다. 무력한 시인 역시 시대와의 공범의식으로 괴로워하고 있다. 온전한 소리가 되지 못하는 시적 화자의 눌변과 "어디서 우 울음소리가 드 들려 / 겨 겨 견딜 수가 없어"는 더듬거림이 시를 읽는 내내 불편하게 한다. 이처럼 버벅거리는 절규는 뭉크의 그림 이미지에 오버랩 되어 우리를 공포와 절망 속으로 깊숙이 밀어 넣고 있다.

2-3. 김채운의 「대비」와 케테 콜비츠의 〈죽은 아이를 안은 여인〉

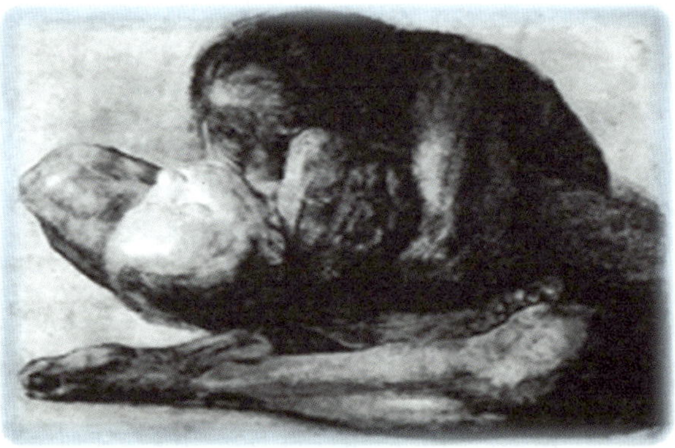

케테 콜비츠, 〈죽은 아이를 안은 여인〉, 1903.

한껏, 고갤 젖힌 아이의 이마 화안하다
와락, 고갤 박은 어미의 정수리 캄캄하다

규명할 수 없는 무채색의 슬픔덩어리

아이는 환한데 죽어 저리 환한데
어미는 어둡다 살아 이리 어둡다

– 김채운, 「대비」[4)]

케테 콜비츠(Käthe Kollwitz)는 "나의 작품 행위에는 목적이 있다. 구제받을 길 없는 자들, 변호도 받을 수 없는 사람들, 정말 도움을 필요로 하는 이 시대의 인간들을 위해, 한 가닥의 책임과 역할을 담당하려 한다."고 말한 바 있다. 이처럼 그는 예술행위를 개인적 영역으로만 한정시키지 않고 사회적 영역으로까지 확대, 생산시킨 대표적 작가라고 할 수 있다. 제2차 세계 대전 당시의 독일 상황을 적나라하게 보여주며 특히 민중들의 비참한 삶을 처절하고 사실적으로 표현하였다. 삶과 예술의 일치를 이루는 것은 이상적이나 가능할 수 있다는 것이 그녀의 일생과 작품에서 잘 드러난다.

〈죽은 아이를 안은 여인〉은 "케테 콜비츠의 피에타"라고 할 수 있다. 피에타는 "자비를 베푸소서"라는 의미로, 성모 마리아가 죽은 그리스도를 안고 있는 모습을 표현한 작품을 일컫는다. 울부짖음이나 격정의 몸부림 대신 삶과 죽음이 하나로 달라붙어 있는 가난한 어머니의 슬픔이 참혹하게 묘사되어 있다.

김채운 시인은「대비」에서 삶과 죽음의 명암대비를 선명하게 표현한다. 천진하게조차 보이는 "고갤 젖힌 아이의 이마"는 더없이 환하다, 슬픔에 어찌할 바를 모르는 "어미의 정수리"는 더없이 캄캄하다. 툭 불거진 무릎이 지질러 앉은 여인의 고단한 삶을 말해준다. 아이를 되살릴 수만 있다면 어미의 목숨까지라도 내놓을 수 있겠다는 간절함이 배어있다. 슬픔은 삶에서 어둡고, 죽음에서 환할 것이다. 삶과 죽음의 대비는 분명해 보이지만, "규명할 수 없는 무채색의 슬픔덩어

---

4. 김채운, 「대비」, 『너머』, 애지, 2019.

리"처럼 자식과 어미와의 관계는 죽음을 넘어서서 떼려야 뗄 수 없다. 차라리 현실의 삶보다 죽음의 모습이 더 평온하다.

3
시에서 그림 읽기

앞에서 보았던 그림과 시, 또는 화가와 시인의 상관관계가 가역적일 수도 있다. 예를 들면, 화가가 시에 기인하여 작품을 구상하였거나 시에 응답하는 형식으로 탄생한 그림도 있어 눈여겨 볼만하다. 한 폭의 그림은 화가의 오감과 영혼이 대상을 바라보고 느낀 것을 화폭에 담은 것이다. 단순한 대상의 베끼기가 아니다. 대상에 혼을 불어넣고 생명의 불을 지펴 새로운 세계를 창조하는 것이다. 한 편의 시도 마찬가지다. 시인의 마음을 움직인 어떤 모티브 혹은 대상에 시인의 모든 것을 쏟아부어 만들어내는 또 다른 창조물이다. 그러기에 작품 하나하나는 화가나 시인의 분신이다. 아니, 화가나 시인이 아예 그 작품 안에 들어가 버린 것이다. 작품을 보면 화가를, 그리고 시인을 볼 수 있다.

3-1. 김광섭의 「저녁에」와 김환기의 〈어디서 무엇이 되어 다시 만나랴〉

이렇게 많은 별 중에서
별 하나가 나를 내려다본다.
이렇게 많은 사람 중에서
그 별 하나를 쳐다본다.

밤이 깊을수록

별은 밝음 속에 사라지고
나는 어둠 속에 사라진다.

이렇게 정다운
인연을 맺은 존재
너 하나 나 하나는
어디서 무엇이 되어
다시 만나랴.

— 김광섭, 「저녁에」[5] 전문

김환기, 〈어디서 무엇이 되어 다시 만나랴〉, 1970.

5. 김광섭, 「저녁에」, 『월간중앙』 제20호(1969)에 발표, 시집 『겨울날』(1975)에 수록.

김환기[6]는 김광섭의 「저녁에」 시의 마지막 구절인 "어디서 무엇이 되어 다시 만나랴"는 화제(畵題)로 작품을 제작했다. 이 그림은 화면 전체가 모든 그리운 것들을 대신하는 점들로 가득 채워져 있는데, 화가의 고향이 전남 신안의 그 흔한 김의 모습에서 착상했다는 점과 민족 정서를 환기했다는 점에서 특별한 평가를 받는다. 〈어디서 무엇이 되어 다시 만나랴〉는 불규칙적인 점과 선이 무수히 반복되는 점묘의 기법으로 존재들과의 만남과 인연의 문학적 주제를 회화적으로 형상화한 작품이다.

김광섭 시인의 후기 작품의 성향은 생명 자체에 대한 무한한 애정과 신뢰를 드러내었는데, 화려한 시적 수사를 절제해 군더더기 없는 담백한 분위기를 자아낸다. 「저녁에」는 무수한 별들 가운데 단 하나의 '별'과 무수한 사람들 가운데 단 한 명인 '나'와의 교감을 통해 인간의 유한한 존재성에 대하여 성찰하고 있다. "밤이 깊을수록 / 별은 밝음 속에 사라지고 / 나는 어둠 속에 사라"지는 것으로 점점 인간적인 따뜻함과 진정성을 잃고 살아가는 현대인들의 고독한 모습을 부각시키며, '별'과 '나'의 관계 또한 지속될 수 없는 관계임을 암시한다. 그렇지만 김환기의 그림 속 무수한 점들처럼 "너 하나"와 "나 하나"는 정다움이 존재하는 한 "어디서 무엇이 되어"서든지 언젠가 다시 만날 수 있을 것이라는 간절한 희망을 노래하고 있다.

---

6. 김환기(金煥基, 1913-1974)는 전남 신안출생 서양화가로 문인들과의 교류가 깊어 문학과 관련된 그림을 많이 그렸다. 뉴욕에 체류하던 서양화가 김환기가 1970년 그린 〈어디서 무엇이 되어 다시 만나랴〉는 《한국일보》가 주최한 '제1회 한국미술대상전 대상 수상작'으로 김환기의 대표작이다.

3-2. 알프레드 테니슨[7]의 「Mariana」, 밀레이의 〈Mariana in the Moated Grange〉

Millais, 〈Mariana in the Moated Grange〉, 1851.

그녀의 눈물은 저녁 이슬과 함께
이슬이 마르기도 전에 흘러내렸지;
그녀는 포근한 하늘을 볼 수 없었다.
아침이나 저녁에도.
박쥐들이 날아간 후에,
짙은 어둠이 하늘을 몽롱하게 뒤덮었을 때,
그녀의 여닫이창에서 커튼을 젖히고,
어둑한 들판을 비스듬히 바라보았다.
그녀는 말할 뿐이었지, '밤은 황량해
내 님은 오지 않아'

7. Alfred Lord Tennyson(1809–1892), 영국 빅토리아 시대를 대표하는 시인이다.

'나는 지쳤어, 지쳤어
차라리 죽고 싶어!'

– 알프레드 테니슨, 「마리아나」[8] 부분

위 시에 등장하는 "Mariana"는 셰익스피어의 「보복(Measure for Measure)」의 여주인공으로 바다에서 결혼 지참금을 몽땅 잃어버리고, 결국은 약혼자에게도 버림받은 가엾은 여자다. 빅토리아 시대의 시인 테니슨은 이 마리아나의 이야기를 바탕으로 사람에게 배신당하고 사랑에 좌절한 기구한 여인에 대해 노래하였다. 그리고 이 시를 읽고 다시 영감을 받은 밀레이가 처절한 외로움 속에서 이미 떠나가 버린 연인을 허망하게 기다리는 여인을 묘사하여 〈Mariana in the Moated Grange〉로 작품화하였다.

빅토리아 시기 영국에서는 결혼 적령기의 여자들은 되도록 외출을 삼가고 집에서 수를 놓거나 직물을 짜면서, 실처럼 자신도 누군가와 관계로 이어지게 될 날을 기다렸다. 직물 짜기에 재능이 있는 여인은 정숙함의 표상이며, 훌륭한 신붓감으로 인정받았다. 여하튼 그림의 주인공인 마리아나는 지금 자수를 두다가 피곤한 듯 허리에 손을 받치고 기지개를 하고 있다. 뒤편에 놓여있는 서랍장의 촛불이 그녀의 고독한 일상을 보여준다. 바깥정원부터 테이블 위에 놓인 마리아나의 섬세한 자수품까지 화려하면서도 정밀한 세부 묘사와 그 당시 테니슨의 시에서 가져온 작품 주제는 라파엘 전파의 주요 특성을 드러낸다.

마리아나를 묘사한 테니슨의 시는 각각 12개의 행으로 이루어진 6개의 연으로 구성되어 있다. 각 연의 첫 8행까지는 시적 화자의 서술이고, 마지막 나머지 4행은 약간의 변형만 있는, 마리아나의 목소리를 직접적으로 표현하고 있다. 이러한 독백형식을 취한 시적 구조는 테니슨의 시의 주요한 기교로 주목된다.

---

8. 김철교, 〈영국 명시 감상〉(7) 테니슨 월간 『시문학』 2011년 9월호.

시적 화자를 통해 묘사되고 있는 시적 분위기는 외롭고 황량하고 우울하고 좌절감을 나타내는 시어들로 구성되어 있다. 해자(垓字)에 둘러싸여 있는 오두막에서 고립되고 격리된 삶을 살아가는 마리아나는 사랑하는 사람이 오기를 바라지만, 그는 오지 않는다. 이 시의 후렴구 “나는 지쳤어, 지쳤어 / 차라리 죽고 싶어!”라는 절규에 가까운 독백은 그녀의 심경이 죽고 싶을 만큼 괴롭지만, 여전히 굳건하게 살아있다는 것을 확인시킨다. 진실로 그녀가 바라는 바는 떠나버린 남자가 그녀 곁으로 돌아오는 것이지, 결코 죽음 자체가 아님을 강조한 것이다.

3-3. 이병언의 「소악후월」과 겸재 정선의 〈소악후월〉

겸재 정선, 〈소악후월〉, 1741.

파릉에 밝은 달 뜨면

(巴陵明月出)

이 난간머리에 먼저 비친다

(先照此欄頭)

두보 시에 제구 없는 것

(杜甫無題句)

필경 소악루 뿐이리
(終爲小岳樓)

– 이병언, 「소악후월(小岳候月)」[9] 전문

주변 풍광이 뛰어났지만 소악루가 진정 유명해진 것은 진경산수화의 대가 겸재 정선 때문이다. 1740년 가을 65세에 양천현령으로 부임한 정선은 5년간 이곳에 올라 그곳에서 바라본 아름다운 풍광을 화폭에 담았다. 궁산 소악루 등지의 풍광을 담은 겸재의 작품집 『한수주유』는 옛 한강변의 모습을 고스란히 전해주는 귀한 자료이다. 성황사에서 조금 더 내려가면 소악루(小岳樓)다. 원래 이곳에는 중국 둥팅호(洞庭湖·동정호)에 있는 누각에서 이름을 따온 '악양루(岳陽樓)'가 있었는데 화재로 소실돼 버려졌다가 조선 후기에 중국 악양루 경치에 비견할 만한 곳이라 해서 '소악루'란 이름으로 재건되었다.

현재 소악루에서는 강 건너편 안현의 봉홧불을 바라본 풍경을 그린 '안현석봉'(鞍峴夕烽)을 볼 수 있다. 당대 진경시의 대가이자 겸재의 절친한 친구였던 사천 이병언의 시를 감상한 후 남산 위로 둥근 달이 뜨기를 기다리며 소악루 일대를 그린 작품이 〈소악후월〉(小岳候月)이다. 시와 그림 속 모습을 그리며 바라보는 한강과 주변의 풍광은 여전히 아름답고 시원하다. "양천현아 파릉에 달이 떠오르면 여기 난간머리에 먼저 비치니 당의 두보 시에 제구 없는 것 끝내 소악루뿐이라고 하겠지"

교교한 달빛에 잠긴 양천 강변의 밤경치를 그린 정선의 그림에 부친 시다. 뒷산인 파산에서 조감하여 오른쪽 양천의 탑산, 두미암, 선유봉이 차례로 솟아 있

---

9. 이병언(1671–1751)의 부모를 비롯한 그의 출신배경은 알 수 없다. 백산(白山)이라는 곳에 살았다. 김창흡(金昌翕)의 문인이며, 벼슬은 음보(蔭補)로 부사(府使)에 이르렀다. 시에 뛰어나 영조시대 최고의 시인으로 일컬어졌다. 80세가 넘도록 시작생활을 계속하였다. 저서로는 『사천시초(槎川詩抄)』 2책이 전한다.

고 대안의 절두산이 근경으로 보인다. 이병언은 파릉(巴陵, 양천의 별칭)의 달밤 풍경을 노래하면서 자신을 두보에 비유하는 방식으로 시인으로서의 자부심을 거리낌 없이 드러내보였다.

4
창작에 바탕을 둔 통합으로서의 시와 미술

4-1. 칼리그램의 창시자, 기욤 아폴리네르(Guillaume Apollinaire)

아폴리네르가 회화에 많은 관심을 기울였으며, 그의 연인이자 화가인 마리 로랑생 역시 아폴리네르가 시를 쓰는 데 중요한 역할을 하였다. 그는 화가들의 아틀리에를 오가며 시를 쓰는 틈틈이 미술비평 역시 쉬지 않았다. 이러한 관심은 아폴리네르의 가장 큰 업적으로 평가되는 '칼리그램'으로 완성된다. 칼리그램은 시를 구성하는 활자나 활자로 구성되는 시구의 배치로 어떤 현상을 나타내어 무언중에 어떤 이미지를 표현하는 방법이다. 그러므로 지금까지와 같이 시행을 같은 모양으로 늘어놓는 것이 아니라 일종의 그림을 그려서 독자의 시각에 호소하는 수법이다.

「루에게 바치는 칼리그램」

「에펠탑」

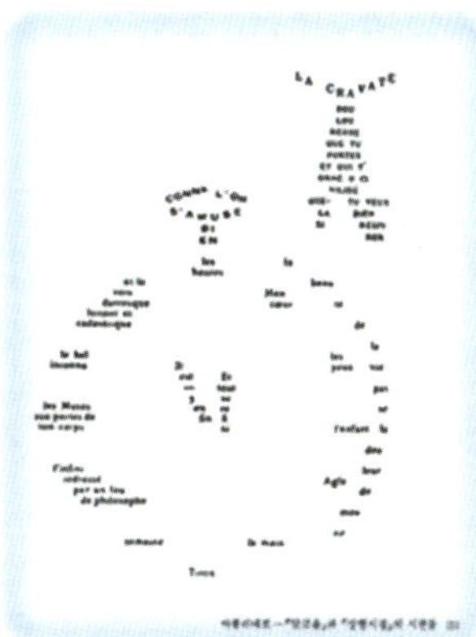
「넥타이와 시계」

글자로 이루어신 에펠탑이나 여인에 대해 "과연 이것이 그림인가 시인가"라는 의문을 아폴리네르는 아예 품지 않았던 것으로 보인다. 아폴리네르는 '나도 화가다'라고 선언을 했으며 실제 칼리그램 혹은 상형시라는 형식을 창조한 작가이다. 이것은 아폴리네르가 가지고 있는 미술관에서 시작된다. 아폴리네르는 "선은 빛의 목소리다. 그리고 빛이 완전히 자신을 드러내면 모든 것에 색이 입혀진다. 회화는 본질적으로 빛의 언어다."라고 말하며, 회화와 언어가 결코 분리되어 있지 않음을 피력하였다.

주지하다시피 인류의 가장 오래된 흔적인 라스코 벽화에는 당시의 동물 그림이 생생히 그려져 있다. 문자가 생겨나기 이전, 그림은 문자의 역할을 했고, 그림은 상형문자를 넘어 글자로 발달했다. 즉, 글자와 그림은 하나의 뿌리에서 나온 것임을 알 수 있다. 엄밀히 말해서 텍스트와 이미지를 결합시키는 칼리그램은 아폴리네르가 고안은 하였지만 일찍이 존재한 개념이다. 그렇지만 그의 칼리그램은 단순한 이미지와 텍스트의 결합이 아니다.

아폴리네르의 상형시는 이미지와 텍스트를 분리하면 그 의미가 사라지는 마법 같은 시이다. 그는 시계와 넥타이의 형상으로 글을 배치함으로써 줄글로 읽는 것 이상의 감정과 느낌, 시각적 효과에서 오는 생생함을 전달하는 데 주력하였다. 이러한 감정은 텍스트나 이미지 하나만을 사용해서는 전달하기 어려울 것이다. 따라서 칼리그램은 이미지와 텍스트의 결합을 넘어서, 시적이고도 회화적인 감정을 동시에 효과적으로 전달한다는 데 그 의미가 있다.

4-2. 문자의 시각성과 공간성을 실험한 말라르메(Mallarmé)

랭보, 베를렌과 함께 본격적으로 상징주의를 이끈 말라르메는 19세기 후반에 활동한 프랑스 시인이다. 현대시의 시조로 일컬어지는 보들레르가 상징주의를 예고했다면 그는 랭보, 베를렌과 함께 본격적으로 상징주의를 이끌었다. 그는 시언어 탐구를 극단적으로 추구한 난해한 시인으로 알려져 있다. 그런데 그가 문자의 시각성과 공간성에 있어 서구 알파벳 역사와 책의 역사에 한 획을 그은 사실은 우리에게 잘 알려져 있지 않다.

서구 알파벳은 오랫동안 문자로서의 시각성과 공간성을 잃어버리고 음성의 전달기호로 취급되었다. 페니키아에서 그리스로 오면서 알파벳에 모음이 보충되었는데 오히려 그 점이 알파벳을 음성 전달수단으로 전락시켰다. 서구 알파벳은 '들리는' 기호였지 '보이지'는 않았다. 그런 역사 속에서도 중세시대에 아름다운 책들이 탄생되기는 하였다. 아름답게 장식된 문자들은 문자의 시각성을 조금이나마 느끼게 해주었다.

그러다가 인쇄술의 발전과 더불어 문자의 물질성이 드러나기 시작했고, 신문이든 책이든 문자가 같은 바탕 면에서 이미지와 함께 어우러지면서 문자의 시각성과 공간성이 서서히 재인식되기 시작했다.

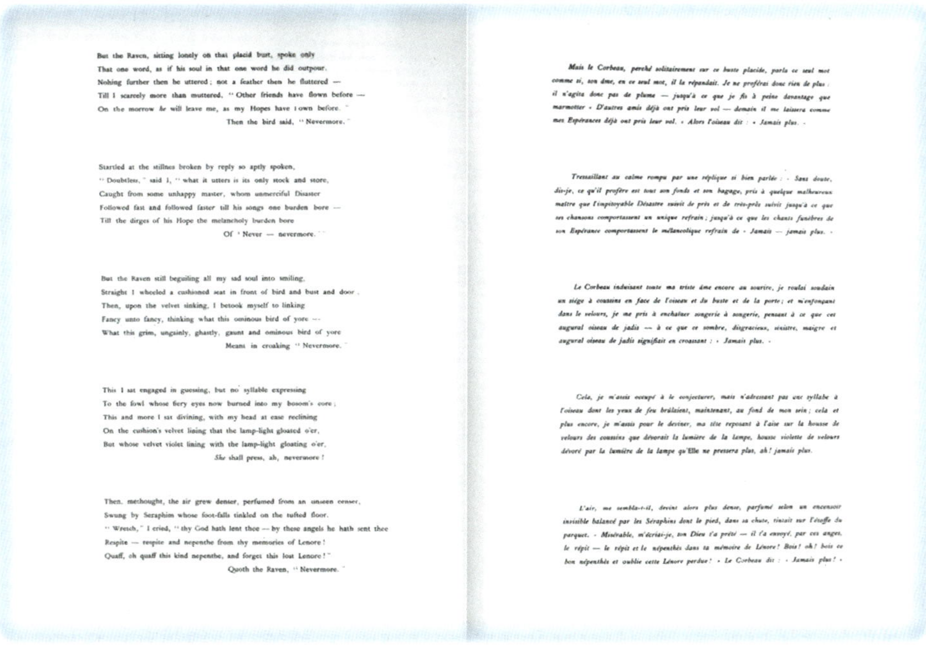

But the Raven, sitting lonely on that placid bust, spoke only
That one word, as if his soul in that one word he did outpour.
Nohing further then he uttered; not a feather then he fluttered —
Till I scarcely more than muttered, "Other friends have flown before —
On the morrow *he* will leave me, as my Hopes have flown before."
Then the bird said, "Nevermore."

Startled at the stillnes broken by reply so aptly spoken,
"Doubtless," said I, "what it utters is its only stock and store,
Caught from some unhappy master, whom unmerciful Disaster
Followed fast and followed faster till his songs one burden bore —
Till the dirges of his Hope the melancholy burden bore
Of 'Never — nevermore.'"

But the Raven still beguiling all my sad soul into smiling,
Straight I wheeled a cushioned seat in front of bird and bust and door,
Then, upon the velvet sinking, I betook myself to linking
Fancy unto fancy, thinking what this ominous bird of yore —
What this grim, ungainly, ghastly, gaunt and ominous bird of yore
Meant in croaking "Nevermore."

This I sat engaged in guessing, but no syllable expressing
To the fowl whose fiery eyes now burned into my bosom's core;
This and more I sat divining, with my head at ease reclining
On the cushion's velvet lining that the lamp-light gloated o'er,
But whose velvet violet lining with the lamp-light gloating o'er,
She shall press, ah, nevermore!

Then, methought, the air grew denser, perfumed from an unseen censer,
Swung by Seraphim whose foot-falls tinkled on the tufted floor.
"Wretch," I cried, "thy God hath lent thee — by these angels he hath sent thee
Respite — respite and nepenthe from thy memories of Lenore!
Quaff, oh quaff this kind nepenthe, and forget this lost Lenore!"
Quoth the Raven, "Nevermore."

Mais le Corbeau, perché solitairement sur ce buste placide, parla ce seul mot comme si, son âme, en ce seul mot, il la répandait. Je ne proférai donc rien de plus : il n'agita donc pas de plume — jusqu'à ce que je fis à peine davantage que marmotter « D'autres amis déjà ont pris leur vol — demain il me laissera comme mes Espérances déjà ont pris leur vol. » Alors l'oiseau dit : « Jamais plus. »

Tressaillant au calme rompu par une réplique si bien parlée : « Sans doute, dis-je, ce qu'il profère est tout son fonds et son bagage, pris à quelque malheureux maître que l'impitoyable Désastre suivit de près et de très-près suivit jusqu'à ce que ses chansons comportassent un unique refrain ; jusqu'à ce que les chants funèbres de son Espérance comportassent le mélancolique refrain de « Jamais — jamais plus. »

Le Corbeau induisant toute ma triste âme encore au sourire, je roulai soudain un siège à coussins en face de l'oiseau et du buste et de la porte ; et m'enfonçant dans le velours, je me pris à enchaîner songerie à songerie, pensant à ce que cet augural oiseau de jadis — à ce que ce sombre, disgracieux, sinistre, maigre et augural oiseau de jadis signifiait en croassant : « Jamais plus. »

Cela, je m'assis occupé à le conjecturer, mais n'adressant pas une syllabe à l'oiseau dont les yeux de feu brûlaient, maintenant, au fond de mon sein ; cela et plus encore, je m'assis pour le deviner, ma tête reposant à l'aise sur la housse de velours des coussins que dévorait la lumière de la lampe, housse violette de velours dévoré par la lumière de la lampe qu'Elle ne pressera plus, ah ! jamais plus.

L'air, me sembla-t-il, devint alors plus dense, parfumé selon un encensoir invisible balancé par les Séraphins dont le pied, dans sa chute, tintait sur l'étoffe du parquet. « Misérable, m'écriai-je, ton Dieu t'a prêté — il t'a envoyé, par ces anges, le répit — le répit et le népenthès dans ta mémoire de Lénore ! Bois ! oh ! bois ce bon népenthès et oublie cette Lénore perdue ! » Le Corbeau dit : « Jamais plus ! »

『까마귀』 본문: 삽화가 빠져 있을 때 규칙적 시행 배열이 더 눈에 띈다.

But the Raven, sitting lonely on that placid bust, spoke only
That one word, as if his soul in that one word he did outpour.
Nohing further then he uttered; not a feather then he fluttered —
Till I scarcely more than muttered, "Other friends have flown before —
On the morrow *he* will leave me, as my Hopes have flown before."
Then the bird said, "Nevermore."

Startled at the stillnes broken by reply so aptly spoken,
"Doubtless," said I, "what it utters is its only stock and store,
Caught from some unhappy master, whom unmerciful Disaster
Followed fast and followed faster till his songs one burden bore —
Till the dirges of his Hope the melancholy burden bore
Of 'Never — nevermore.'"

But the Raven still beguiling all my sad soul into smiling,
Straight I wheeled a cushioned seat in front of bird and bust and door,
Then, upon the velvet sinking, I betook myself to linking
Fancy unto fancy, thinking what this ominous bird of yore —
What this grim, ungainly, ghastly, gaunt and ominous bird of yore
Meant in croaking "Nevermore."

This I sat engaged in guessing, but no syllable expressing
To the fowl whose fiery eyes now burned into my bosom's core;
This and more I sat divining, with my head at ease reclining
On the cushion's velvet lining that the lamp-light gloated o'er,
But whose velvet violet lining with the lamp-light gloating o'er,
She shall press, ah, nevermore!

Then, methought, the air grew denser, perfumed from an unseen censer,
Swung by Seraphim whose foot-falls tinkled on the tufted floor.
"Wretch," I cried, "thy God hath lent thee — by these angels he hath sent thee
Respite — respite and nepenthe from thy memories of Lenore!
Quaff, oh quaff this kind nepenthe, and forget this lost Lenore!"
Quoth the Raven, "Nevermore."

『까마귀』 본문: 삽화가 끼워져 있을 때 텍스트와 이미지가 한눈에 보인다.

1830년부터 판화 기술의 발달과 더불어 이미지가 삽화의 형태로 책의 영역 안으로 밀려들었다. 삽화책(livre illustré)에는 두 가지 종류가 있었는데, 온 가족이 볼 수 있는 잡지나 연재물 등 대량 생산된 이미지가 실린 저렴한 책들과 한정된 독자층을 겨냥하여 이미지를 풍부하게 싣고 고급 종이로 정성을 기울여 만든 비싼 책들, 즉 예술가책(livre d'artiste)이나 화가책(livre de peintre)으로도 불리는 고급책(livre de luxe)이 있었다. 19세기 중반부터 나타나기 시작한 후자는 주로 동판화와 석판화를 활용하여 유명 화가의 삽화를 실었는데 책의 물질성과 문자의 시각성 및 공간성을 재발견하는 데에 크게 공헌하였다.

말라르메 역시 1873년 화가 에두아르 마네(Édouard Manet)를 알게 되고 그와 함께 두 권의 예술가책, 『까마귀(Le Corbeau)』(1875)와 『목신의 오후(L'Après-midi d'un Faune)』(1876)를 펴내면서 문자의 시각성과 공간성에 대한 탐구를 본격적으로 시작하였다. 그리고 이 탐구는 교정쇄 형태로 남겨져 사후에 사위의 손에 의해 출간되는 『주사위 던지기(Un Coup de Dés)』(1914)에서 문자와 책 역사에 있어 일대 혁신으로 발전한다.

4-3. 시창작을 위한 시와 미술의 통합

예술의 생산과 수용 그리고 이를 중개하는 이미지에 초점을 맞추면, 그림과 시는 단지 표피적인 표현 매체만 다를 뿐이지 동일한 것으로 간주된다. 특히 초현실주의 등 추상예술에 있어서는 표피적인 것마저 구분하기 어려운 것이 사실이다. 추상에 의해 다른 영역에 속해 있던 문학과 미술은 하나의 차원으로 총괄된다. 예술적 언어가 생산하는 추상은 생산자가 똑같은 이미지를 생산해서 내놓아도 수용자가 푼크툼(punctum)[10] 영역까지 확장하여 풍성하게 해석할 수 있도록 돕는다.

매체의 이합집산은 20세기 후반부터 다양한 형태로 진전되고 있다. 특히 지난 수십 년간 컴퓨터를 앞세운 신매체의 등장은 언어, 형상, 음의 융·복합을 더욱 가속화하고 있다. 오늘날 다매체 예술에서는 장르나 형식의 독자성은 이미 찾아보기 힘들다. 다원적이고 총체적인 텍스트에서는 읽기, 보기, 듣기 등 개별 지각방식이 더 이상 허용되지 않는다. 이처럼 융·복합을 통해 예술적 효과가 극대화되고 있는 것이다.

이러한 예술의 융·복합, 시 쓰기와 관련하여, 호안 미로(Joan Miró)가 '그림으로 시를 썼다'고 말한 바와 같이, '시를 문자언어로만 창작해야 한다'는 고정된

---

10. 롤랑 바르트가 그의 책 『카메라 루시다』에서 스투디움과 푼크툼의 개념을 세웠다. 우리가 당연히 사진을 보듯이 보는 것을 스투디움이라 한다. 즉, 사진을 감상하는 데 따로 복잡한 개념을 필요로 하지 않고, 풍경사진이나 음식사진을 보듯 찍은 사람의 의도를 그냥 보이는 그대로 받아들이는 것을 뜻한다. 그와 달리 푼크툼은 일반적인 이해방식이 아닌 개인의 취향이나 경험, 무의식 등과 링크해서 순간적으로 오는 강렬한 자극을 말한다. 스투디움과 비교해서 좀 더 능동적으로, 사진을 보는 입장에서 자신의 사상, 생각, 경험 등을 총동원해서 사진의 의미를 스스로 규정하고 결정해 나아가는 것이다.

틀로부터의 해방에 대한 고민도 필요해 보인다. '시는 문자로 써야만 한다'고 고집하더라도 다른 매체(영상, 음악, 미술 등)와의 융·복합을 통해 수용자에게 더 가까이 다가갈 방법을 계발해야 할 것이다.

시와 미술작품이 감상에 그치지 않고 창작으로 이어지기 위해서는 무엇보다도 열린 시선이 필요하다. 우선 꼼꼼한 그림읽기와 시 읽기를 바탕으로 화가의 관점에서 시를, 시인의 관점에서 그림을 바라보려는 노력이 필요하다. 이렇게 한 장르의 방식에 고착되지 않도록 충분한 검토가 이루어진 다음에 이 두 가지를 어떻게 결합할 것인가를 모색한다. 몇 가지 예를 들면 다음과 같다.

첫째, 아폴리네르가 시도했던 시를 그림 형태로 표현하는 칼리화를 다양한 소재와 방식으로 시도해 보는 일이다.

둘째, 전시회장에서 미술작품에 대한 감상을 즉흥적 시로 표현하기, 그와 반대로는 시낭송을 들으며 즉흥적인 그림으로 완성해 가는 과정을 예로 들 수 있다.

셋째, 동일한 공간에서 동일한 주제로 시인은 시를, 화가는 그림을 그리는 전 과정을 새롭게 기획하고 연출한다면 작가는 물론 수용자의 입장에서도 특색 있는 예술 경험이 될 것이다.

참여하기

1. 시와 미술의 관계처럼 시와 타 예술 장르 간의 연관성에 대하여 이야기해 보자.

2. 시와 미술을 통합하여, 시창작에 반영할 수 있는 방법을 찾아보자.

3. 다음은 거울에 비친 남자의 모습을 그린 르네 마그리트의 작품이다. 그림을 감상한 후 생각과 느낌을 담아 시로 표현해 보자.

René Magritte, 〈금지된 재현〉, 1937.

시와 사진 _성은주

상상력이 열리는 이미지

"

청춘이라 불렸던 눈 멀고 환한,
그토록 빨간 거짓말을 새파란 색으로 적어가는
순간에 대해 아무것도 모르고 있었다

유희경, 「나의 붉은 노트」 부분

"

1. 시와 사진의 만남
2. 사진이 시를 쓰고 시가 사진을 찍다
3. 시와 사진의 하이브리드
4. 사진을 활용한 시창작

* 참여하기

4장

Poetry & Photograph

상상력이 열리는 이미지

1
시와 사진의 만남

1-1. 시와 사진의 이해

시는 문자를 표현도구로 사용하는 시인에 의해, 사진은 카메라를 표현도구로 사용하는 사진가에 의해 창작된다. 표면적으로 보면 시와 사진은 시인과 사진가에 의해 생성되는 다른 표현 형식이자 장르이다. 하지만 이 둘은 서로 긴밀하게 연관되어 발전해 왔다. 현대시는 음악성이 강했던 과거에 비해 시각적 이미지를 더 중요시하는 경향이 있기 때문에 사진과 더 깊은 관련성을 갖게 되었다. 그리고 시와 사진이란 두 예술장르는 시인과 사진가가 만든 정서와 감각의 산물이란 점에서 한 테두리 안에 놓을 수 있다.

시화전이나 사진이 첨가된 시집, 사진을 소재로 창작한 시 등 시와 사진이 어울리는 사례는 생각보다 흔히 볼 수 있다. 시와 사진의 하이브리드 영역을 살펴보면 새로운 이미지를 구축해 주는 디카시(dica-poem), 포토포엠(photo-poem) 등과 같이 문자와 영상의 결합을 시도하는 예술영역이 생성되었다. 이렇게 시와 사진은 밀접하게 서로 어울리고 있다. 글로 사진을 찍듯이 창작한 것이 시라면, 시각이미지를 활용하여 시적 이야기를 그려내는 것을 사진이라 할 수 있다. 즉, 표현형식 측면에서 서로 이질적인 장르이지만, 서로 예술가의 정서를 표현한 예술작품이란 측면에서 시는 사진이 되고 사진은 시가 된다는 의미를 담고 있다는 점에서 이 시와 사진의 관계에 대한 친연성을 보여준다.

'빛의 기록'이 담긴 존 섹스턴 사진들

사진(photograph)이라는 단어는 phos(빛)+grphos(그린다)로 되어 있다. 말 그대로 빛으로 그린다는 의미를 담고 있다. '자연'을 주로 담아내는 미국의 사진가 존 섹스턴(John Sexton)은 "빛은 사진에서 근본적인 주제물이며 사진은 빛의 기록이다"라고 언급했다. 달리 말하면 문자는 시의 근본적인 주제물이며 시는 문자의 기록이라고도 볼 수 있다. 또 그는 "때로 나는 나무들이 웃거나 울고 있는 것처럼 느낀다. 그리고 어떤 때는 나에게 용기를 북돋아주거나 위협을 가하기조차 하는 듯하다"라고 표현했다. 이것은 '나무'라는 사물에 사진가의 감정이 투영되었기 때문이다. 이러한 '동일시'는 시에서도 마찬가지로 작용한다. 다양한 사물에 시인의 감정을 투영해 시로 창작된다.

1-2. 시와 사진의 이미지

시는 개성적 표현과 새로운 이미지의 결합이라면, 사진은 다양한 표현 기법과 이미지들 간의 결합을 보여준다. 이것은 시각의 관점을 변화시킨다. 대상의 새로운 관점을 제시하고, 보이지 않던 시야를 확장한다. 이미지(image)란 마음속에 그리는 사물의 감각적 형상이다. 리듬이 귀로 듣는 음악적인 것이라고 한다면 이미지는 글을 눈으로 읽고 머릿속에서 그 글이 자아내는 상태나 모습을 영상으로 그려보는 것이라고 할 수 있다.

흄(Hulme)은 "시는 표식의 언어로 구성된 것이 아니라 시각적이고 구체적인 언어로 구성된다"고 하였다. 이미지란 단순한 장식이 아니라 직관적인 언어의 정수 그 자체라고 했다. 이미지는 감정의 기구로서 역동적이며 연결성을 가지고 리드미컬한 패턴을 형성한다. 또한 그것은 감정의 방향이라고도 할 수 있다. 즉, 감정을 싣고 있는 기구일 뿐만 아니라 지향의 특질을 가지고, 일정한 방향으로 움직이는 경향이 있다. 언어, 이미지가 감정을 개념적인 추상성으로 떨어뜨리지 않고 감각적인 도구 노릇을 하기 위해서는 그것을 상징적으로 사용해야 한다.[1]

이미지는 "상상력 속에서 우리의 도전의 힘에 응전하는 하나의 역동적 환경 안에서 존재하는데, 이러한 성질이 역동적 상상력에 의해 이미지로 변형된다"[2] 고 바슐라르(Bachelard)가 말했다. 바슐라르는 인간 존재의 근본적인 움직임을 동력으로 파악하고 이미지의 역동성을 누누이 강조하였다. 종래의 시는 창조가 아니라 재현이었다. 시는 객관적 대상을 이미지에 의하여 재현하는 것, 흉내 내는 것, 부상하는 것을 의미하였다. 시에 사용하는 모든 시적 이미지들은 존재하는 대상을 설명 전달하기 위한 수식적 형식에 불과했다. 그리하여 실재 그 자체

---

1. G. Whalley, 『Poetic prosess』, New York; World, 1967, p. 141. (홍문표, 『현대시학』, 양문각, 1987, 176-177쪽 재인용.)
2. G. Bachelard, 『L'eau et lesreves』, paris, 1962, p. 225. (곽광수 · 김현, 『바슐라르』, 민음사, 2009 재인용.)

가 아니라 실재의 모방으로 나타났다. 이미지를 말의 그림이라고 했을 때, 그 의미는 대상을 재현한다. 색채와 선에 의해서가 아니라 말에 의해서 재현된다는 것이다.

종래의 이미지의 개념은 모방론의 산물이라고 했다. 그러나 근대에 와서 정신이 곧 언어라는 생각은 언어가 곧 실재를 형성한다는 말이 되었다. 즉, 인간의 사고는 언어사용 능력에 의존하며, 언어사용 능력이란 바로 추상화의 능력이다. 따라서 시인은 언어를 통하여 인위적이고 추상적인 관념을 배재하고, 구체적인 이미지에 의존하여 감각적이고 구체적이고 감성적으로 변용한다. 인간의 가장 순수하고 순진한 표현 방법은 원시인과 아동의 언어가 주는 상징적 기능처럼 이미지를 통한 원초적인 것이어야 한다는 것이 현대의 언어관이다.

바슐라르는 이미지가 상상력의 '직접적인 산물'이며 '미래로 열려'있고 '생성'한다고 말하고 있다. 시적 이미지가 인간의 마음과 존재의 직접적인 산물이며, 개인의 의식에 떠오를 때 이미지가 현상학적으로 존재한다는 것을 의미한다. 바슐라르는 시적 이미지에 대한 연구를 '직접적인 존재론'이라고 부른다. 이미지는 우리들 언어의 새로운 존재가 되고, 대상을 표현하는 것으로 우리 자신이 된다는 것이다. 그것은 표현의 생성인 동시에 우리들 존재의 생성이다. 이 경우 표현이 바로 존재를 창조하게 된다. 바슐라르는 이미지가 독자성을 가지고 존재한다고 생각한다. 하나의 상태라기보다 인간의 생존 그 자체[3]라고 했다.

이미지는 어떤 체험이 구체적 감각적으로 마음속에 재생되는 상을 말한다. 심상으로서 선택된 단일한 이미지가 유기적으로 결합되어 구성된 것인데, 이때 결합된 이미지들을 통틀어 가리킬 때 이미저리(imagery), 즉 이미지들의 결합체이다. 상징화가 인간에게 내재한 기본적인 욕구라고 한다면 시 쓰기를 통한 창조적인 표현행위는 상징화에 대한 인간의 욕구를 드러내는 도구로 사용될 수 있다. 문학적 텍스트는 그 자체로 비유와 상징을 통한 이미지를 가지고 있다. 시를

---

3. G. Bachelard, 『공간의 시학』, 곽광수 역, 민음사, 1995, 15-23쪽.

쓴다는 것은 단순한 언어적 표현에 그치는 것이 아니다. 시로 표현된 언어 속에는 이미지로 전달되는 무의식적 욕구와 정서가 고스란히 드러나 있다. 이미지는 현실 속에서 경험했던 것과 선험적이고 원형적인 것이 들어있다.

시에서 이미지는 정서와 사고에 재현된 기억의 성격을 가지고 있다. 또한 상상력으로 자유로운 이미지를 떠올릴 수 있고, 그 이미지로 정서적 환기가 가능해진다. 따라서 시와 사진의 이미지는 일상에서 우주를, 찰나에서 영원을 들여다보는 시선을 만든다. 시(詩)와 시(視)의 이미지, 즉 시와 사진의 연계성은 매우 깊다. 그 이유는 사람과 사물에 대한 관심과 애정을 품고 일상 관찰을 통하여 순간을 포착하는 것, 함축성이 드러나게 더 적은 것으로 더 많은 것을 말하는 버림의 미학, 타인의 감정을 이해하고 위로하며 공감하게 만드는 기능이 있기 때문이다. 다음 장에서 시와 사진이 어떻게 상호작용을 이루며 특성이 유사한지 텍스트의 영향과 수용의 양상을 구체적으로 살펴보고자 한다.

2 사진이 시를 쓰고 시가 사진을 찍다

2-1. 순간포착과 현실의 기록

앙리 카르티에 브레송(Henri Cartier Bresson)은 “나는 평생 결정적 순간을 찍기 위해 발버둥쳤는데, 삶의 모든 순간이 결정적 순간이었다”라고 했다. 우린 사진을 찍을 때 하나의 결정적 순간을 이미지로 포착한다. 시도 일상 관찰을 통해 쉽게 지나칠 수 있는 것들을 순간 포착하여 문자로 그려낸다.

대림미술관에서 2013년 11월부터 2014년 2월까지 라이언 맥긴리(Ryan McGinley)[4)]의 〈청춘, 그 찬란한 기록〉이라는 주제로 사진전을 열었다. ‘청춘’의 이미지를 ‘불꽃’에 비유하는 대표적인 느낌이 강렬했다. 그 시기에 마주하는 내면적인 갈등과 열정, 일탈의 순간을 기록한 라이언 맥긴리의 대표작들을 선보였다.

라이언 맥긴리 사진전 〈청춘, 그 찬란한 기록〉

사진전 내부에 유희경 시인의 시도 몇 작품 전시되어 있었다.[5] “청춘이라 불렸던 눈 멀고 환한, / 그토록 빨간 거짓말을 새파란 색으로 적어가는 / 순간에 대해 아무것도 모르고 있었다.(유희경, 「나의 붉은 노트」)”는 의미에서 보여준 일상에 대한 관심과 애정은 라이언 맥긴리의 사진에도 고스란히 담겨 있다. 전시장 안에서 유희경 시인의 시낭독을 오디오 가이드로 들으며 사진을 감상하는 의미도 크다. 시인의 시와 사진가의 사진이 어울려 시는 사진, 사진은 시를 돋보이게 만들어준다.

아래의 이제니 시와 라이언 맥긴리의 사진을 함께 감상해 보자.

---

4. 1977년, 뉴저지에서 출생. 뉴욕을 기반으로 활동하는 사진작가. 1996년에 뉴욕으로 이주한 후 다운타운의 문화를 광범위한 사진으로 담기 시작했으며, 그의 작품은 구겐하임 미술관, 스미스소니언 국립초상화 박물관, 샌프란시스코 현대미술관을 비롯한 수많은 미술관 컬렉션에 소장되어 있다.
5. “다음은 없다. 이것이 청춘에 대한 합당하고 유일한 정의이다. / 온 밤을 뒤져 단 하나의 감정을 찾아보지만, / 나는 언제나 그럴 듯하게 실패할 뿐. / 부정을 위한 부정. / 생애를 위한 생애. / 가치와 기준 따윈 없다. 그러니 가르치려 들지 말라. / 천년의 바위가 되느니, 찬란한 먼지가 되겠다.” – 유희경, 「청춘」 전문

청춘은 다 고아지.
새벽 이슬을 맞고
허공에 얼굴을 묻을 때
바람은 아직도 도착하지 않았지.
이제 우리 어디로 갈까.
이제 우리 무엇을 할까.
어디든 어디든 무엇이든 무엇이든

(중략)

우리는 한없이 둥글고 한없이 부풀고
걸핏하면 울음을 터뜨리려고 해.
질감 없이 부피 없이
자꾸만 날아오르려고 하지.

– 이제니, 「발 없는 새」 부분

문자언어와 영상언어가 만나서 '청춘'에 대한 순간 포착을 잘 보여준다. 라이언 맥긴리의 작품 속에서 나체 상태로 벼랑에서 허공을 향해 뛰어드는 청춘의 이미지는 이제니 시에서도 "청춘은 다 고아"이며 "허공에 얼굴을 묻는" 그래서 "질감 없이 부피 없이 / 자꾸만 날아오르려"는 이미지로 연결된다. 마치 사진을 보고 쓴 시처럼, 혹은 시를 읽고 사진을 찍은 것처럼 이미지의 어울림이 절묘하다. '청춘'은 "발 없는 새"와 같지 않은가. 아직 정해지지 않은 미래에 불안을 떠안고 있지만, 도전하는 모습이 아름다움을 준다. 또한 '청춘'은 '불꽃'처럼 순간이다. 이러한 현실을 시와 사진이 담고 있다.

따라서, 순간 포착과 현실의 기록은 시와 사진 속에 잘 그려져 있다. 시를 쓸 때 어떤 이미지들이 평범하게 흘러가다가 하나의 이미지가 유난히 와 닿을 때가 있다. 그럼 시인은 그 이미지를 소재로 시를 쓰게 된다. 과거의 감정과 현재의 감정이 만나서 현실을 기록한다. 사진가도 카메라들 들고 일상 속에서 의미 부여된 하나의 장면을 남기고 싶을 때 사진을 찍는다. 그것은 사진가의 감정이 투영되었기 때문에 특별한 의미로 다가온 것이며, 이러한 감정은 과거로부터 형성된, 그래서 현재로 연결된 정서를 담고 피사체를 바라보게 된다. 시와 사진의 이미지는 순간 포착의 기록이 매우 중요하다.

2-2. 제목과 이미지의 구현

제목과 이미지에 대해 고민할 때 가장 좋은 방법은 은유적 표현을 익히는 것이다. 시를 쓰면서 은유적 표현을 한다는 것은 앞서 말한 현실을 새롭게 만들며 힘을 가지고 나아가 행동할 수 있게 한다. 은유는 언어의 특징적인 활동을 강화하며, 문자 그대로의 새로운 현실의 창조를 포함한다. 따라서 은유는 삶의 언어와 현실의 유기적 구조가 된다고 볼 수 있다.[6)]

은유는 우리가 잘 알고 있는 것을 통해서 잘 모르는 것을 이해하고 분별하는 인식의 과정과 방법이다. 아리스토텔레스는 『시학』에서 "좋은 은유는 다른 것들 사이에서 유사성을 직관적으로 인식하는 능력과 관계가 있다"고 하였다. 우리가 새로운 것을 이해하기 위해서는 은유나 상징, 혹은 이미지가 불가피한 것이다. 왜냐하면 한 개념적인 것을 가지고 다른 개념적인 것을 알 수 있도록 구현시켜 주는 기능을 하기 때문이다. 은유의 힘은 기존의 틀을 깨고 다른 틀을 찾아냄으로 새롭게 정립된 틀에 의해서 새롭게 의미를 창출하는 데 있다. 리쾨르(Ricoeur)가 말하는 은유는 단순한 상상력이 아니라 의미의 혁신을 통해 세상을

---

6. 심명호, 『영미 모더니즘 문학의 전개』, 서울대학교 출판부, 2000, 150쪽.

다시 그려내고 우리에게 실제에 대한 무언가 새로운 것을 이야기해 줌으로 새로운 세상을 만드는 구실을 한다.[7)]

우선 작품의 제목은 호기심을 주고, 주제에 대해 힌트를 가지고 있거나 의미를 확장해 주는 것이 효과적이다. 예를 들어 김현서 시인의 「잼병에 담아 논 딸기잼」에서 제목에 있는 내용은 전혀 나오지 않고 오랜 시간을 견디는 삶에 대한 잠언적 성찰을 보여준다. 강성은 시인의 「12월」은 우리가 알고 있는 겨울 속 12월에 대한 일반적인 이미지가 아닌 상상력의 꼬리를 물고 이미지를 확대해서 보여준다. 박준 시인의 「문병-남한강」이라는 시 또한 제목이 탁월하다.

당신의 눈빛은
나를 잘 헐게 만든다

아무것에도
익숙해지지 않아야
울지 않을 수 있다

해서 수면水面은
새의 발자국을
기억하지 않는다

오래된 물길들이
산허리를 베는 저녁

강 건너 마을에

---

7. 심명호, 양유성, 『이야기치료』, 학지사, 2004, 144-146쪽.

불빛이 마른 몸을 기댄다
미열을 앓는
당신의 머리맡에는

금방 앉았다 간다 하던 사람이
사나흘씩 머물다 가기도 했다

– 박준, 「문병–남한강」 전문

우리는 흔히 '문병'이라는 단어를 "앓는 사람을 찾아가 위로"한다는 사전적 의미로 사용한다. 하지만 위 시는 '사람'이 아닌 '강'을 문병하는 이야기로 펼쳐진다. 제목에서 그냥 '남한강'이라고만 적기보다는 '문병'으로 제목을 올리고 부제로 '남한강'이라고 했기 때문에 더욱 이 시를 돋보이게 만들어준다. 4대강 사업으로 자연이 훼손된 모습을 보며 아파하는 마음이 담겨 있지만, '강'을 '당신'이라고 호칭하며 "마른 몸"과 "미열을 앓는" 병든 대상으로 의미를 새롭게 부여한다.

이러한 시처럼 사진에서도 제목의 역할은 크다. 예를 들어 내셔널 지오그래픽 공모전 수상작 사진을 보면 제목이 사진의 내용을 그대로 보여주지 않고 은유적인 제목으로 표현했다.

정정호, 〈지상낙원〉, 2007

행키 코엔초로, 〈집으로〉, 2013

첫 번째 작품은 2007년 내셔널 지오그래픽 공모전 한국예선 동물부분 수상작이다. “낮게 깔린 구름사이로 비를 뚫고 역동적으로 장난을 치던 개들, 그들에겐 이곳이 파라다이스 같이 느껴졌던 날”이라고 정정호 작가는 설명했다. 두 번째 작품은 인도네시아 작가 헹키 코엔초로(Hengki Koentjoro)는 흑백의 아름다움을 보여주는 사진을 주로 찍고 여운이 있는 작품을 많이 남긴다. 이 작품의 제목도 배가 수평선을 향해 가고 있지만 “집으로(Going Home)”라는 제목을 달았다. 작품이 보여주는 실질적인 이미지와 다르게 제목을 달아 의미를 확대시켜주고 있다.

존 버거(John Berger)는 “보이는 것이 보이지 않는 것들을 불러낸다”고 언급했다. 시와 사진은 이야기를 구축하고 느낌을 전달하여 상상하게 만든다. 우린 시와 사진 속에 나타난 이미지를 통해 감각적 이미지를 끌어낼 수 있다.

갈이 고등어 살을 발라 먹던 여자가 살짝 웃던 날이었다
입술에 묻은 고등어 기름이 낡은 암자의 처마처럼 햇빛을 받고 있었다
사진기를 들이대며
자꾸 웃어 보이라던 여자가 이내 눈물을 흘렸다

배 속에 삼킨 고등어가 알이라도 까는지
물컹물컹 낯선 감정들이 몸 안에 물길을 내고 있었다
여자는 입술을 핥던 혀로 내 얼굴을 핥았다
땀인지 눈물인지 모를 물기가 심장에 넘쳐흘렀다
여자는 일그러진 내 얼굴을 향해 연신 셔터를 눌렀다

시간이라는 평상에 톡톡 금이 가고 있었다
발라낸 고등어 뼈를 냄새 맡던 고양이와

고등어 냄새를 물씬 풍기는 내가 한 프레임 안에서
여자의 밥이 되었다
갈라진 평상 위에서 여자가 파랗게 웃고 있었다
내 심장을 꺼내 햇볕 아래 펼쳐놓고 있었다

먼 나라에서 돌아오는 대한항공 여객기의 비행운이
지구 밖의 시간을 떨어뜨렸다
배부른 고양이가 화들짝 놀라 잠을 깨던
지상의 마지막 오후,

여자가 찍은 풍경들이 새로운 어족魚族의 표본으로 떠올랐다
하늘을 나는 고등어를 우리는 사랑이라 부르기로 하며 긴 슬픔을 우렸다
처음 마주한 밥상에서 서로에게 영원한 미지未知로 남은 것이다

– 강정, 「고등어 연인」 전문

시에서 이미지를 보여주고 그것을 구축해서 이야기로 만들어내는 것은 중요하게 작용한다. 위 강정의 시는 마치 사진을 찍듯이 세밀하게 이미지가 나열되었다. "갈라진 평상 위에서" 고등어를 발라 먹는 연인의 모습이 그려진다. 그간 모여 있던 슬픔을 터트리듯 "여자가 이내 눈물을" 흘리고 "시간이라는 평상에 톡톡 금이 가"기 시작했다. "긴 슬픔을" 우려낸 "지상의 마지막 오후"를 함께하고 있는 것이다. 그래서 연인은 어쩌면 마지막일지 모르는 사랑의 순간을 카메라에 기록하는 시선으로 이끌고 있다. "새로운 어족(魚族)의 표본"이 되어 "영원한 미지(未知)로" 기록된 그들의 이미지가 사랑으로 포착된다. 우린 이 작품을 읽으며 떠오르는 이미지를 나열하게 되고 그 풍경에서 다 보여주지 않거나 말해주지 않은 감정까지 공유하게 만든다. 이러한 방법은 사진예술에서도 살펴볼 수 있다.

앙리 카르티에 브레송, 〈시프노스, 그리스〉, 1961

알프레드 아이젠슈테트, 〈인형극을 보는 아이들〉, 1963

첫 번째 앙리 카르티에 브레송(Henri Cartier Bresson) 작품에서 소녀가 계단을 달리는 모습이 무엇 때문인지 말해주지 않고 하나의 장면으로 나타낸다. 그것은 상상으로 다양한 이야기를 구축할 수 있는 여지를 준다. 그림자의 방향과 우측에 보이는 문, 그리고 사진을 지배하고 있는 사각 프레임 등으로 상징을 만들어 낼 수 있다. 두 번째 작품은 아이들이 인형극에서 무엇을 봐서 저런 표정이 나왔는지 다 보여주지 않는다. 다만 귀를 막고, 손을 들며 소리를 치고, 놀란 눈과 크게 입을 벌리거나 막는 모습으로 어떤 장면을 보고 있는지 짐작해 볼 수 있게 만든다. 그 당시 알프레드 아이젠슈테트(Alfred Eisenstaedt)는 공룡인형극을 보는 아이들의 표정을 관찰하여 찍었다고 한다. 제각각 다른 아이들의 풍부한 표정으로 인형극의 장면을 상상하게 이끈다.

이렇듯, 작품은 독자가 만들어내는 것이다. 다 그려내지 않는, 직접적으로 나타내지 않는 제목과 이미지로 보여줄 때 독자의 상상력을 극대화시켜 준다. 어떻게 제목을 짓고, 어떤 이미지를 표출해 주는지에 따라 상상하는 힘과 재미를 주는 효과가 크다. 창작에 있어 사고의 전환을 가져다주는 로만 잉가르덴(Roman Ingarden)이 언급한 미정성(indeterminacy)은 매우 중요하다. 미정성은 수용미학에서 '불확정성'이라는 개념으로 문학의 문장 속에는 포함되어 있지 않은 틈이나 미확정의 점들이 남아 있으며, 그로 인해 작품을 인식하는 여러 층들이 독자들이 완성시켜야 할 하나의 얼거리 또는 도식화된 구조를 형성하게 된

다고 설명한다.[8)]

예를 들어, "한 소녀가 지나간다"라는 문장을 읽었을 때 수많은 독자는 자신이 아는 범주 내에서 소녀를 상상하게 된다. 그 소녀가 입는 옷은 무슨 색깔이며, 모자를 썼는지 안 썼는지, 긴 머리인지 짧은 머리인지 답을 내려주지 않았기 때문에 독자에게 상상의 폭을 깊게 만들어 줄 수 있다.

3
시와 사진의 하이브리드

3-1. 디카시

SNS라는 뉴미디어 시대에 문학 장르 간, 문학과 타 장르 간의 경계를 넘어 다양한 대화가 이루어지면서 새로운 시 장르가 출현했다. 아날로그의 상징인 문자언어와 디지털 시대의 상징인 영상언어가 만나 새로운 텍스트를 형성하게 된다. 디카시[9)]는 이상옥 디카시연구소장이 제시한 신조어이다.[10)] 디카(디지털카메라)와 시(詩)의 합성어로 디지털카메라로 찍고 쓴 시를 말한다. 요즘은 스마트폰에 내장된 디지털카메라로 찍은 사진도 디카시 범주에 포함하고 있다. 2004년 공

---

8. Rover C. Holub, 「수용미학의 이론」, 최상규 역, 예림기획, 1999, 42-43쪽.
9. "디카시란 디지털 시대, SNS 소통환경에서 누구나 창작하고 향유할 수 있는 새로운 시(詩)놀이이다. 언어예술을 넘어 멀티언어예술로서 시의 언어 카테고리를 확장한 것이다. 자연이나 사물에서 시적 감흥(정서적 반응)을 일으키는 형상을 디지털카메라로 포착하고 그것이 전하는 메시지를 다시 문자로 재현하면 된다. 즉 '영상+문자(5행 이내)'가 반반씩 어우러질 때, 완성된 한 편의 디카시가 된다. 이러한 디카시는, 오늘날 시가 난해하다는 이유로 대중으로부터 멀어진 현대시와 독자 간 교량 역할을 함으로써 대중의 문화 향유 욕구를 충족시키기에 충분하다." (《머니투데이》, 2017년 7월 4일자)
10. 이상옥 창신대 교수는 디카시에 관련한 담론과 작품을 실은 무크지 『디카詩』를 2006년 6월 창간하여 현재 발행 중이다.

론화 후 대중화되고 포토포엠과는 구별되는 새로운 갈래의 예술이다.

디카시는 디카로 찍은 사진 속 순간의 이미지를 바탕으로 시를 쓰게 된다. 사진의 이미지를 절대적으로 중시한다는 것은 아니고, 사진의 이미지와 언어표현이 제대로 맞물려야 효과적인 디카시가 창작될 수 있다. 디카로 시적 형상을 담은 이미지를 포착하여 시라는 언어예술로 표현되는 과정은 영상과 문자를 하나의 텍스트로 결합시켜 하이브리드(hybrid)를 만들어낸다. 언어예술로만 그려지던 기존의 전통적 시작과는 다르게, 디카시는 어떤 이미지의 사진을 독자에게 보여주느냐에 따라 시적 감흥이 달라진다. 이때 사진 속 대상 이미지를 시인은 보이는 대로 해석하지 않고 상상력을 담은 직관으로 보여준다. 또한 시인의 직관은 독자의 직관과 다를 수 있다. 시인이 의도한 감정을 독자가 다양한 시각으로 해석해 낼 때 디카시의 효과를 충분히 발휘하게 된다.

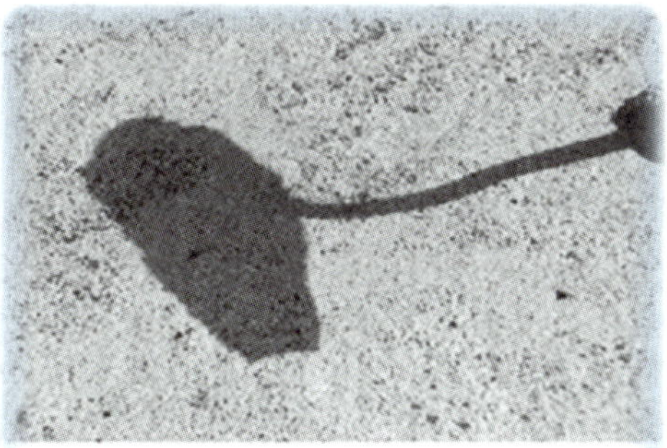

걱정 마

걱정 마.
걱정 말고 힘내.
네가 그늘을 가지고 있다는 것은
네가 지금 밝은 곳에 있다는 증거이니까.

–박성우(2000년 등단)

사람과 사람 사이

벽에 가로막혀 당신에게 가지 못하는 줄 알았습니다
오늘 담쟁이를 보았습니다
벽에 길을 내는 자들.
벽을 타고 스며들어
비로소 당신의 찬 바닥을 데웁니다.

–윤성학(2002년 등단)

위 두 작품은 《머니투데이》 신문에서 〈최광임 시인이 읽어주는 디카시〉로 연재하던 작품이다. 박성우 「걱정 마」[11]는 자연의 '그늘'을 사람의 '감정'으로 표현

---

11. 《머니투데이》, 2016년 7월 13일자 참조.

해 준다. 힘들 때 우린 "걱정 마"라는 말에 희망을 품을 때가 있다. 그렇다고 걱정이 없어지는 것은 아니다. 걱정을 생각하는 것이 아닌 다른 이면을 생각하게 만들어준다. 그늘이 있다는 것은 현재 빛이 있는 곳에 있음을 암시하니까 적어도 감정을 환기시키기에는 충분한 작품이다. 때론 "걱정 말고 힘내"라는 막연하고 단순한 말이 힘을 발휘할 수 있음을 깨닫는다.

윤성학 시인의 「사람과 사람 사이」[12]에서도 붉은 벽돌담을 타고 있는 가스배관을 담쟁이를 닮은 '사람과 사람'으로 그려준다. 이 작품에서 눈여겨 볼 문장은 "비로소 당신의 찬 바닥을 데웁니다"에서 사람들 사이에 따뜻한 마음 하나만 있다면 진정한 관계에 가 닿을 수 있음을 형상화한다. 어쩌면 우린 딱딱하고 견고한 사람들에게 많이 지쳐있는지 모른다. 너무 형식을 갖추느라 외향적인 면만 내비추느라 차가운 벽만 더듬지 않았을까. 사람과 사람 사이 마음 데우는 일은 무엇보다 중요하다는 사실을 시와 사진을 통해 깨닫게 된다.

이러한 인식은 시를 통해서만 보이는 것도 아니고, 사진을 통해서만 보이는 것도 아니다. 시와 사진이 공존할 때 감각적 효과를 거둔다. 만약 시만 본다면 독자는 쉽게 이미지를 떠올리기 어렵고, 이미지만 있다면 시적 형상화를 이루지 못했을 것이다. 디카시의 예술적 상상력은 시인과 독자의 거리를 좁혀준다. 자기 세계에 함몰된 언어로만 시를 쓰기보다는 구체적인 이미지를 제시해 준다면 시인과 독자를 연결하는 힘을 가져다 줄 수 있다.

3-2. 포토포엠

시와 사진의 출발은 시각적 감각으로부터 시작된다. 표현하려는 대상의 감각은 상상과 사유의 결과에 따라 주체를 생성시킨다. 포토포엠은 표현하고자 하는 감흥에 어울리는 사진을 함께 융합하여 보여주는 형식이다. 시와 사진이 어떻게

---

12. 《머니투데이》, 2015년 5월 15일자 참조.

은유적 상징성을 갖고 있는가에 따라 포토포엠이 평가될 수 있다. 'A=A'로 만드는 설명적 구조보다는 'A=B'로 만드는 치환적 구조일 때 작품이 살아난다.

예컨대, '나무'라는 사진 이미지를 놓고 나무에 관련된 시를 표현하는 것이 아니라, 나무가 보여주는 기표보다는 기의에 집중에서 시를 보여주어야 한다. 1차적 의미작용을 넘어서 2차, 3차적 자의성을 지닌 은유적 의미작용을 만들어준다.[13]

구름이 산의 왼쪽 허리를 긁는다
저 가려운 곳에 긴 울음이 숨겨져 있다

새 한 마리가 의문을 품고 저 길을 난다
저기서 헤어진 사람도 숨겨진 물음을 묻는다
그 물음을 얻기 위해 새는 사람은 어디로 갔을까

---

13. 의미작용이란 의미의 형성이나 의미화, 의미의 만들어짐 등을 뜻하는 말이다. 말의 의미는 고정되어 있는 것이 아니라 특정한 과정을 통해 형성되고 만들어진다는 뜻이 의미작용이라는 말 속에 함축되어 있다. 한 단어나 구절의 의미는 문장의 움직임에 따라 부단히 움직이고 있으며, 그런 작동과 작용을 통해 조금씩 변하기도 하고 아예 새롭게 태어나기도 한다.(서영채, 『인문학 개념정원』, 문학동네, 2013, 65쪽.)

나무는 드문드문 눈을 뜨고 있다
아득하다는 말은 저 길을 사람의 눈으로 묻는 것
희고 검은 것은 낮과 밤의 가라앉음
너를 희다 검다 말하기 위해서는
그 안의 울음을 먼저 물어야 한다

– 문정영, 「울음을 묻다」 전문

위 포토포엠 속 사진은 경남 하동군 섬진강 일대에 막바지 장맛비가 흩날리고 있는 이미지이다. 비와 몸을 섞은 구름이 도화지처럼 펼쳐지면서 시적 울림을 준다. 사진 이미지에 따라 문정영의 「울음을 묻다」[14]를 감상해 보자.

우선 '구름'은 '비'를 머금고 있고, '비'는 '눈물'을 떠올리게 만든다. "구름이 산의 왼쪽 허리를" 긁는 의미는 의인화된 자연물들이 슬픔을 공유하고 있기 때문이다. 슬픔의 근원을 파악하기 위해 다녀가는 '새'와 '사람'은 물음을 던진다. 눈물은 눈에서 흐르는 액체이기에 "나무는 드문드문 눈을" 뜬다. 멀리서 무엇이든 보이는 대로 판단하는 것이 아니라 누군가의 슬픔을 이해하기 위해 "그 안에 울음"을 알아야 한다. 우리는 흔히 누군가의 슬픔을 폭력적인 시선으로 마녀사냥을 할 때가 있다. 결과만 놓고 판단하는 오류를 범하기 보다는 원인과 과정까지 들여다보는 시선이 필요하다.

모래가 될 때까지 나를 밟으며 걸었다

아침과 저녁을 남겨두고 바다는 어디론가 가고 있다

14. 《중앙일보》, 2017년 7월 18일자 참조.

누군가와 약속을 위해서
목소리가 하얀 사람이 바다에 오르골을 넣어 두었다
기억을 손으로 밀면 필사적으로 태어나는 물보라
날마다 바다가 바다 속으로 들어간다

혼자 앞서 가는 해변을 따라가면 사람이 그리워진다

당신이 세 번째 입었던 옷 색깔처럼
우리는 얼굴이 지워지고 없지만

누가 푸른색 그물로 바다를 건져 놓았나

– 최서진, 「바다 옆에 혼자」 전문

미국 샌디에이고(San Diego) 블랙스 비치(Black's Beach)의 바람이 끊임없이 파도를 밀어 올리고 있는 사진과 최서진의 「바다 옆 혼자」[15]라는 작품이 잘 어울리는 포토포엠이다. 앞서 살펴본 문정영의 시가 들어간 포토포엠보다는 위 작품이 더 쉽게 시와 사진이 밀접해 보인다. 그렇다고 포토포엠의 작품성이 높다는 이야기는 아니다. 보는 사람에 따라 시각적 차이, 정서적 차이가 있으므로 독자 개인의 해석에 따라 달라질 수 있다.

"모래가 될 때까지" 자아를 찾는 시적 주체와 사진 속 한 사람의 인물을 동일시로 연결된다. 그들은 모두 '혼자' 존재하며 그 안에서 '그리움'을 발견한다. "목소리가 하얀 사람"은 '파도'가 보여주는 시각적 이미지와 청각적 이미지를 상상하게 만든다. 지워지기 때문에 그리워하게 되는 감정이 생긴다. 누군가를 그리워하고 계속 파도처럼 지워지는 수많은 당신이 "푸른색 그물"로 채워지고 있다.

이와 같이 두 포토포엠을 살펴보면서 우린 사진과 시가 은유적 연결고리를 가지고 있음을 발견하게 된다. 사진과 시의 융합으로 인하여 한 사물의 양상이 다른 사물로 넘겨지거나 옮겨져서 후자의 사물이 전자의 사물처럼 그려진다. 사진에서 보여주는 상징적 의미와 시에서 보여주는 상징적 의미는 다를 수 있지만, 각각의 의미체계에서 연결할 수 있는 이미지는 부여되고 있다. 융은 상징을 "정신적인 에너지의 요체와 이미지"[16]라고 정의하였다. 무의식은 의식이 미처 다 파악하지 못한 복합적인 내용을 의미의 연관에 따라서 통합적으로 드러내려고 하는데, 상징 역시 두 가지 이상의 의미를 하나의 이미지 속에 담아서 한꺼번에 표상하기 때문이다.

15. 《중앙일보》, 2017년 8월 22일자 참조.

16. Jung, 『콤플렉스 · 원형 · 상징』, 유기룡 · 양선규 역, 경북대학교 출판부, 1986, 80쪽.

4
사진을 활용한 시창작

시는 체험을 바탕으로 재구성된다. 다시 말해 시인의 상상력과 감정 위에 환상을 심어 언어로 창작한다. 사진가가 카메라로 대상을 여운 있게 담아내듯이 시도 언어로 모두 현상을 보여주지 않고 압축하여 표현해 준다. 구체적 지시성이 강한 사진은 어느 시각매체보다 말(언어)에 가장 가까운 매체로 만든다. 시와 사진은 시각적인 이미지와 문자라는 명백히 다른 재료를 가지고 만들지만 의미작용에 유사성이 있다는 점에 주목할 수 있다. 그것은 "틀짓기의 유사성"[17]에서 나타난다. 여기서 '틀짓기'는 연속체로 존재하는 세계를 일정한 틀로 구획하여 절취한다. 대상에 의미를 부여하고 대상을 초점화시킨다. 감각적 지각의 대상에 주관적 의미를 부여하는 시적 이미지가 적용되는 개념을 말해준다.

사진 속 이면에는 대상만이 간직한 경험, 감정, 생활 습관 등 주관적인 경험이 녹아있다. 사진이 한 장이 한 편의 시처럼 주변, 일상적인 대상으로부터 시적 대상을 발견하게 된다. 사진의 시공간의 장면을 생생하게 느끼며 인물, 풍경, 그 속에 녹아 있는 이야기를 만들기 쉽다. 시에서 언어적 표현, 상징, 비유 등 다양한 기법을 활용하는 것은 사진에서 카메라 속 앵글, 촬영 오브제, 빛의 색감과 질감 기법으로 하나하나에 의미를 담아 선택한다. 작가의 주관적인 시각을 표현하는 방법 중에 사진은 피사체에 작가의 생각을 함축적으로 대입해 한 프레임으로 표현하고 있다.

이처럼 시도 사물에 대한 인간의 감정을 표현하는 문학이다. 감정이란 사물에 대한 인간의 주관적 의식 반응이라고 볼 수 있다. 주관적이니만큼 그것은 처음부터 객관적인 승인 여부에 대해 신경을 쓰지 않는다. 중요한 것은 감정 자체의

17. 김정우, 「이미지를 중심으로 본 매체교육의 방향 - 사진과 시의 이미지를 중심으로」, 『선청어문』 제28집, 서울대 국어교육과, 2000, 507-509쪽 참조.

객관적 타당성이 아니라, 그것을 발생토록 한 감정 주체의 내적 진실이다. 시의 감정 표현은 화자가 혼자 말하는 일종의 독백적 성격을 띠게 된다. 현실적으로 존재하는 시의 독자는 이때 그 독백을 몰래 엿듣는 사람이라고 규정할 수 있다.

사진이 하나의 단상을 담아내 듯, 시도 가장 짧은 형태의 대상에 대한 순간적이고 직관적인 반응이다. 그것은 지속성이 없고 또 행동이나 논리적 사고의 경우처럼 구성의 대상이 될 수도 없다. 표현의 결과가 짧은 형태를 취하는 것은 그러한 감정의 속성에 기인한다. 그러나 이러한 시의 단형성(短形性)을 그 속에 담겨 있는 내용의 단순성으로 오해해서는 안 된다. 시의 단형성은 내용의 단순성이 아니라 표현 자체의 압축성으로 보아야 한다. 그런 의미에서 시는 절제된 언어와 압축된 형태로 되어 있다고 말할 수 있다.

시는 표현의 압축을 추구한다. 그래서 시는 높은 암시성을 지닌다. 암시성으로 드러나는 시의 압축된 표현은 불완전한 의미 전달을 뜻하지는 않는다. 시의 언어는 일상생활에서도 사용되는 언어임에 틀림없지만, 그것이 시의 구조 속에 참여하면 그 의미는 상당히 달라진다. 즉, 함축적이고 내포적인 의미로 사용되어 정감적 효과를 자아내며, 여러 가지 뜻을 동시에 지니는 다의성(多義性)이 있어 암시성과 상징성을 지니게 되고, 독특한 분위기와 연상 효과를 자아내어 표현하고자 하는 것을 완벽하게 표현하면서도 표현매체인 언어사용에 있어서는 경제성을 추구하게 된다. 더욱이 시의 언어가 일반적인 문학의 언어와 확연히 구분되는 특징은 그것이 압축된 언어라는 점이다. 사진도 구동되는 이미지의 현상을 하나로 압축해서 보여준다. 이런 점에서 볼 때, 시는 사진과 친연성을 가지고 있으며 사진을 보면서 사유를 이끄는 창작이 가능하다. 특히 초현실주의 사진작가들의 작품은 시 쓸 때 도움이 된다. 새로움을 이끄는 이미지로 기존의 사유를 전복시켜 주기 때문이다.

시가 표현하는 감정은 대상을 주관적으로 변용시킨다. "내 마음은 호수"라고 표현할 때, 마음이 호수로 바뀐 것은 바로 상상력의 소산이다. 이러한 변용은 화자의 주관에 의해 이루어진 구체적이고 특수화된 감정이라고 볼 수 있다. 시는 상상력에 대한 의존도가 높지 않을 수 없다. 해즐리트(Hazlitt)는 다음과 같은 말로 그러한 사실을 뒷받침하고 있다. "시는 오직 상상의 언어다. 상상은 사물을 있는 그대로가 아니라, 다른 여러 생각과 감정에 의하여 무한한 형상과 힘의 화합으로 빚어진 그대로를 나타내는 능력이다." 시를 읽고 쓸 때 떠오르는 이미지를 통하여 상징에 참여하게 된다. 우리는 상징이 표상하는 대상에 참여하게 하고 우리의 연상훈련으로 시적 이미지를 변형하여 감정의 균형을 찾게 된다.

이미지의 어원은 '모방하다'라는 뜻을 지닌 라틴어에서 유래한다. 이미지는 마음속에 그리는 사물의 감각적 형상이라 볼 수 있다. 사진의 이미지를 모방하여 시창작의 사유에 흐르는 근원을 만들어준다. 그 방법은 아래와 같다.

위 사진은 수중 촬영작가 제나 할러웨이(Zena Holloway)의 작품이다. 우선 하나의 이미지를 선택하여 A4 반장 분량으로 정밀묘사를 시작한다. 그런 다음 내용을 수정해서 또 절반 분량을 남긴다. 마지막으로 3~5줄을 남겨놓고 다시 고쳐 쓴다. 실제 학생들의 창작품[18]을 살펴보기로 하자.

1차 : 정밀묘사 쓰기 – 보이는 대로 쉽게 풀어놓기

얼음처럼 차가울 것 같은 바다. 푸른 그 바다 속에 말과 아이의 그림자가 보인다. 아이와 말은 같이 헤엄을 치며 노는 듯하다. 이들을 비추는 화창한 태양은 바다를 반짝이게 만들고 푸른빛은 3가지 정도의 다른 색으로 빛나고 있다. 말과 아이가 서로 교감하며 노는 모습이 평화롭다. 아이가 말의 목을 잡고 있는데 아이가 말에게 의지하고 믿는다는 느낌을 받을 수 있다. 말과 아이의 발동작을 보니 앞으로 나아갈려는 것 같다. 마치 땅을 박차고 달리는 것처럼, 말과 아이는 서로 한 몸이 된 채 끝없어 보이는 바다를 질주한다. 말이 부드럽게 차낸 물살이 아이의 발목을 휘감는다. 아이는 발버둥 치기 위해 말보다 더 세게 발길질을 해본다. 아이의 발 언저리에 말의 꼬리가 춤을 추듯 흩날린다. 말은 땅에서보다 부드럽게 네 다리를 움직인다. 그들이 가는 곳은 어디일까. 말이 아이를 어딘가로 데려가는 것인지, 아이가 말을 어딘가로 데려가는 것인지, 아니면 그들이 함께 어딘가로 가려고 하는 것인지 많은 생각을 품게 만든다. 말과 아이는 바다 속에서 얼마동안 숨을 참을 수 있을까. 아마도 그들은 헤엄치면서 거칠게 숨 몰아쉬며 시선은 같은 방향을 바라보았으리라. 바다의 잔물결이 말과 아이의 목을 간지럽히듯 일렁인다. 가끔 그들의 그림자에 놀라 물고기들이 길을 내어주기도 했겠다. 푸른 수면이 마치 하늘같다. 말과 아이가 마치 하늘을 나는 것처럼 자유로워 보인다. 아이는 두 손을 뻗어 말의 목을 끌어안으며 무슨 말을 건넬 때마다 더 꽉 안거나 끌어당기듯 팔에 힘을 줄 것이다. 말의 배 아래에는 일렁이는 수면 때문에 일그러진 태양이 떠있다. 흡사 말이 태양을 품고 있는 것만 같은 모습이다. 태양은 바다로 가져온 그들의 모습이 신비롭고 아름답다.

2차 : 고쳐 쓰기 – 핵심 내용 요약하기

말과 아이는 서로 한 몸이 된 채 끝없이 바다를 질주한다. 말이 계단처럼 차낸

---

18. 한남대학교 문예창작학과 시와 문화콘텐츠 창작 강의에 참여한 학생의 작품.

물살은 아이의 발목을 휘감는다. 그들이 가는 곳은 어디일까. 어디든 둘이라서 외롭지 않다. 거친 숨을 몰아쉬며 같은 방향을 바라본다. 바다의 잔물결은 말과 아이의 목을 간지럽히듯 일렁인다. 그들의 그림자에 놀라 물고기들이 길을 내어준다. 하늘을 자유롭게 날아다니는 새처럼 말과 아이도 바다에서 자유를 누린다. 가끔 서로의 대화가 이어질 때 더 꽉 끌어안았으리라. 가깝게 호흡을 느끼면서 친구의 자리를 지켰다. 아이가 힘에 부치면 말이 끌어주고, 말이 힘에 부치면 아이가 끌어주면서 함께 꿈을 향해 팔과 다리를 움직였다. 태양은 바다로 내려와 그들의 몸짓에 빛나는 박수를 보낸다.

3차 : 시 쓰기 – 말을 덜어내고 상상하기

발목을 휘감는 물결 계단
거친 숨 몰아쉬며 같은 방향으로 고개를 든다
가끔 그림자가 길을 만들고
서로의 대화가 귀로 번질 때
가까운 파도를 느끼며 곁을 지킨다

위 퇴고 과정에서 시가 되어 가는 과정이 잘 그려진다. 1차 정밀묘사 쓰기에서는 자동기술법처럼 사진을 보면서 생각나는 대로 적어 내려간다. 쉽게 보이는 모습을 그대로 풀어놓다보면 골격처럼 점점 스토리텔링이 이루어진다. 무의식의 흐름 속에서 단어와 단어 사이에 꼬리를 물고 연결점을 찾아가게 된다. 서툴지만 그렇게 이야기를 만드는 연습이 되면 모든 글에 자신감이 붙는다.

2차 고쳐 쓴 부분에서는 서두 부분이 거의 삭제됐다. 그 이유는 생각의 깊이가 뒤로 갈수록 깊어지기 때문이다. 주 메인 요리를 먹기 위해 에피타이저(Appetizer)를 먹듯이 글도 마찬가지다. 생각을 펴내고 핵심적인 생각을 꺼내오기 위해 연습과정이 필요한 것이다. 1차에서 겹치거나 군더더기 문장을 삭제하면 2차 쓰기에서 어느 정도 생각이 걸러진다. 중요한 문장을 빼내는 연습은 스토리텔링의 골격을 만드는 작업이다. 마지막으로 3차에서 단어를 더 많이 덜어내고 상상을 접목시킨다.

시를 창작하기 위해 사물을 이중구조로 생각해 보거나, 연상하여 새롭게 이어나갈 수 있다. 이중구조로 보면 바다에서 말과 아이가 헤엄을 치고 있지만 자유롭게 꿈을 향해 날아가는 모습으로 바라볼 수 있다. 또는 힘든 과정 속에서 곁에 누군가가 함께해 준다는 소중함을 상기시킨다. 시는 다양성이 열릴 때 새로움이 생성된다. 연상법을 사용한다면 '발목 → 계단 → 물결 → 파도 → 소리→ 대화 → 귀 → 숨소리 → 곁'으로 이어진다.

이렇듯 시를 창작하는 방법에서 사진을 활용하여 생각을 열 수 있고, 시적 감정을 담아 사진을 찍을 수 있다. 사진의 지배적인 정황을 잘 포착하여 구상적 이미지를 끌어내 이야기를 펼쳐야 한다. 특히 생각을 많이 하게 해주는 여백이 있는 사진, 초현실주의 사진을 보면 더욱 시창작이 수월해진다. 반면, 사진도 시가 될 수 있다. 우리가 사진을 찍는 의미는 특별함을 기억해 두고 과거의 시간을 남기기 위해서다. 오래 들여다보게 만드는 사진, 혹은 자주 꺼내보는 사진은 시적 감성을 잘 포착하고 있기 때문이다.

시도 사진처럼 이미지가 잘 드러난 작품이 잘 읽힌다. 사진을 활용한 시 쓰는 방법은 여러 가지인데, 그 중에 자신에게 의미 있는 사진을 활용하여 시를 쓰면 감정을 생생하게 표현하고 효과적인 시를 완성할 수 있다.

참여하기

1 직접 찍은 사진으로 디카시 또는 포토포엠을 만들어 보자.

2 다음 시인들의 작품 내용에 가장 잘 어울리는 사진을 찾아보고, 그 이유를 각각 설명해 보자. 단, 사진작가의 작품을 고를 때 시의 소재를 직접적으로 드러내지 않고 비유적으로 표현된 사진을 고르도록 한다.

- 신철규, 「눈물의 중력」
- 임지은, 「과일들」
- 박성우, 「두꺼비」
- 안희연, 「백색 공간」
- 박소란, 「배가 고파요」

3 아래의 사진은 스웨덴을 대표하는 초현실주의 사진작가 에릭 요한슨(Erik Johansson)의 작품이다. 사진에 나타난 시적 효과를 이야기해 보고, 정밀묘사 쓰기와 고쳐 쓰기를 진행해 보면서 시를 창작해 보자.

시와 영화 _양인경

시로서의 영화

"

나를 넘긴다

공의 각도가 더 깊어지고 넓어지기 전에

재빨리 받아쳐야 하는 테니스 선수처럼

김이듬, 「크라잉 게임」 부분

"

1. 시와 영화의 시선
2. 시와 영화의 수사적 장치
3. 시와 영화의 소통 양상
4. 영상이미지와 시창작의 미래

* 참여하기

5장

Poetry & Movie

시로서의 영화

1 시와 영화의 시선

시와 영화는 서로 다른 예술장르이지만 문법의 차용이나 동일 작품 간의 소통이 활발하게 진행되고 있다. 두 장르는 상호 텍스트뿐만 아니라 창작의 방법론적인 측면에서도 상당한 미학적 접점을 공유한다.

시가 언어예술임은 확실하지만 비언어적 요소인 이미지도 시의 주요장치이다. 시는 언어로써 심상의 이미지를 전달하고 이것은 영화의 정의이기도 하다. 시와 영화는 공히 이미지로써 표현한다. 시는 '그림으로 말하는 시'의 지향이라는 점에서 영화에 근접하고 영화는 '눈에 보이는 시'로써 영상미를 추구한다고 할 수 있다.

데이비드 보드웰(David Bordwell)은 영화는 카메라를 통해 공간과 객관적인 시간을 기록하고 카메라는 인간을 비유동성으로부터 자유롭게 한다[1)]고 주장했듯이 카메라는 영화의 눈이 될 수 있고, 감독의 눈이 되어 당대의 사회와 현실을 바라보고 기록한다 이러한 의미에서 카메라의 렌즈는 세상과 대상을 바라보는 장치라 할 수 있다. 시인의 눈도 카메라 눈처럼 인간의 비유동성으로부터 자유로울 수 있으며, 객관적인 시·공간을 기록함으로써 새로운 가치를 획득할 수 있다.

---

1. 데이비드 보드웰은 미국의 유명한 영화학자이다. 그의 저서 『영화 예술』은 영화의 이론, 역사, 영화비평 등 총망라 한 영화의 교과서이다.

시적 화자의 시선은 한 곳에 고정되어 세계를 바라보지 않고 카메라 렌즈처럼 다양한 위치와 각도와 거리, 시선을 이동하며 시점공간을 점유하고 이것은 현실을 바라보는 보는 주체, 그리고 의미의 문제일 수 있다. 시인들은 현실 문제를 카메라 눈처럼 객관적으로 '보여 주고' 시 텍스트를 통해 당대의 사회, 역사적 구조를 읽어내는 역할을 한다.

2
시와 영화의 수사적 장치

시와 영화의 창작적 이론은 상보적 관계로 이해할 수 있다. 티냐노프(Y.N. Tynyamov)[2]는 시의 시형론(prosody) 관점에서 모든 예술은 언어처럼 그 수단을 지향한다고 주장한다.

> 시에서 생생한 시각적 이미지가 단순히 제시되는 것이 아니라 말들의 연쇄 현상을 통해 의미를 불러일으키는 것처럼 영화 역시 대상을 그대로 제시하는 것이 아니라 고유한 예술적 수단을 통해서 의미를 전달한다고 보았다. 티냐노프는 영화는 그 재료에 있어서 시각적 공간예술에 가깝고 그 재료의 전개에 있어서는 문학에 가깝다고 보았다.[3]

두 장르는 어떤 유사한 수사적 기법으로 의미를 창출하는가. 시문학의 주요한 수사적 장치는 은유를 들 수가 있다. 이는 시인이 "주관과 객관, 감성과 이성"을 구분하지 않고 "조화의 감정"을 지향하여 두 사물의 유사성을 성찰하려 들기 때

2. 러시아 형식주의 대표적 이론가. 티냐노프는 예술작품의 내용보다 내용기법을 강조하고 일상언어와 구별되는 시적 언어와 형식을 분석하고 영화극작가로도 활동했다.
3. 김미영, 「에이젠슈타인의 몽타주 이론에 대한 연구」, 서울대학교 대학원 석사학위논문, 2004.

문이다. 은유는 두 가지 유형으로 나뉜다. 치환은유는 보조관념이 원관념을 수식하는 형태, 예를 들어 ("光化門은 차라리 한 채의 소슬한 宗敎")이고, 병치은유는 비록 직접적인 수식관계가 나타나지는 않아도 여러 행이나 연의 특정한 위치에 이미지를 병치하는 경우("군중 속의 얼굴들의 모습 / 촉촉히 젖은 나뭇가지에 매달린 꽃잎들")이다. 두 유형의 공통된 특징은 선형성과 분리성이다. 선형성이란 은유의 원관념과 보조관념이 선후로 배열된다는 말이고, 분리성이란 두 관념이 각기 다른 어휘로 나타난다는 말이다.

영화의 은유는 한 쇼트[4] 내에서 나타나기가 어렵다. 예를 들어, 쇼트를 여러 장면으로 분할하여 각기 다른 이미지를 배치하는 분할 화면이나 상이한 이미지를 중첩하는 이중 노출[5]은 영화적 은유이다.

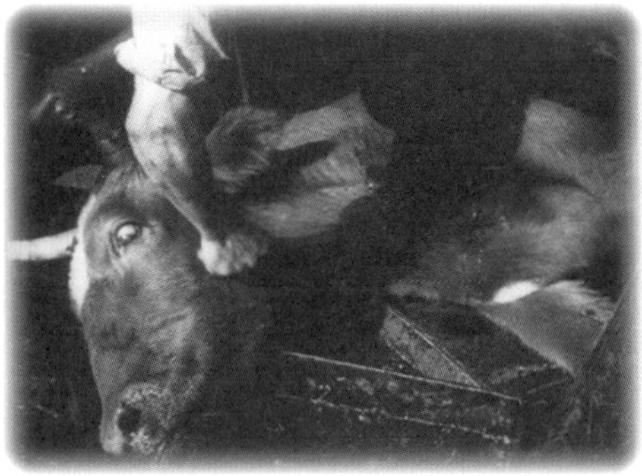

에이젠슈타인 영화 〈파업〉 중에서

위 사진은 에이젠슈타인(Sergei Eisenstein)[6]이 1925년에 제작한 흑백 무성

---

4. 쇼트는 촬영의 기본단위이고 카메라를 중단하지 않고 촬영한 화면의 연속적인 단위를 일컫는다.
5. 이중 노출은 서로 다른 영상이 동시에 재현되어 있는 상태로서 무성영화시절에 자주 사용되었다. 영화의 초기시대에는 초자연적인 정신세계나 내적심리를 암시하는 장치로 사용되었고 시각적 은유로 사용되기도 했다.
6. 1920년대 소련의 영화감독. 에이젠슈타인은 영화를 비롯한 모든 예술과 문학의 원리는 몽타주에 있음을 주장하는데 특히 몽타주 편집방식을 강조했다. 그는 은유적으로 연결되는 이미지를 중시하고 몽타주를 통해 의미를 재현할 수 있음을 주장했다. 또한 언어적 배열이 시적 이미지를 창조

영화 〈파업〉에서 노동자들이 학살되는 장면 다음에 황소가 도살되는 쇼트가 나온다. 황소 도살 쇼트는 스토리의 사건은 아니지만, 노동자 학살 장면과 병치되어 노동자 학살이 동물 살육과 다름 아니라는 판단을 유도하므로 은유적 구성과 동일하다. 이러한 영화의 수사적 장치인 은유는 영화편집기법인 몽타주로 설명할 수 있다.

영화는 몽타주를 통해 실재와 달리 시·공간적으로 불연속적이라는 한계를 인정하고 시공간을 창조적이고 조형적인 과정을 통해 재구성하는 것이다. 몽타주 기법은 편집과 같은 의미이고 '다른 장면과 구별되는 삽입장면'을 뜻한다. A라는 장면과 B라는 장면을 결합시켜 전혀 새로운 제3의 장면을 보여주는 편집 기법이다. 몽타주는 단순한 영화 편집의 조작의 원리가 아닌 다양한 이미지들을 하나의 시간과 공간으로 재구성된다. 즉, 시간과 공간의 파괴로 인한 정서적, 개념적 연관성을 성취하도록 하면서 쇼트의 변화를 통해 영화의 내용과 의미를 창출한다. 티냐노프는 시의 어휘가 일상적인 대화와 다르듯이 영화도 구성방식을 통해 "보이는 그대로의 사람이나 대상"을 예술적 요소로 바꾼다고 주장했다. 그는 이렇게 예술적 요소로 전환된 하나의 쇼트를 한 장의 사진이나 독립적인 시행과 같은 독자적인 조각으로 본다.

몽타주는 쇼트들의 단순한 연결이 아니라 '쇼트들의 차별적인 교차'라고 정의한다. 시에서 하나의 시어나 시행이 어떤 의미를 이루며 배열되듯이 쇼트들이 결합, 조직되어 영화적 의미를 생산한다고 보았다. 즉, 몽타주 원리는 시의 행과 행, 연에서 제시된 이미지가 구조화되어 시적 의미를 창출하듯이 영화의 단편적인 쇼트나 쇼트들이 충돌, 병치되어 하나의 시퀀스를 통해 의미를 제시한다. 시가 언어로 형상화된 이미지들이 시적 은유에 의해 제3의 의미를 창출하듯 영화의 몽타주도 시적 은유와 유사한 기능을 한다.

하고 은유적 의미를 생산할 수 있다는 데 착안해 몽타주를 통해 제2의 문학시기로 발전해야 한다고 믿을 정도였다. (김용수, 『영화에서의 몽타주 이론』, 열화당, 2006.)

[시문학/영화에 나타나는 은유 유형]

시문학의 은유

은유	유형	공통 특성
	치환은유	선형성 분리성
	병치은유	

영화적 은유

몽타주	유형	공통 특성
	분할화면	편집
	이중노출	

3
시와 영화의 소통 양상

3-1. 시 이미지의 영화적 구현과 그 의미

시문학이 영화적 상상력을 통해 구현되어지는 것은 시의 저변 확대는 물론 시적 가치의 효용을 넓히는 데 큰 역할을 한다. 대중문화 매커니즘인 영화와 시의 소통은 대중들의 진정한 삶의 가치를 인식하게 할 뿐만 아니라 사회의 배제된 타자의 고통을 공감하고 함께 나눌 수 있는 역할을 한다.

현대사회는 특히 매체가 발달한 시대이고 문학과 영화의 매체전이 현상은 활발하게 이루어지고 있다. 시는 영상매체와 밀접한 연관성을 가짐에 따라 영화를 시작업에 수용하고 또한 서사성을 확보하지 못한 짧은 시를 예술적 영상 이미지로 구현하기도 한다. 이런 영화들은 시를 모티브화하여 제작되어지는 경우가 많다. 대중문화의 중심 메카니즘인 영화를 통해 시적 가치를 구현한 영화는 상업적 효과를 확보하는 경우도 있다. 시와 영화의 소통은 독자나 관객들의 시적 감성을 일깨울 뿐만 아니라 대중들에게 배제된 사회적 타자에 대해 인식하게 하는 역할을 한다. 본 장에서는 시작품이 영화 속에 어떤 방식으로 구현되었는지와 그 의미를 고찰해 본다.

3-1-1. 말죽거리 잔혹사 - 유하

유하는 그의 연작시를 영화화하고 시장르의 매체전이와 시와 영화의 상호 텍스트성을 통해 당시의 문화적 담론을 형성했다.[8] 그는 시창작을 위해 영화의 기법을 적극 활용하고 자신의 시를 모티브화하여 영화를 제작하기도 했다.

몽타주 기법의 마술사
에이젠 슈타인 선생이 만든 세계영화사 불후의 명작
전함포테킨

특히 오뎃사 계단 위의 군중 학살 장면은
몽타주의 진수를 보여준다.
발포하는 코자크 병사들
계단위에 피흘리며 뒹구는 군중들
우리나라 영화 학도들은 그 장면을
바이블처럼 뒤적이며
몽타주를 배운다
같은 학살의 경험이 있는,
우리나라 몽타주 발전을 위해

진실을 요리조리 잘도 빠져 나가는

---

8. 유하는 1980년대 시인이자 영화감독, 1991년 그의 시집 『바람 부는 날이면 압구정동에 가야 한다』를 영화로 제작했다 그 외 시집으로 『무림일기』, 『세운상가 키드의 사랑』, 『천일야화』, 『세상의 모든 저녁』 등등 이 있고 영화는 〈결혼은 미친 짓이다〉, 〈말죽거리 잔혹사〉, 〈비열한 거리〉, 〈쌍화점〉을 직접 각본 감독 제작하였다.

약삭빠른 다람쥐
우리나라 몽타지

— 유하, 「전함포테킨」 전문

포르노엔 지배자들이 살포하는
포르말린 냄새가 배어있다
심야다방 여관 만화가게마다 절찬리 상영중인
깊이 더 깊이, 피스톤의 신화
단속반이 뜨면 화면은 잽싸게
보도본부24로 바뀌지
오늘도 반복되고 있을 포르노와 뉴스
그 충돌의 몽타주

— 유하, 「파리애마 영화사회학」 부분

이 시들에서 볼 수 있듯이 유하는 자신의 시작품을 통해 영화적 기법인 몽타주를 직접 언급하고 영화적 요소들을 시의 연이나 행을 통해 그대로 표현한다. 시 「전함포테킨」는 에이젠슈타인의 영화 〈전함포테킨〉의 시퀀스를 차용하고 영화의 기법인 몽타주를 직접 설명하고 있다. 11행의 "같은 학살의 경험이 있는,"은 한국의 80년대의 광주민주화운동의 처참한 상황을 표현한 것인데 이 사건을 '전함포테킨'의 군중 학살장면과 병치함으로써 당시의 한국의 정치적 상황의 억압성을 강조한다. 이 두 사건을 영화의 몽타주 기법처럼 시에서 활용하고 영화의 수사적 기법의 적용이 시에서도 가능함을 보여준다.

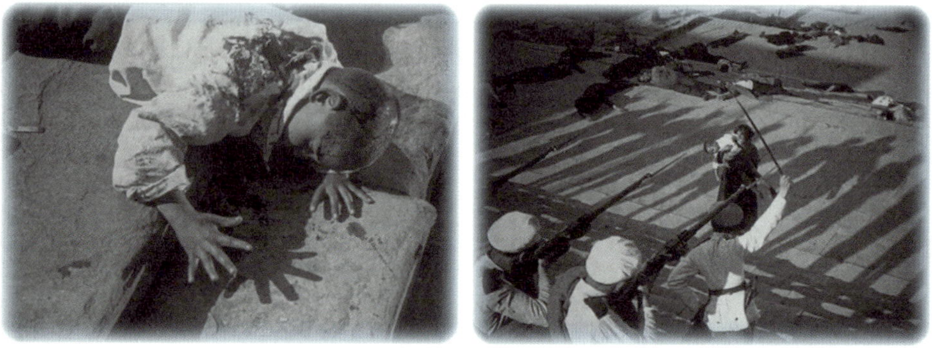

에이젠슈타인 영화 〈전함포테킨〉 중에서

시 「파리애마 영화사회학」은 포르노영화와 텔레비전 프로인 보도본부24시를 몽타주 형식으로 조합하여 대중문화의 쾌락성과 현실의 부조리함에 관한 문제를 제기한다. 이처럼 유하는 시의 내용이나 형식을 통해 영화적 기법을 보여주고 당대의 이데올로기적 담론을 창출한다.

1978년, 말죽거리. 은광여고 쥐색 항아리 치마를 태운
은빛 자전거가 내 검은 제복의 가슴을 뚫고 지나갔다
난 발정이 날 때면 이글스의 호텔 캘리포니아로
날아가곤 했다.
(중략)
한 졸부는 지루박에 미쳤고 그의 아들과 난 부르스리의
怪鳥音을 지르며 교련선생 머리에 헤드록을 걸었다
노선버스 번호288 속에 말죽처럼 짓이겨져 요약된 청춘,
(중략)
난 혈인의 몰골로 한낮의 말죽거리를 붉게 물들였다
(중략)
퇴학의 크리스마스를 보냈다 난 세운상가를 배회하며

과외비 줄 돈으로 펜트하우스와 수지콰트로를 사거나
(중략)
이탈의 욕망은 늘 컴컴한 독서실 속의 수음일 뿐이었다
학교의 강렬한 물 및 아래서, 내 상상의 날개는 매번 겸연쩍은
부메랑이었고 나는 뿌리 깊은 귀소 본능을 저주하며
말죽거리의 울타리 속으로 되돌아와 말죽처럼 퍼진 영혼에

– 유하, 「새들은 말죽거리에 가서 잠들다 – 성수에게」 부분

유하는 시에서 영화적 사유와 방법론을 구현하고 영화감독의 길에 들어 선 후 자신의 시를 영화에 직접 차용하였다. 유하의 시집 『세운상가 키드의 사랑』은 〈영화 말죽거리 잔혹사〉로 제작되었다. 영화 〈영화 말죽거리 잔혹사〉는 1970년대와 1980년대의 군부독재 시절 억압적인 정치적 상황에서 폭력적으로 통제당하는 학교의 현실을 그렸다.

시집 『세운상가 키드의 사랑』에서 형상화된 세운상가라는 공간은 학창시절 그가 대중매체의 영향을 강하게 받았던 장소이다. 세운상가라는 공간을 중심으로 펼쳐지는 금기시된 대중문화에 대한 학생들의 강렬한 몰입과 관심이 시와 영화에서 드러난다. 이는 당시의 군부독재의 억압적이고 모순적인 현실에 저항하는 일탈 방식으로 이해할 수 있다. 시집 『세운상가 키드의 사랑』에 등장하는 여러 시적 소재나 모티브들은 〈영화 말죽거리 잔혹사〉의 에피소드로 차용되었다.

영화 〈말죽거리 잔혹사〉는 70~80년대의 군부독재시절에 청소년기를 지낸 학생들의 추억의 잔혹사이며 당시 폭력적이고 억압적인 학교의 현실을 비판하고자 하는 학생들의 일탈을 흥미롭게 그려내고 있다. 폭력을 일삼는 학교의 구조적 문제에 대한 학생들의 저항은 당시의 한국의 폭력적인 정치적 상황의 거대담론에 대한 비판의식의 발로라 할 수 있다.

유하 영화 〈말죽거리 잔혹사〉 중에서

3-1-2. 질투는 나의 힘 - 기형도

기형도의 유고시집『입속의 검은잎』에 수록된「질투는 나의 힘」은 여성감독 박찬옥에 의해 2003년 영화로 제작되었다. 감독은 기형도의 시「질투는 나의 힘」으로부터 영감을 받아 시나리오를 썼다.

아주 오랜 세월이 흐른 뒤에
힘없는 책갈피는 이 종이를 떨어뜨리리
그때 내 마음은 너무나 많은 공장을 세웠으니
어리석게도 그토록 기록할 것이 많았구나
구름 밑을 서서히 쏘다니는 개처럼

지칠 줄 모르고 공중에서 머뭇거렸구나
나 가진 것 탄식밖에 없어
저녁거리마다 물끄러미 청춘을 세워두고
살아온 날들을 신기하게 세어 보았으니
그 누구도 나를 두려워하지 않았으니
내 희망의 내용은 질투뿐이었구나
그리하여 나는 우선 여기에 짧은 글을 남겨둔다
나의 생은 미친 듯이 사랑을 찾아 헤매었으나
단 한 번도 스스로를 사랑하지 않았노라

– 기형도, 「질투는 나의 힘」 전문

이 시는 시적 화자의 청춘의 방황과 번뇌, 사랑을 찾아 헤매이는 자아의 절망적인 고백이다. 시적 화자는 사랑을 찾아 헤매었으나 타인의 삶을 향한 질투만이 젊은 날을 지배한다. 타인이나 자신을 사랑함에 있어서 주체가 되지 못하고 영원한 타자임을 고백한다.

박찬옥 감독은 기형도의 시에서 20대 후반 자신을 인정할 수도 "자기 자신을 사랑하지도 못하는 질풍노도의 상태에 있는 한 젊은 남자의 연애 인상을 통해 영화를 제작했다"고 한다. 이 영화에 등장하는 대학원생 이원상은 자신의 여자 친구들을 유부남인 잡지사 편집장 한윤식에게 빼기지만 오히려 분노가 아닌 선망의 대상으로 그의 주변을 맴돈다. 모호한 삼각관계 속에서 그는 무기력한 자신을 발견하고 그들의 관계에서 진정한 사랑은 찾을 수 없다.

이 영화는 기형도의 시 「질투는 나의 힘」을 모티브화 했다. 시의 마지막 행 "나의 생은 미친 듯이 사랑을 찾아 헤매었으나 / 단 한번도 스스로를 사랑하지 않았노라"에서 시적 화자가 젊은 날 사랑을 찾아 헤매었으나 찾지 못하고 방황하며 탄식의 날을 보냈다고 고백한 것처럼 영화에서도 주인공은 상대 여성 어느 누구도 진실로 사랑하지 못하고 모순된 사랑과 질투심으로 인해 스스로 나락으로 빠지는 과정을 보여준다.

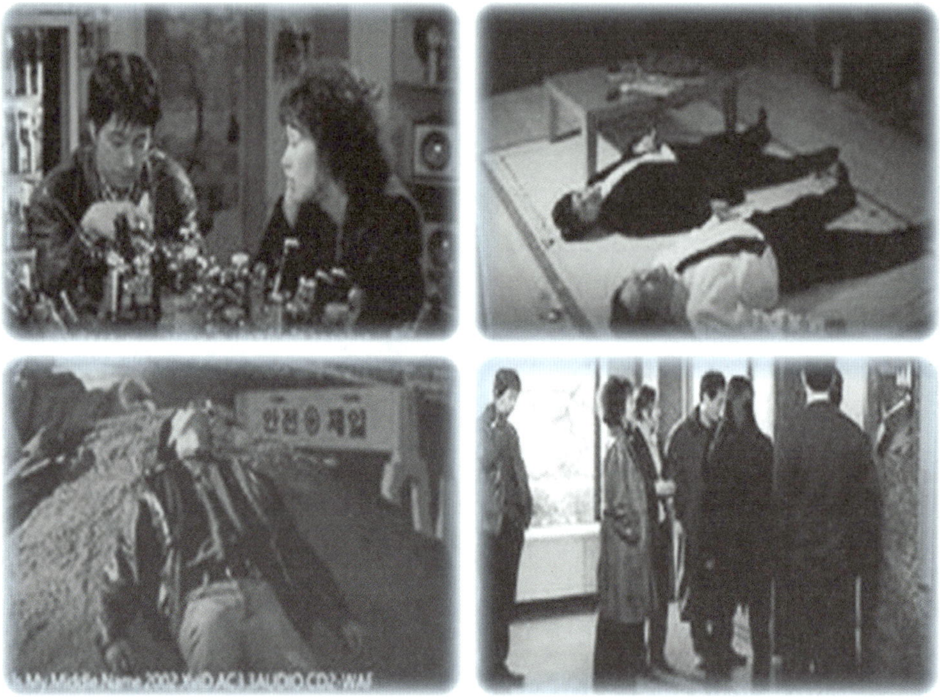

박찬옥 영화 〈질투는 나의 힘〉 중에서

기형도의 시 「질투는 나의 힘」은 80년대의 한국의 정치적 폭력이라는 거대담론 속에서 희망을 잃어버리고 삶의 목적마저 불투명한 채 방황하는 젊은 청춘의 표상을 형상화했다면, 영화 〈질투는 나의 힘〉은 1997년 IMF라는 거대담론 이후 밀레니엄 시대를 맞이하며 새로운 시대를 살아가야 하는 젊은 청춘의 번민과 고뇌가 함축된 영화라고 할 수 있다.

3-2. 영상 이미지와 시 쓰기의 가치

3-2-1. 시 쓰기와 인간의 윤리성 회복 - 시

시와 영화는 매체 간 장르의 경계를 허물고 영화는 기법뿐만 아니라 내용과 형식적 측면에서 시적인 장치를 드러내는 작품들이 있다. 이러한 영화는 시의 상상력을 영화에 반영하고 형식적으로는 시의 수사학적 원리를 영상 이미지화한다. 영화의 내용이나 주제의 측면에서는 시창작이 인간의 삶을 어떻게 변화시키는 지를 일깨워 준다.

또한 관객들에게 시와 시인에 대하여 진지하게 사유하게 하고 시를 쓴다는 것은 사회적 문제를 비판적으로 바라보고 변화하게 하는 원동력임을 보여준다.

일찍이 칠레의 시인 파블로 네루다의 실화를 바탕으로 한 이탈리아 영화 〈일 포스티노〉는 네루다와 우편배달부의 우정을 통해 우편배달부가 시와 은유를 알고 현실의 문제에 눈뜨기 시작한다는 내용이다. 이 영화는 일반 대중들에게 시적언어와 일상언어의 차이점을 말해주고 시창작의 경험을 간접적으로 경험할 수 있게 하는 영화로 널리 알려져 있다. 최근 한국영화 중에서도 시창작의 개인적인 의미뿐만 아니라 공적 의미가 무엇인가를 일깨우는 영화가 있다.

2010년 이창동 감독이 연출한 영화 〈시〉는 시문학을 영상매체에 적극 반영함으로써 영화의 예술적 가치를 실현한다. 〈시〉는 주인공 미자의 척박한 삶을 통해 시인으로 성장하는 모습과 시창작의 실제적 과정을 서사적으로 보여준다.

주인공 미자는 알츠하이머병을 앓고 있는 환자이며 간병일을 하면서 이혼한 딸의 아들 욱이와 함께 소시민적 삶을 살아간다. 미자는 순수한 소녀감성을 잃지 않은 채 문화강좌센터에서 시창작을 들으며 시 쓰기에 몰두한다.

이창동 영화 〈시〉 중에서

하지만 손자 욱이가 성폭행 범죄에 연루되고 피해자 희진이가 자살함으로써 그녀의 삶은 더욱 지난해지고 폭력적인 현실에 직면한다.

피해자 희진에 대한 죄책감으로 인한 고통과 아픔이 심해질수록 그녀는 시 쓰기 작업에 매진한다. 손자 욱이의 합의금을 마련하기 위해 극단적인 선택까지 해야 하는 과정에서 현실의 불합리와 부조리를 체험하게 된다. 미자는 자살한 희진의 아픔에 대한 죄책감에 시달리고 현실의 고통 속에서 갈등하면서도 시 쓰기는 포기하지 않는다. 결국 그녀는 마지막으로 시 한 편과 꽃을 남겨두고 홀연히 어디론가 떠난다.

그곳은 어떤가요 얼마나 적막하나요

저녁이면 여전히 노을이 지고
숲으로 가는 새들의 노래소리 들리나요

차마 부치지 못한 편지
당신이 받아 볼 수 있나요
하지 못한 고백 전할 수 있나요
시간은 흐르고 장미는 시들까요

(중략)

이제 어둠이 오면 다시 촛불이 켜질까요
나는 기도합니다
아무도 눈물은 흘리지 않기를
내가 얼나나 당신을 사랑했는지
당신이 알아주기를
여름 한낮의 오랜 기다림
아버지의 얼굴같은 오래된 골목
수줍어 돌아앉은 들국화까지도
내가 얼마나 사랑했는지
당신의 작은 노래소리에 얼마나 가슴 뛰었는지

나는 당신을 축복합니다
검은 강물을 건너기 전에

내 영혼의 마지막 숨을 다해
나는 꿈꾸기 시작합니다
어느 햇빛 맑은 아침 깨어나
부신 눈으로 머리맡에 당신을
만날 수 있기를

〈시〉 영화 주인공 미자가 쓴 시, 「아네스의 노래」 전문

위의 시는 「아네스의 노래」이다. 이 시는 영화의 마지막 장면에 죽은 희진이의 나레이션으로 등장하는데, 희진이의 고통을 아파하며 추모하고자 미자가 쓴 시이다. 미자는 현실의 고통 속에서도 희진이를 위한 시 한 편을 완성하고 홀연히 어디론가 떠남으로써 시 쓰기만이 미자에게 진실된 참회와 진정한 삶의 가치를 자각하게 했다는 것을 알 수 있다.

실제로 이 시는 감독 이창동이 직접 쓴 시로써 그는 영화를 통해 삶의 고통을 이겨내며 시창작을 체험하는 과정을 보여줌과 동시에 시를 직접 창작한다. 이는 영화를 관람한 일반 대중들도 현실의 삶속에서 얻는 경험적 가치를 통해 시창작이 가능함을 일깨워 준다.

영화 〈시〉는 죽음과도 가까운 현실의 고통을 체험하면서 시심을 잃지 않고 시 쓰기 작업을 통해 인간이 변화하는 과정과 시창작이 인간의 삶에 어떻게 관여하는가를 여실히 보여준다. 또한 글 쓰기는 개인을 넘어서 타자의 고통을 공유하며 참된 인간성을 발견하게 하고 사회변화를 시도하는 힘이 될 수 있음을 보여준다.

시 쓰기는 문화적 성취의 허영이나 창작의 기술적 측면이 중요하다기보다 세상의 문제를 정면으로 마주하는 자세와 올바르게 현실 문제를 인식하고 대응하는 과정 속에서 이루어 질 수 있다.

3-2-2. 시 쓰기와 자아의 역사적 성찰 - 동주

2016년 이준익 감독이 연출한 영화 〈동주〉는 한국 근대문학의 한 획을 그은 윤동주에 관한 영화이다. 이미 윤동주는 한국문학사에 영원히 남을 우상이다. 하지만 영화 〈동주〉는 윤동주의 우상적 전기라기보다 일제강점기에 살았던 젊은 청년 윤동주의 시 쓰기까지의 내면적 갈등과 번민, 인간적인 고통을 세밀하게 묘사하고 있다.

영화는 독립투사적이고 계급파괴 혁명적 인물인 송몽규를 등장시켜 윤동주의 내면적인 여린 성품을 부각시킨다. 강점기 억압시절 문학을 사랑할 뿐만 아니라 투사적인 면모를 지닌 송몽규와 대비하면서 윤동주의 시 쓰기의 인간적 고민과 아픔을 그려낸다.

행동주의자 송몽규는 "시인은 세상을 바꿀 용기가 없어 문학 속으로 숨는 거" 라고 문학인이 자신의 뜻을 펼치기 위해서는 산문이 좋다는 송몽규의 발언에 동주는 사람들 마음속에 살아 있는 진실을 드러낼 때 문학은 온전하게 힘을 얻는 것이고 그 힘이 하나하나 모여서 세상을 바꾸는 것이라고 항변하며 시의 위대함을 강조한다.

영화 동주에서는 윤동주의 시 여러 편이 주인공 배우의 나레이션으로 낭독된다. 「별 헤는 밤」은 감옥에 수감된 동주가 밤하늘을 올려다보며 낭송되고 「쉽게 씌여진 시」는 당시 경찰이 동주를 심문할 때와 송몽규가 독립 결사모임에 가기 위해 윤동주를 떼어 놓은 장면에서 낭송된다. 이외에도 「병원」은 동주가 후쿠오카 형무소 안에서 성분을 알 수 없는 주사를 맞기 위해 늙은 의사와 마주 앉는 장면에서 낭송되고 하늘, 바람, 별과 시는 일본 경찰에 체포되기 직전 동주가 나지막하게 되뇌인다. 이는 관객이 영화를 감상하며 시집을 읽는 듯한 효과를 주고 영화를 더욱 더 감동적으로 감상할 수 있다.

이러한 시들은 윤동주가 죽음 같은 삶을 살면서도 시 쓰기를 포기하지 않고 당시의 억압적인 현실에 대해 저항하는 상징적 의미이면서 동시에 세상을 따뜻한

이동주 영화 〈동주〉 중에서

시선으로 바라보는 순수한 시인의 마음의 표상이었다.

이 영화는 역사적으로 가장 힘든 시기를 살았던 윤동주의 삶을 통해 시창작이 단순한 감성의 산물이 아닌 개인의 고독한 체험이자 자신의 삶을 변화시키고 자아 성찰적인 작업임을 보여준다. 또한 시는 사회를 변화하게 할 수 있는 매개체임을 영화를 통해 시사한다.

영화 〈동주〉는 윤동주의 전기적 삶을 알리는 데 치중하기보다 윤동주라는 시인이 탄생하기까지의 개인의 심리적 변화와 내면의식을 예리하게 영상화했다. 즉, 시대적 억압에 의해 표출되는 윤동주의 문학적 자의식이 구현되는 과정에 주목하고 시 쓰기는 개인의 체험적이고 자아의 성찰적 인식의 결과물임을 일깨워 준다. 또한 시 쓰기는 인간의 사유를 변화하게 할 뿐만 아니라 타자와 사회를 향한 소통의 작업임을 대중들에게 인식하게 한다.

3-3. 시와 영화의 상상력 확장과 소통

시적 언어는 인간의 마음이나 상상력 속에 생성된 사고나 관념들의 심리적 이미지를 언어로 형상화한 것이다. 주로 영화는 서사성이 강조되지만 영화언어는 소설의 언어보다 시언어와 유사한 측면이 있다. 이는 영상 이미지가 다양한 영화적 기법과 장치에 의해 다의성을 함축할 수 있고 영화의 의미와 모호함 때문에 시적 기능을 할 수 있다.

익히 유리 로트만(Juri Lotman)은 언어처럼 분절되지 않은 영상언어를 시적인 문자언어와 유사성을 논증하는데, 쇼트의 양식과 몽타주, 클로즈업의 기능을 통해 시적 수사와 상응하는 영화기호의 특성을 설명했다. 이러한 영화기호는 시언어의 의미의 다의성과 모호함, 그리고 파편적인 시어의 충돌과 결합을 통해 또 다른 의미를 창출하는 시의 원리인 은유적 수사와 비교할 수 있다.

이러한 문법적 유의성 이외에 시와 영화는 두 장르의 텍스트 경계를 허물고 서로간의 텍스트를 패러디하며 상상력을 공유하고 작품을 변용내지 수용하는 상호 텍스트성을 통해 작품의 의미를 확대하고 재해석한다.

3-3-1. 은유와 몽타주 – 동사서독, 오름 8½

시의 은유와 영화의 몽타주는 고유한 예술수단이다. 영화는 쇼트의 구성방식이나 조직을 통해 영상 이미지를 시어의 수사적 차원처럼 논증할 수 있다.[9] 이러한 논증은 영화의 편집기법인 몽타주로써 설명이 가능하다.

몽타주는 이질적인 쇼트와 쇼트 간의 결합과 충돌을 통해 의미를 생산한다는 것인데, 이는 시의 행이나 연의 언어가 병치은유나 치환은유, 환유의 수사적 장

9. 에이젠슈타인은 영화를 비롯한 모든 예술과 문학의 원리는 몽타주에 있음을 주장하는데, 특히 몽타주 편집방식을 강조했다. 그는 은유적으로 연결되는 이미지를 중시하고 몽타주를 통해 의미를 재현할 수 있음을 주장했다.

치에 의해 새로운 이미지와 의미가 창출되는 원리와 유사함을 알 수 있다.

왕가위 감독의 영화 〈동사서독〉(Ashes of time)은 시적 영화의 공식에 잘 들어맞는 영화라 할 수 있다. 영상 이미지의 수사적 특징뿐만 아니라 대사는 은유적이어서 한 편의 시를 감상하는 듯한 착각을 불러일으킬 만하다.

동사서독의 서사는 선형적 흐름이 파괴되고 계절 절기, 즉 경칩, 백로, 입춘을 기준으로 일어나는 사건들을 주인공 구양봉이 서술하는 방식으로 구성된다. 특수촬영기법이 상당히 돋보이고 서독 구양봉을 중심으로 사건은 진행되지만 서사는 파편적이고 분절된다. 서로 다른 두 쇼트가 충돌하고 몽타주에 의해 새로운 의미를 생성한다. 영상 이미지는 매우 독창적이고 난해한 편집을 통해 시적 은유처럼 불가해한 의미를 드러내기도 하고[10] 파격적이고 환상적인 영상미를 표현한다.

영화는 주로 구양봉의 나레이션, 독백에 의해 진행되고 한 편의 서정시를 듣는 듯한 감성을 불러일으킨다. 영화의 플롯은 구양봉(서독)이 젊었을 때 강호천하를 재패하고자 바쁘게 돌아다니다 사랑하는 여인을 잃게 된다. 그녀는 그의 형과 결혼하고 만다. 서독은 사랑하는 여인이 자신의 형과 결혼을 앞둔 전날 함께 떠나자고 하지만 그 여인은 끝내 거부한다. 구양봉은 치명적인 실연의 아픔을 망각하려 고향을 떠나 사막에 거주하고 살인청부업자로 살아가며 오로지 냉혹하게 돈벌이에만 몰두한다. 영화 서사의 중심은 서독이고 동사서독의 등장인물들은 모두 서독과 관련이 있는 인물들이며 그를 중심으로 사건은 진행된다.

영화 〈동사서독〉은 특히 영상 이미지의 수사가 돋보이고 몽타주 기법을 통해 파편적이고 분열적인 이미지 쇼트들이 충돌하며 은유적 의미를 창출한다. 현실의 시공간을 초월한 환상적인 이미지들의 제시는 관념적인 시를 읽는 듯한 느낌을 준다.

---

10. 영화 〈동사서독〉은 원작에 대한 파격적 해석과 개성 넘치는 영상언어로 1994년에 첫 상영된 이래 지금까지 줄곧 평단의 호평과 찬사를 받아온 작품이기도 하다.

왕가위 영화 〈동사서독〉 중에서

위 사진의 배경은 사막의 공간이고, 강과 바다의 물결과 하늘의 구름이 흘러가는 쇼트들이 결합, 충돌하며 시간의 흐름을 의미한다고 할 수 있다. 쇼트는 선형적 시간의 흐름을 파괴하는 듯 한 이미지를 보여주는데 강물 쇼트와 강물에 비쳐진 나무들 쇼트, 말을 타고 가는 주인공 쇼트는 선형성과 대립되고 대상은 수평과 수직으로 병치된다. 이러한 충돌 이미지들이 제시하는 효과는 시간이 흘러도 주인공의 과거에 대한 집착을 의미하고 이로 인해 미래에 대한 희망의 부재와 절망을 은유한다고 볼 수 있다.

무사는 여자를 잊기 위해 사막으로 갔다 사막에는 되돌아 나오는 길이 없었다 비가 내려도 하늘이 밝았다 무사는 밤에도 잠을 이룰 수 없었다 무림에 두고 온 그의 여자도 잠을 이룰 수 없었다 무사는 사막에 여인숙을 차려놓고 평생 그렇게 혼자 살았다 사막의 빛이 너무 밝아 눈이 멀어가는 떠돌이 검객이 있었다 그의 길은 사막에서 숲으로 열렸다 닫혔다 했다 구릉 너머 마적 떼가 쳐들어오고, 떠돌이 검객은 멀어가는 눈으로 수백 명의 마적을 물리치고 또 물리쳤다 저수지는 고요했다.

개들조차 오지 않았다 저수지엔 꽃이 피지 않았다 아내의 불륜을 용서 못해 고향을 떠난 떠돌이 검객은 칼을 맞아 죽어가면서 고향의 복사꽃을 그리워했다

– 오정국, 「동사서독」 전문

위의 시는 영화 〈동사서독〉의 거미줄처럼 얽힌 서사에서 서독과 맹무살수라는 두 인물의 플롯을 병치하여 시적으로 형상화했다. 저수지에 "개들 조차 오지 않았다"의 '저수지', '개'는 쿠엔틴 타란티노(Quentin Tarantino) 감독의 작품 '저수지의 개'를 유추할 수 있다.[11] 또한 '꽃이 피지 않는 저수지'와 '개'라는 이미지를 은유적으로 병치함으로써 사랑과 목숨을 동시에 잃은 검객의 슬픔을 강조한다. 시인이 의도적으로 '저수지'와 '개'를 시에 차용한 것은 시와 영화의 상호 텍스트성을 통해 영화와의 소통을 꾀하고자한 의도로 볼 수 있다.

영화 〈8½〉은 이탈리아 감독 페데리코 펠리니(Federico Fellini) 감독의 1963년 작품이다. 펠리니 감독의 실제 삶을 즉흥적 아이디어로 영화화했다. 영화의 플롯은 영화감독 생활로 인해 몸과 마음이 모두 지쳐있는 구이도의 삶을 바탕으로 한다.

---

11. 타란티노 감독의 전매특허 기법들은 하나의 목표를 향하고 있다. 그것은 이전까지의 영화 공식을 뒤엎고 새로운 화법으로 이야기하는 영화를 내놓겠다는 것이다. 시간 순서를 바꾸고 시점을 바꾸는 이야기, 여러 영화에서 인상적인 설정을 인용해오되 그런 설정들을 모아서 하나의 독자적인 이야기를 창조하는 방식, 잡담에 가까운 대사로 관객에게 낯선 느낌을 주는 것은 모두 이전의 영화들에서 흔하지 않았던 기법들이다.

구이도는 그로부터 이득을 취하려는 인간 군상들로 인해 극단적인 스트레스를 받고 현실을 도피하고자 한다. 그는 아내와 정부 사이를 오가지만 어느 누구도 사랑하지 않고 방황을 거듭한다. 급기야 구이도는 절대적 구원의 존재인 여배우의 환영을 보기도 한다.

페데리코 펠리니 영화 〈8½〉 중에서

영화는 어린 시절의 기억, 부모님과의 추억들이 힘든 생활과 오버랩되면서 현실과 환상의 세계를 오간다. 영화 8과2분의1의 제목은 실제 펠리니 감독이 만든 영화가 7편이었고 그 다음 작품이 〈8½〉이라는 의미이다. 이는 펠리니 감독이 처한 실제 현실과 영화 속 주인공 구이도의 삶을 은유하는 감각적인 표현이라고 할 수 있다. 또한 영화 〈8½〉은 구이도의 내면의식을 환상과 현실이 충돌하는 몽타주 방식을 통해 보여주고 이는 구이도의 삶으로부터의 현실도피적인 의식과 고통에 시달리는 삶을 은유한다.

~~위성이 돈다~~
~~내 삶의 전 지원인 간격에~~
~~몇몇~~
~~위성이 돈다~~

~~그러므로 오름은 올라온 내부이면서 내려간 바깥~~

~~이다 內外로 검게 그을린 오름에 붙어 사는 박쥐 또한~~

~~내부이면서 바깥이다 그러므로 박쥐는 바닥에 내려와 있으면~~

~~피부에 가깝지만 뒤집어서 보면 하얀배를 가진 내장이다.~~

(중략)

~~전쟁이 우리들의 화물火物을 나르는 안팎의 자오선 이듯이~~

~~당신이 쥐고 있는 화폐가 내가 내 속에서 자란 여운과~~

~~이룬 혼인을 원소로 돌려놓기도 한다~~

(중략)

~~그러므로 구름은 툭 툭툭 먼 세계의 지하로 내~~

~~려가는 Space bar이거나~~

~~내 카메라 속 빛에 매달려 하얗게 뜬 박쥐들이다~~

~~오름을 가진 구름은 포유류다 그러므로~~

– 김경주, 「오름 8½ 팔과 이분의 일」 부분

김경주[12)]의 시는 감성적이고 감각적이며 의미는 불확정적이다. 시어는 비의미적이고 상상력과 환상성에 기인한다고 볼 수 있다. 이 시는 영화 〈8½〉의 제목을 차용하여 쓴 시라고 할 수 있지만 제목은 영화와 색다른 「오름 8½ 팔과 이분의 일」이다. 영화 〈8½〉를 모티브하여 시적 상상력을 확대한 경우라 할 수 있다.

---

12. 김경주는 실험적인 시어와 낯설게 하기 기법을 시에 적용하여 시단에 신선한 바람을 불러 일으키고 있다. 그는 문학과 다른 문화매체를 융합하여 시의 대중화에 힘쓰고 있다.

시의 내용은 영화의 서사를 뛰어넘어 시어들은 감각적이고 환상적임과 동시에 실험적이고 언어의 경계를 파괴하려 한다. '박쥐', '구름'의 이미지는 의미가 서로 소통하지 않은 채 병치적으로 결합되어 있다. 시적 화자의 심적인 고통은 실제적인 감각성으로 표현되지 않고 추상적이고 기억의 편린들만 파편적으로 드러낸다. 이 시의 마지막 행인 "내 카메라 속 빛에 매달려 하얗게 뜬 박쥐들이다"은 영화 속의 구이도와 이해관계로 얽힌 세속적인 인물들을 '박쥐'로 은유했다고 할 수 있다.

영화 〈8½〉이 실재적인 세계에서 벗어나 환상과 현실을 몽타주 방식으로 보여주듯이 시에서도 실재적인 이미지를 제시하지 않고 추상적인 감각들을 기억으로 복원하여 파편적이고 낯선 이미지들이 충돌하며 불확정적인 의미를 드러낸다.

3-3-2. 패러디와 상호 텍스트성 - 죽은 시인의 사회, 크라잉 게임, 베티블루 37.2

시와 영화는 형식이나 내용의 측면에서 패러디, 또는 상호 텍스트성이 이루어진다. 패러디는 원텍스트의 표현이나 내용을 차용해서 의미를 재생산하는 것이다. 예술장르 간의 패러디는 당대의 사회 현실을 풍자하고 은폐된 모순이나 진실을 드러내는 이데올로기적 담론이 될 수 있다. 상호 텍스트성[13)]은 텍스트와 텍스트의 관계, 즉 텍스트 사이의 관계를 의미한다. 예술장르의 경계를 넘어서서 텍스트들은 상호간 텍스트를 수용하고 변형할 수 있다. 즉, 주어진 텍스트와 다른 텍스트가 상호 소통한다는 의미이다.

---

13. 상호 텍스트성은 프랑스 기호학자 줄리아 크리스테바가 소련의 문학이론가인 바흐찐에 관한 논문을 쓰면서 최초로 사용되었고 가호학자 롤랑바르트에 의하여 널리 쓰이게 되었다.

피터 위어 영화 〈죽은 시인의 사회〉 중에서

영화 〈죽은 시인의 사회〉는 미국작가 헨리 데이비드 소로(Henry David Thoreau) 소로의 시를 모티브하여 영화화했다. 영화의 플롯은 뉴잉글랜드의 명문 고등학교에 키팅 선생이 부임하며 사건은 발생한다. 그는 입시위주의 교육제도에 찌들린 학생들에게 그가 학창시절에 그랬듯이 고전시를 낭독하게 하고 참된 인생의 가치를 깨닫게 한다. 죽은 시인의 사회는 그가 이끄는 비밀써클인 시 동아리 이름이다. '죽은 시인의 사회'는 억압적인 현실에 시달리는 학생들의 탈출구 역할을 하지만 키팅 선생을 학교에서 내모는 계기가 되기도 한다.

이 영화는 현대 교육제도의 맹점을 비판하고 제도권의 억압적인 교육현실을 고발한다. 현재 한국사회도 영화 〈죽은 시인의 사회〉에서 비판하고자 하는 교육의 문제점을 여실히 드러내고 있다. 이 영화는 한국의 불합리한 교육현실에 대한 문제의식을 제기하고 한국사회의 부조리함을 되돌아 볼 수 있게 하는 작품이다.

그들은 둘러앉아 잡담을 했다
담배를 피울 때나 뒤통수를 긁을 때도 그들은 시적이었고
박수를 칠 때도 박자를 맞췄다
수상작에 대한 논란은 애초부터 없었고
술자리에서 사고 치지 않았으며

요절한
요절하지 않은 시인들을 따라가지 않는 이유들이 분명했다.
(중략)
그 시인들은 제 밥그릇 앞에서 기도를 하고 있는지
신촌의 작업실에서 애들이 기어 다니는 방구석에서
날이 밝아 올 때 까지 하잖아 지고 있는지
(중략)
아무도 안죽고 난 애도의 시도 쓸 수 없고
수술을 받으며 우리는 오래 살 것이다
(중략)
조용히 그리고 매우 빠르게
시는 아무 일도 일어나지 않게 했다

– 김이듬, 「죽지 않는 시인들의 사회」 부분

이 시는 영화 〈죽은 시인의 사회〉를 패러디하고 시의 제목은 역설적으로 죽지 않은 시인의 사회이다. 영화와 달리 시는 현실 사회의 문제의식을 전혀 인식하지 하지 않고 비판과 저항의식 없이 현실에 안주하는 시인들의 모습을 형상화한다. 이들에게 부조리한 사회에 대한 비판과 저항의식은 전혀 찾아 볼 수 없다. "수상작에 대한 논란은 애초부터 없었고", "아무도 안 죽고 난 애도의 시도 쓸 수 없고", "시는 아무 일도 일어나지 않게 했다"에서처럼 어두운 사회의 현실을 바꾸고자 하는 시인들의 노력은 전혀 찾을 수 없다고 풍자한다. 이 시는 물질만능주의의 사회 속에서 타락하고 나태한 시인의 현실적인 모습을 영화 〈죽은 시인의 사회〉의 패러디를 통해 비판한다.

닐 조던 영화 〈크라잉 게임〉 중에서

영화 〈크라잉 게임〉은 1992년 닐 조던(Neil Jordan) 감독의 작품이다. 영국과 분쟁관계에 있는 아일랜드 IRA의 한 일원인 퍼거스는 암살요원이지만 연민이 강한 성격이다. 그는 영국 흑인병사 죠디를 감시하는 임무를 맡다가 그와 인간적으로 가까워진다. 죠디는 탈출을 시도하다가 교통사고로 죽는다. 죽기 전 퍼거스에게 자신의 여자친구 딜을 찾아 사랑한다는 말을 전해달라는 부탁을 받는다. 그 이후 퍼거스는 IRA를 탈퇴하고 딜을 찾아간다. 죠디의 유언을 들어주기 위해 딜을 만나지만 퍼거스는 그녀의 매력에 빠지고 만다. 그들은 서로 사랑하게 된다. 그녀는 트렌스젠더이면서 동성애 복장도착자였다. 퍼거스는 딜을 거부하지만 딜은 그를 운명처럼 사랑한다. IRA의 공격으로 살인자 딜 대신 감옥을 간 퍼거스는 서로의 열정적인 사랑을 확인하게 되고 딜은 퍼거스에게 영원히 기다리겠다고 말한다. 비록 동성연애이지만 그들은 서로의 열정적인 사랑을 확인한다.

이 영화는 영국과의 관계에서 주체가 되지 못하는 아일랜드의 정치적 문제점을 바탕으로 전개된다. 성소수자인 동성애, 양성애자들의 절망과 사랑을 통해 기존의 사랑에 대한 정의를 해체하고 파괴한다. 더불어 인종, 계급, 성적 정체성을 초월한 절대적 사랑에 대한 파격적인 개념을 제시한다.

나를 넘긴다
공의 각도가 더 깊어지고 넓어지기 전에
재빨리 받아쳐야 하는 테니스 선수처럼
나는 나를 지탱 할 수 없다

나를 받아 넘긴다
카메라 뒤로 돌아와 슬그머니 자신을 만난 배우처럼
서먹하거나 당혹스럽거나
혹은 충만함을 견딜 수 없을 때

(중략)

쓸쓸하고 차디찬 공원에서
난폭하게 나눈 사랑의 행위는?
나에게 끌려 다니고 싶은 거니?

나는 방종을 선택하였다

나는 내 시선에서 꺾여 멀리 커브를 돌고
내 앵글을 벗어나
나를 조준 할 수 있는 각도와 범위로부터 최대한
멀리

– 김이듬, 「크라잉 게임」 부분

김이듬은 2000년대 시인으로서 여성성에 대한 파격적이고 충격적인 시적 표현을 시 속에 과감히 드러낸다. 특히 성소수자에 대한 문제인식을 형상화하여 쓴 작품이 많다. 여성의 몸에 대한 담론과 섹슈얼리티에 관한 거침없는 시적 표현은 기존의 고정관념과 주체를 해체하고 지배이데올로기를 비판한다. 특히 양성애자나 동성애자를 대상화하여 시적으로 형상화함으로써 성정체성에 대한 문제를 제기한다.

위의 시는 영화 〈크라잉 게임〉을 변용하고 상호 텍스트화하여 그 의미를 재해석한다. 〈크라잉 게임〉은 젠더(gender)문제를 다루고 성정체성에 관한 질문을 던짐으로써 성소수자의 고통을 통해 인간 존재의 절망감을 드러내는 작품이다.

반면에 시의 시적 자아는 성소수자의 고통과 절망을 넘어서고 에로스적인 성을 이성적으로 통제하거나 편협한 기존 관념에 얽매이지 않는다. 즉 몸을 통한 성적 이미지를 은폐하거나 억압하지 않고 원초적, 본능적으로 표현함으로써 폭력적인 현실 세계에 대해 저항한다.

영화 〈베티블루 37.2〉는 로맨스 장르로서 1980년 장 자끄 베넥스(Jean Jaques Beineix) 프랑스 감독의 작품이다. 장 자끄 감독은 누벨바그(Nouvelle Vague)[14]를 잇는 영화감독으로서 누벨 이마주(Nouvelle Image) 세대의 대표적 영화감독이다. 〈베티블루 37.2〉는 누벨 이마주 영화답게 감독의 독자적인 개성

---

14. 누벨바그(Nouvelle Vague)는 1950년대부터 1960년대 이르러 펼쳐진 프랑스 영화운동이다. 누벨바그는 새로운 물결이라는 뜻으로서 1950년대 말 보수적인 프랑스 사회의 권위에 도전했던 젊은이들이 주도한 영화 운동이다. 누벨바그 감독들은 강요된 도덕관념을 거부했고 영화적 형식의 자유분방함을 추구했다. 누벨바그 영화의 일반적인 특징은 인물은 당돌하고 비전통적이고 소형촬영기와 징비를 사용하여 우연적이고 사실적인 영상와 음향을 얻고, 인간과 새상의 부조리함에 대한 실존주의적 감각을 가지고 있다. 누벨바그는 무엇보다 형식적 실험을 통해 전통과 결별하고 사회적 금기에 도전했던 모던 시네마(cinéma moderne)다. 대표적인 작품으로는 프랑수아 트뤼포(François Roland Truffaut)의 〈400번의 구타〉(Les Quatre Cents Coups, 1959), 알랭 레네(Alain Resnais)의 〈히로시마 내사랑〉(Hiroshima Mon Amour, 1959), 장 뤽 고다르(Jean Luc Godard)의 〈네 멋대로 해라〉(A Bout de Souffle, 1960) 누벨바그는 미국과 유럽 영화는 전통과 관습에서 벗어나 작가주의 영화가 발전할 수 있는 계기가 되었다.

이 드러나는 작품이다. 강렬한 색채적 영상 이미지, 등장인물의 강렬하고 충격적인 성격 묘사 등 기존의 도덕성에 구애받지 않고 탈권위적이며 사회의 금기를 깨는 모던 시네마이다.

〈베티블루 37.2〉는 파격적인 성적 묘사가 두드러지는 이유로 인해 1988년 개봉 당시 한 시간 반 가량 잘려나갔다. 따라서 서사적 흐름의 파괴나 파편적인 이미지로 인해 플롯의 모호함에도 불구하고 당시 영화계나 젊은이들 사이에 문화적 충격으로 다가오기에 충분했다.

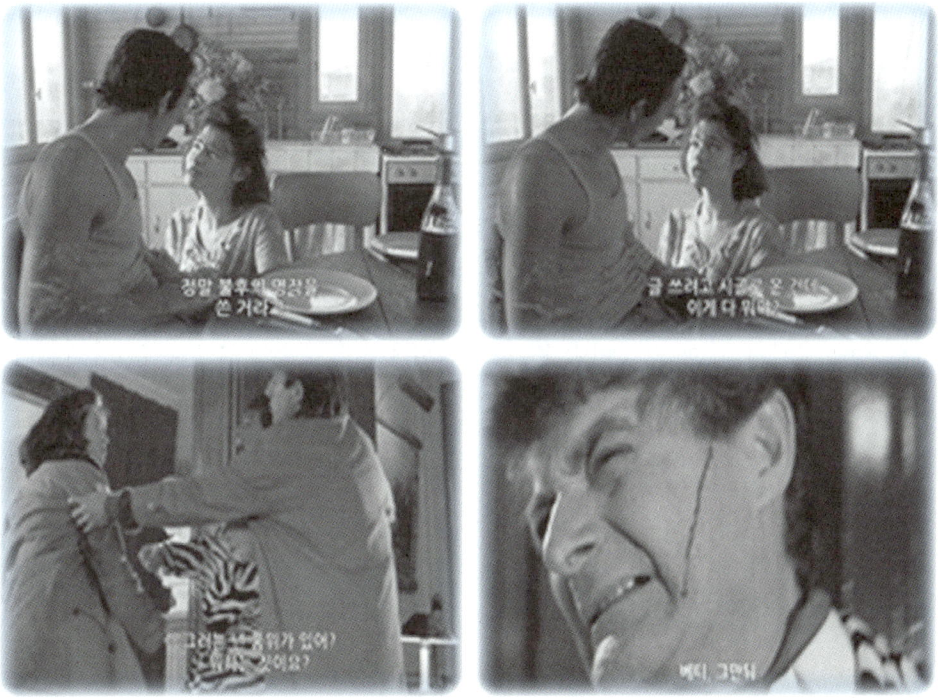

장 자끄 베넥스 영화 〈베티블루 37.2〉 중에서

영화 제목의 '37.2'는 인간의 체온을 의미할 수 있다. 사람의 정상체온인 '36.5'를 벗어났다는 것은 열정과 광기로 까지 치닫는 베티와 조르그와의 사랑을 상징하기도 한다.

영화의 플롯은 등장인물 베티와 조르그의 사랑을 중심으로 전개된다. 조르그는 남프랑스 휴양지 방갈로 관리인이다. 그는 노동을 하며 의미없는 날들을 보내는 중 어느 날 베티가 조르그의 방갈로를 방문한다. 베티는 젊고 관능적인 여성으로 조르그는 첫 눈에 그녀에게 묘하게 이끌린다. 그날부터 그들은 동거하기 시작한다. 하지만 방갈로의 늙은 주인은 그들이 함께 방갈로에 사는 대신에 몇백 개의 해변 방갈로를 페인트 칠할 것을 요구한다. 이런 부당한 요구를 받아 들일 수 없었던 베티는 주인에게 항의하고 방갈로에 불을 지른다

그리고 그들은 미련없이 파리로 떠난다. 조르그는 비록 방갈로 관리인이지만 작가 지망생이었다. 방갈로에서 조르그의 원고를 발견한 베티는 글을 읽고 그의 작가적 재능을 발견한다. 그리고 조르그가 작가로서 성공하길 간절히 바란다. 일찍이 자신의 글에 대한 자신감을 잃은 조르그는 베티의 열정적인 노력으로 인해 글 쓰기에 대한 희망을 갖게 된다. 베티는 그의 소설을 여러 출판사로 보내지만 어떤 출판사에서도 연락은 오지 않고 조르그의 글에 대한 어느 출판 편집자의 치욕스런 혹평의 편지가 도착한다. 이에 화가 난 베티는 출판편집자의 집으로 찾아가 그의 얼굴을 면도칼로 긋는다. 조르그를 사랑할수록 베티는 그를 작가로 성공시키기 위해 광기어린 집착을 한다. 결국 조르그의 출판은 좌절된다. 베티는 그를 격렬히 사랑할수록 공허함은 심해지고 자해까지 감행한다. 그녀는 특히 세상의 부조리와 편견을 참지 못하고 폭발적으로 분노한다. 주위에서는 그녀를 정상적이지 않다고 하지만 조르그는 그녀의 광기, 정신분열적 행동까지도 사랑으로 감싼다.

조르그의 아기를 가졌다고 믿는 베티는 행복한 날을 보낸다. 하지만 임신이 아님을 알게되자 그 충격으로 그녀는 자신을 파괴하는 행동을 한다. 사랑하는 사람의 고통을 지켜보며 오히려 더 아파하는 조르그의 모습은 지극히 감동적이다. 조르그의 소설 출판의 좌절과 불임으로 인해 베티는 자신이 원하는 일은 결코 이루어지지 않는다는 처절한 절망 속으로 자신을 밀어 넣고 내면 깊숙이 침잠한다. 그녀는 외부와의 좁은 소통의 길 마저 차단한다. 베티는 급기야 극단적인 선택을 하는데 자신의 한쪽 눈을 도려낸다. 베티는 정신병원에 갇히고 정신분열증

으로 판정받는다.

그때 조르그는 출판사로부터 출판제의 전화를 받는다. 기쁜 소식을 전달하려 베티에게 달려가지만 그녀는 치료가 거의 불가능한 정신분열증으로 인해 온 몸이 침대에 묶여 있다. 그는 그녀의 광기어린 영혼까지 사랑하며 그녀를 구할 수 있다고 믿어왔다. 하지만 극단적인 정신분열로 인해 세상과 단절된 채 살아야 하는 그녀를 그는 참을 수 없었다. 그녀에게 줄 수 있는 마지막 사랑은 그녀를 진정 자유롭게 해주어야 하는 것이라고 생각했다. 결국 조르그는 그녀의 호흡을 멈추게 한다. 그럼으로써 그녀와 영원히 운명을 함께 할 수 있다고 믿는다.

그 이후 조르그는 그와 그녀의 격렬하고 처절했던 사랑이야기를 글로 쓴다. 조르그는 작가 지망생이었지만 글에 대한 자신감을 잃고 일정한 직업도 없이 무의미한 나날을 보내고 있을 때 운명처럼 베티를 만난다. 그는 그녀를 만나 이후 삶에 대한 의미를 찾고 자신이 가야 할 길은 작가가 되는 것이라는 어렴풋한 희망을 가지게 된다. 베티는 조르그의 작가적 재능을 발견하고 그를 위해 헌신하며 광적으로 소설가로서의 성공을 위해 노력한다. 하지만 그의 꿈이자 베티의 꿈이었던 모든 것들이 좌절되고, 베티는 깊은 절망에 빠진다. 베티는 "다리가 부러진 야생마 같지만 일어서서 벽을 넘으려고 발버둥쳤다"처럼 베티의 조르그에 대한 광적인 집착과 사랑은 그녀의 분열된 주체의 결핍, 자신은 결코 타자일 수 밖에 없는 결여된 욕망에 대한 치열한 저항이 아닐까.

또한 영화 〈베티블루 37.2〉에서 베티의 분노와 광기로 치닫는 행동은 당대의 보수적이고 권위적인 프랑스 사회의 부조리에 대한 비판이자 기존의 도덕적 관습에 대한 저항으로 인식할 수 있다. 또한 베티를 통해 인간의 무의식에 잠재된 주체의 결핍, 금기시된 욕망을 저돌적으로 드러낸 영화라고 할 수 있다.

〈베티블루 37.2〉는 1950년대를 잇는 누벨바그의 누벨이마주 장르의 영화답게 전통적 관습의 지배이데올로기를 벗어나 독자적인 개성을 발휘하고, 개인의 치열한 실존적 내면을 잘 묘사하고 있다.

조금은 어두운 대낮,
전기 프러그를 꽂으면 달이 뜨네
정지된 풍경들 속에서 색소폰 소리가 나네

아, 난 어지러워
무너진 언덕 너머에는
출렁이는 내 어깨와도 같은
신열의 바다가 있네
어디로도 가려하지 않는
바람과 배 한 척 있네
베티,
내 푸른 현기증과 공터의 육체 위에
너의 보라색 입술을 칠해 줘
베티, 기억하고 있니
내 어깨위에 걸려 있던 너의 다리
그 아래로만 흐르던 너의 물결, 바람 불어
경사진 사랑의 저 너머에서
함께 출렁거리던
깊고도 위험했던 나날들

기억해?
그때 네 가슴 깊은 곳에서 피어오르던
37도 2부의 숨결들,
나날들

– 박정대, 「달」 부분

위의 시는 박정대 시인이 2001년 발표한 작품이다. 영화 〈베티블루 37.2〉에 나온 베티역을 맡은 여배우의 이름이 베아트리스 달(Beatrice Dalle)이다. 시 제목은 여배우의 이름에서 차용한 것임을 유추할 수도 있고 달은 해와 달리 여성을 상징할 수도 있다. 베티 37.2에서 베티의 개성 넘치는 연기와 강한 캐릭터는 관객들에게 충격적으로 다가올 만큼 파격적이다. 관능미와 순수함을 동시에 갖춘 베티는 맹목적인 사랑을 위해 광기를 뿜으며 스스로를 파괴하면서까지 한 남자를 격렬하게 사랑한다. 영화의 베티역할은 베아트리스 달만이 할 수 있는 연기라는 정평이 날 정도로 훌륭했다.

위의 시 1연에서 "조금은 어두운 대낮"은 베티와 조르그의 사랑은 햇살이 비치는 아침처럼 희망적이라기보다 환한 대낮이지만 어둠이 깃들어 있는 아이러니한 비극적인 사랑을 암시한다. 그들의 사랑은 격정적이지만 "어두운 대낮"에 어디로도 불지 않는 "바람과 배 한 척"일 뿐이다. 즉, 정지된 풍경과 바람 속에 떠 있는 외로운 배 한 척이 은유하듯이 조르그와 베티가 행복을 지향할 수 없는 사랑임을 의미한다.

절대 순수의 세계를 꿈꾸던 베티, 시적 화자는 조르그에 의해 호흡이 멈춰져 자유로운 영혼이 된 그녀에게 묻는다. "기억해? / 그때 네 가슴 깊은 곳에서 피어오르던 / 37도 2부의 숨결들 / 나날들" 조르그와의 아름다웠던 사랑을 무한 공간의 어디에선가도 느끼고 있는지를 묻는다. 이 시는 영화와 더불어 서로에게 모든 것을 던지고 영혼까지 사랑했던 치명적인 사랑이 지금의 현실 속에서 존재할 수 있을까라는 질문을 할 수 있다.

4 영상 이미지와 시창작의 미래

예술은 장르간의 경계가 무너지고 타 장르와의 상호 소통이 활발히 이루어지고 있다. 순수예술과 매체와의 상호 텍스트성은 문화콘텐츠의 외연을 확장한다.

시인은 시를 창작함에 있어서 영화를 통해서 시적 상상력을 넓힐 수 있고 영화도 시를 작품에 반영함으로써 미학적 가치를 극대화할 수 있다. 시와 영화는 장르의 경계를 넘어서고 소통하는 데 있어서 방법론적인 측면뿐만 아니라 미학적 접점을 발견할 수 있다. 특히 영화의 작품 중에서 시적 상상력을 텍스트 속에 구현한 경우가 많다.

시는 여러 문화관습체제와 소통하고 디지털 매체인 영화와 공존하면서 문화콘텐츠로서의 가능성은 이미 증명되었다. 앞으로도 순수문학으로서의 시적 상상력은 문화콘텐츠와 융합하면서 문화산업의 중요한 가치로서의 역할을 담당해야 할 필요성이 있다.

미래는 디지털시대와 사물인터넷을 넘어서 4차 산업시대가 도래할 것이다. 인공지능이나 빅데이터를 활용한 시창작의 방법론이 대두할 수 있다. 더불어 미래의 시창작은 매체와 매체 사이를 넘나들며 다양한 문화콘텐츠와의 융합을 통한 신개념적인 시의 창작 과정을 모색해야 할 필요성이 있다.

참여하기

1 지금까지 봤던 영화 중에 시적 요소가 강하게 드러난 작품이 있으면 어떤 영화인지 써 보자.

2 1의 질문에 대한 영화에서 시적요소가 어떻게 표출되었는지 서술해 보자.

3 영화 대사 또는 내용을 활용하여 시를 창작해 보자.

시와 방송 _유선영

시와 방송의 상호 작용

“

심장이 하늘에서 땅까지
아찔한 진자운동을 계속하였다
첫사랑이었다

김인옥, 「사랑의 물리학」 부분

”

1. 독백과 복선
2. 간결한 대사와 극적 효과
3. 대중의 가슴을 두드리는 방송
4. 공간의 제약을 뛰어넘은 시
5. 한 편의 시를 하나의 장면으로
6. 한 편의 시를 새로운 작품으로
7. 밀어주고 끌어주는 시와 방송

* 참여하기

6장

Poetry & Media

시와 방송의 상호 작용

매체미디어의 물결이 정지되어 있던 것들에 활력을 불어넣고 있다. 그리고 이제 그 물결은 그림, 사진, 사물을 넘어 활자에까지 도달했다. 우리가 읽고 쓰는 수많은 장르의 글, 그 중에서도 대중과 먼 곳에 있다고 여겨지는 시(詩)가 일상을 파고드는 오늘날. 시는 더 이상 책 속에 갇힌 텍스트가 아닌 하나의 소재로 생동한다. 드라마, 예능, 다큐멘터리, 나아가 유튜브와 같은 영상 플랫폼 등에 등장하는 시는 작가 또는 기획자의 의도를 간접적으로 드러낸다. 그러면서도 등장인물의 정서는 직접적으로 보여주어 작품(콘텐츠)에 깊이를 더하는 좋은 수단으로 자리잡아 가고 있다.

극중에 시를 직접 인용하지 않고도 '시적인 대사'를 통해 극의 분위기를 극대화하여 대중에게 많은 사랑을 받은 작품도 다수다. 그렇다면 대중은 왜 이러한 분위기에 열광하는지 생각해 볼 필요가 있다. '시'와 '시적인 말'은 일반적인 대화에서 널리 사용되지는 않는다. 시에 비해 우리들의 대화는 장황하고, 설명적이다. 그러나 방송은 한 회에 주어지는 시간이 있고, 그 시간 안에 보여주어야 하는 내용이 있다. 그 내용을 일반적인 대화로 모두 담아내기엔 한계가 있다. 이때 필요한 것이 바로 비유나 은유다. 문어체와 구어체의 특징을 잘 활용하는 것 또한 중요하다. "시는 낯선 것을 익숙하게 하"[1]는 힘이 있다. 흔히 쓰는 말이 아니라 해도 대중의 정서에 쉽게 가 닿을 수 있는 것이 바로 시, 시적 대사인 것이다. 이러한 시의 강점은 드라마, 예능, 다큐멘터리, 라디오 등 다양한 방송의 적

---

1. 이성복, 『무한화서』, 문학과지성사, 2015, 100쪽.

재적소에 활용되며 작은 문화로 자리해 나아가고 있다.

시인 이성복은 시에 대해 "시는 목적도, 방법도 아니다.[2)]"라고 말한 바 있다. 이는 시를 쓰는 시인으로서의 자세라면 방송에서 시는 목적을 갖기도, 방법이 되기도 한다.

이 같은 물결에 힘입어 라디오와 같은 '듣는 방송'에서는 시가 주제로 활용되기도 한다. 텔레비전에 비해 시·공간적 제약이 적은 라디오 코너의 주제가 되는 시는 그간 작가와의 만남에 두는 의의가 컸던 낭독회나 문학 콘서트의 개념을 넘어선다. 시, 작품 자체가 대화의 주제가 되어 '시 토크'라는 새 장을 열고 있다.

따라서 '시와 방송의 상호 작용'에서는 시가 방송을 만나 만들어내는 시너지와 문학작품을 향유하는 다양한 방법, 시와 더불어 형성된 방송문화를 알아보고자 한다. 나아가 시와 방송이 만남으로써 시가 대중과 소통하는 데 필요한 시·공간을 극복하는 모습을 살펴볼 것이다.

1
독백과 복선

" '사랑하라, 한번도 상처받지 않은 것처럼' … (중략) … 살라, 오늘이 마지막인 것처럼."[3)] 드라마 〈내 이름은 김삼순〉 마지막 회에 등장한 시 구절이다. 사랑으로 아프고, 사랑 때문에 울고, 행복했던 20대를 지나 서른 살. 버스정류장에서 우연히 본 한 편의 시를 되뇌는 주인공 김삼순.

사랑을 알 것도 같은데, 아직도 어려운 삼순이는 이 구절로써 스스로를 위로하는 듯하나 이것은 결국 드라마를 시청하고 있는 모든 시청자들을 향한 작가의 메시지이기도 할 것이다. 우리는 이러한 시의 사용과 크고 작은 슬픔과 역경에

---

2. 이성복, 『네 고통은 나뭇잎 하나 푸르게 하지 못한다』, 문학동네, 2001, 46쪽.
3. 알프레드 D. 수자, 「사랑하라, 한번도 상처받지 않은 것처럼」 부분

굴하지 않고 굳세게 살아가는 주인공 삼순이를 통해 작가가 전하고자하는 의도를 명확하게 느낄 수 있다.

자신의 감정을 제3자의 자리에서 느끼고 고민하는 과정은 타인 혹은 상황을 이해하기 위한 첫 단계다. 부모와, 스승과, 친구와, 연인과 함께하는 일상에서 직면하게 되는 수많은 상황과, 순간 속에서 생겨나는 감정은 다양하다. 같은 상황, 순간을 겪더라도 개인에 따라 느끼는 행복, 슬픔, 만족, 우울의 정도는 너무도 달라 그 감정의 스펙트럼은 상상할 수 있는 범위를 넘어선다 해도 과언이 아니다.

나와 상대가 느끼는 수백, 수천의 감정을 제3자의 입장에서 간접적으로 경험하고, 직접적으로 느껴볼 수 있는 가장 가까운 매개체는 텔레비전일 것이다. 그 중에서도 이러한 과정을 가장 쉽게 제공하고 있는 드라마는 인물이 처한 상황과 정서를 전달하기 위해 다양한 방법을 동원한다. 드라마 〈청춘시대〉에는 이런 시가 등장한다.

출처 JTBC 드라마 〈청춘시대2〉 공식 홈페이지

나는 거지였다.
코를 박고 납작 엎드려 사랑을 구걸했다.
딱딱한 애정 한 조각
어쩌다 흘린 미소 한 푼에 감지덕지했다.
나는 개였다.

걷어차이고 돌을 맞으면서도
요요요 불러주기만 기다렸다
부러져라 꼬리를 흔들며
피멍 든 주둥이로 네 손을 핥았다.

– 강무순, 「어떤 조사(弔使)」 전문

혈기왕성한 20대들의 이야기를 다루어 많은 공감을 샀던 드라마 〈청춘시대〉는 인물 간 대사뿐만 아니라 개인의 내면을 보여주는 독백을 자주 사용해 감정의 선을 섬세하게 보여주었다. 인물의 독백이 흘러나오는 장면은 아주 평범하다. 홀로 버스에 탔을 때, 친구와 골목을 걸을 때, 아무도 없는 집에 들어섰을 때, 한참을 울다 거울 앞에 섰을 때, 우연히 옛 연인과 마주쳤을 때.

위 시를 읽었을 때 당신은 어떤 상황을 떠올렸는가. 드라마를 보지 않았다는 가정 하에 상상해 보자. 나를 감추고 상대의 애정을 갈구하기 위해 진심을 다했을 것이다. 고통이 와도 아무렇지 않은 척 웃었을 것이다. 상처받은 줄도 모른 채 상처받고 있었을 것이다. 문득 예뻤던 과거가 떠올랐고, 자신이 아프다는 것을 깨달았을 지도 모른다.

이제 위의 시가 등장할 때 영상의 분위기와 인물의 행동을, 그리고 읊조린 이후 인물의 태도를 살펴보자. 조금은 과격한 언어가 사용되어 시청자 입장에서 거부감을 느낄 수 있다. 그러나 시와 조화를 이룬 장면은 과격함이라고는 전혀 찾아볼 수 없다. 오히려 아무런 특징이 없어 보이기까지 한다. 이러한 시를 인용할 정도로 끓어오르는 내면을 감추고 있는 인물의 무덤덤함이 어우러져 시청자에게 더 많은 공감을 이끌어내고 있는 것은 아닐까. 특별할 것 없는 일상 속에 벌어지는 상황에 알맞은 독백은 드라마의 울림을 더욱 증폭시키고 있는 것이다.

또한 드라마가 광고, 영화와 다른 점은 한 회에 주어진 시간에 보여주는 작은 이야기들이 총 방영 횟수 동안 모여 커다란 하나의 이야기를 완성한다는 것이다. 때문에 한 회 한 회의 모든 대사도 중요하지만 엔딩 장면의 대사나 인물의 표정 등은 다음 회를 예고하는 데 큰 역할을 한다. 드라마 〈도깨비〉에서는 한 회의 마지막 장면에서 김인육의 「사랑의 물리학」을 인용함으로써 앞으로 펼쳐질 이야기를 보다 직접적으로 암시했다.

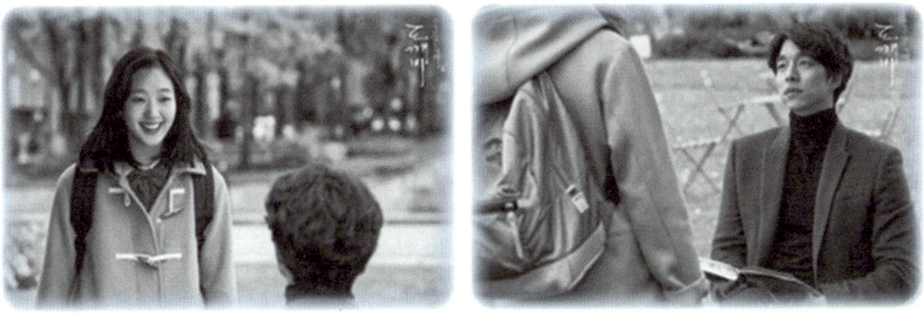

출처 tvN 드라마 〈도깨비〉 공식 홈페이지

질량의 크기는 부피와 비례하지 않는다
제비꽃같이 조그마한 그 계집애가
꽃잎같이 하늘거리는 그 계집애가
지구보다 더 큰 질량으로 나를 끌어당긴다.
순간, 나는
뉴턴의 사과처럼
사정없이 그녀에게로 굴러 떨어졌다
쿵 소리를 내며, 쿵쿵 소리를 내며

심장이 하늘에서 땅까지
아찔한 진자운동을 계속하였다

첫사랑이었다.

– 김인육, 「사랑의 물리학」 전문

화자는 '네가 상상하는 그 이상으로 너를 사랑한다'고 말하기보다 "질량의 크기는 부피와 비례하지 않는다"는 우회적인 표현은 우리들의 상상력을 자극한다. 멀리서 걸어오는 상대의 영상에 "나는 뉴턴의 사과처럼 / 사정없이 그녀에게로 굴러 떨어졌다"는 독백이 겹쳐진다. 시가 대사로 쓰일 때, 화자의 정서는 곧 대사를 하는 배우의 정서가 된다.

먼발치에서 걸어오는 여자 주인공과 이를 바라보며 사랑의 감정을 확신하는 남자 주인공. 드라마 〈도깨비〉에서 김인육의 「사랑의 물리학」은 단순한 대사에 그치지 않고 여자 주인공을 바라보는 남자 주인공의 시선에 여운을 더했다. 이는 곧 영상의 미를 높였다고 말할 수 있다. 더욱이 인물 간 주고받는 대사가 아닌 이 장면이 한 회의 엔딩 장면으로 쓰였을 때, 시청자는 자연스레 다음 회에 대한 기대와 상상의 나래를 펼칠 수밖에 없게 된다.

이처럼 시는 드라마에 인용되며 단순히 대사로써가 아니라 한 회에서 전달하고자하는 가장 중요한 메시지를 가장 함축적이고 긴장감 있게 풀어내고 있다. 시 한 편을 통해 말할 수 있는 보편적인 일상에 그 장면에서 말해야 하는 특수한 상황이 더해져 새로운 메타포를 만들어낸 것이다.

2
간결한 대사와 극적 효과

드라마 〈시를 잊은 그대에게〉는 매 회당 약 2~3편 가량의 시를 인용하여 한 회의 서사와 인물의 감정 등을 제대로 보여주기도 했다. 의사가 주인공이었던 그간의 메디컬드라마와 달리 물리치료사, 방사선사, 실습생들의 일상을 시와 함께 그려내면서 감성과 위트라는 두 마리 토끼를 잡은 작품으로 종영 후에도 많은 이들에게 회자되고 있다.

이처럼 드라마는 한 회에서 보여주어야 하는 복선과 총 방영 횟수에서 보여주어야 하는 복선이 존재한다. 여러 개의 복선이 커다란 하나의 복선을 만들어내는 것이다. 따라서 장면마다 시간 배분을 어떻게 하느냐에 따라 드라마의 인기가 좌우될 수도 있다. 때문에 한 번에 한 편을 보는 영화와는 또 다른 시간 활용 전략이 필요하다. 이때, 시적 대사나 시를 직접 인용한 대사의 간결함은 단시간에 극의 분위기와 극적 효과를 이끌어내기에 충분하다.

출처 SBS 드라마 〈천일의 약속〉 공식 홈페이지

누군가를 만나러 온 것이 아니다
모두 버리러 왔다

몇 점의 가구와
한쪽으로 기울어진 인장과
내 나이와 이름을 버리고

나도

물처럼
떠있고 싶어서 왔다

바다는 부자
하늘도 가지고
배도 가지고
갈매기도 가지고

그래도 무엇이 부족한지
날마다 칭얼거리니

– 이생진, 「바다에 오는 이유」 전문

사랑하는 사람과 미래를 약속하고 신혼여행을 떠나는 순간을 떠올려 보자. 그 시간을 온전히 앞으로 행복할 순간을 그리며 보내도 부족할 것이다. 그러한 신혼여행 장소에서 위의 시를 인용한 이유는 무엇일까. 이는 인물이 처한 상황, 인물의 내면과 밀접한 관련이 있다. 우리는 이 시를 듣고 이러한 정황들을 추측해 볼 수 있다.

드라마 〈천일의 약속〉의 작가는 시적인 대사, 우회적이지만 깊은 의미를 내포한 대사 사용으로 이미 정평이 난 바 있다. 그 작가의 작품 속 인물들은 절대 말로지지 않는다는 이야기가 있을 정도이다. 〈천일의 약속〉은 이러한 작가의 특징이 정점을 찍었다고 해도 과언이 아닐 것이다. 총 방영 횟수의 절반에 달하는 대본이 책으로 출간될 정도로 특유의 문체와 사유를 보여주고 있기 때문이다. 등장인물이 신춘문예에 당선된 소설가라는 점에서 그 대사는 더욱 빛을 발한다. 자연스레 드라마 속에는 많은 문학작품이 직접적으로 등장하는데, 위의 시는 앞서 우리가 상상해 본 장면에서 인용되었다.

알츠하이머를 앓게 된 인물이 점점 기억을 '잃어가는' 시점에 떠난 신혼여행에서 너무나도 덤덤하게 "모두 버리러 왔다"고 말하는 첫 연부터 주인공은 시청자의 몰입을 한껏 이끌어낸다. 잃는 것이 아니라 도리어 버린다고 말하며 자신의 입으로 직접 치부를 드러내는 순간에 너무나도 담담하게 시 한 편을 읊조리는 주인공에게서 시청자는 알 수 없는 연민을 느끼게 된다.

"바다는 부자 / 하늘도 가지고 / 배도 가지고 / 갈매기도 가지고 // 그래도 무엇이 부족한지 / 날마다 칭얼거리니"라고 말한다. 누군가에게는 설렘을 주는 파도소리가 기억을 잃어가는 이에게는 자신과 정반대의 상황에서 투정을 부리는 소리로 들려옴을 우회적으로 보여주고 있다. 바다는 주어진 운명 앞에 아무런 저항도 할 수 없이 겸허하게 운명을 받아들이는 주인공의 모습과 대조적인 모습을 보인다. 그곳에서 교차하는 주인공의 내면은 몇 장면에 걸쳐 보여질만하나, 시라는 장치를 통해 간결하고도 극적으로 그려진다.

출처 tvN 드라마 〈이번 생은 처음이라〉 공식 홈페이지

사랑이 온다는 건
실은 어마어마한 일이다.
그는
그의 과거와
현재와

그리고
그의 미래와 함께 오기 때문이다.
한 사람의 일생이 오기 때문이다.
부서지기 쉬운
그래서 부서지기도 했을
마음이 오는 것이다—그 갈피를
아마 바람은 더듬어볼 수 있을
마음,
내 마음이 그런 바람을 흉내낸다면
필경 환대가 될 것이다.

– 정현종, 「방문객」 전문

개인의 내면을 드러낼 때뿐만 아니라 인물 간 관계를 보여줄 때에도 시는 매우 용하게 쓰인다. 드라마 〈이번 생은 처음이라〉은 정현종의 시 「방문객」을 가지고 왔다. 우연한 상황에서 두 사람이 서로를 받아들이는 과정을 하나하나 보여주기보다는 시를 통해 관계가 형성되는 과정을 응축해 이야기했다.

"사람이 온다는 건 / 실은 어마어마한 일이다"는 구절은 두 사람의 만남이 우연이 아닌 인연임을 암시한다. 이 인연을 "한 사람의 일생이 오"는 것이라 말하는 대목에서 시청자는 두 사람이 단지 스쳐지나가는 사이가 아닐 것임을 짐작해 볼 수 있다. 그러나 "부서지기 쉬운 / 그래서 부서지기도 했을 / 마음이 오는 것이다"는 구절을 통해 두 사람의 만남이 기어코 평탄하지만은 않을 것임을 알 수 있다. 하지만 "내 마음이 그런 바람을 흉내 낸다면 / 필경 환대가 될 것이다"라는 마지막 구절은 결국 기쁜 마음으로 서로의 삶 속에 자리하게 될 것이라는 결말을 암시해 준다.

이처럼 드라마에 인용된 시 한 편은 그 순간이 아니라 작품 전체의 전개를 암묵적으로 보여주기도 한다. 문학은 작가가 인간의 내면, 우리의 삶을 자신만의 목소리로, 그러나 모두의 공감을 이끌기 위해 치열하게 고민한 끝에 세상에 내놓는 산물이다. 드라마는 이 고민의 산물에 영상을 더해 삶의 면면을 시청자에게 보여준다. 드라마를 시청하는 이들은 이러한 요소들을 통해 제3자의 입장에서 화면 속 인물들과 정서적인 교감을 하고, 그들을 공감하고 이해하며 삶에 대한 성숙한 눈을 가지게 된다.

3 대중의 가슴을 두드리는 방송

바쁜 현대인에게 시간이 날 때 책을 읽기란 어려운 과제다. 하물며 시간을 내서 책 읽기란 얼마나 어려운 일일까. 그러나 문학작품은 끊임없이 우리 일상을 두드리며 곁에 머물고 있다. 특히 청년층이 주로 소소한 일상을 기록하는 SNS에 지친 일상을 위로하는 문장을 게시하거나, 연애, 미래 등에 대한 고민을 직간접적으로 유머러스하게 표현한 짧은 글을 게시한다. 그 모습은 매우 다양하다. 하나의 문장, 몇 개의 단어가 시의 모양을 갖추고 있기도 하다. 더불어 드라마 대사로 사용된 시, 예능 프로그램에서 패널 들이 낭독하고 추천한 시, 드라마 주인공의 책장에 꽂혀있는 책 등에 대중의 관심이 더해지면서 방송이 베스트셀러를 만들어내는 추세다.

드라마 〈시크릿가든〉은 진동규의 『아무렇지도 않게 맑은 날』, 홍영철의 『가슴 속을 누가 걸어가고 있다』, 황동규의 『우연에 기댈 때도 있었다』, 황인숙의 『나의 침울한, 소중한 이여』, 김성규의 『너는 잘못 날아왔다』 등 주인공이 직접적으로 말하지 않고도 해당 시집을 읽는 모습을 보임으로써 시집 제목을 통해 시청자에게 전하고자 하는 메시지를 간접적으로 전달한 바 있다. 이는 앞서 살펴본

출처 SBS 드라마 〈시크릿 가든〉 공식 홈페이지

시 인용이나 시적인 대사 사용과는 또 다른 방법으로, 드라마뿐만 아니라 시집 자체에 대한 대중의 관심을 이끌어내는 데 큰 기여를 했다.

이러한 흐름에 발맞춰, 한때 출연자들이 저마다의 주제를 가지고 실시간으로 대중과 소통한다는 점에서 큰 인기를 얻었던 〈마이리틀 텔레비전〉에는 시인 박준이 출연했다. 시인 박준은 앞서 〈비밀독서단〉에 그의 시집 『당신의 이름을 지어다가 며칠은 먹었다』가 소개되면서 대중과 한층 가까워진 시인이기도 하다. 〈마이리틀 텔레비전〉에서 시인은 직유법이나 은유법과 같은 시적 요소를 보다 친근하게 설명해 주었다. 또한 함께 출연한 패널들에게 저마다의 상황에 어울리는 시를 추천하고, 읽고 함께 문장을 만들며 시가 더 이상 시를 쓰는 사람들만의 것이 아닌 '누구나의 것'임을 알리기 위해 노력했다.

이처럼 교양 프로그램이나 시사 프로그램을 넘어 예능 프로그램에까지 출연한 시인의 모습은 지금까지 시에 대해 대중이 갖고 있던 인식을 바꿔놓는 계기가 되었다. 젊은 시인들이 대중의 앞에 직접 등장하는 행보는 단순히 스타 시인과 베스트셀러 한 권을 창출하는 것에서 그치는 것이 아니라, 시 그 자체가 대중을 찾아오는 효과를 이끌어내고 있다.

출처 MBC 예능 〈진짜 사나이〉 공식 홈페이지

꽃게가 간장 속에
반쯤 몸을 담그고 엎드려 있다
등판에 간장이 울컥울컥 쏟아질 때
꽃게는 뱃속의 알을 껴안으려고
꿈틀거리다가 더 낮게
더 바닥 쪽으로 웅크렸으리라
버둥거렸으리라 버둥거리다가
어찌할 수 없어서
살 속으로 스며드는 것을
한 때의 어스름을
꽃게는 천천히 받아들였으리라
껍질이 먹먹해지기 전에
가만히 알들에게 말했으리라

저녁이야
불 끄고 잘 시간이야

– 안도현, 「스며드는 것」 전문

생각지 못한 순간 등장한 시 한 편이 출연자와 시청자의 공감을 이끌어내는 경우도 있다. 안도현의 「스며드는 것」은 병영체험을 하는 예능 프로그램인 〈진짜 사나이〉에 등장해 대중에게 더욱 알려졌다. 여성 출연자들이 병영 체험을 하는 동안, 가족을 그리워하는 장면에서 시가 읽힘으로써 그들의 모성을 더욱 강하게 보여줄 수 있었다. 어떠한 상황에 직면했을 때 뜻밖에 우리를 찾아온 시 한 편이 주는 위로는 전파를 타고 시청자의 가슴을 두드리기에 충분했다.

대다수의 대중은 교과서와 같이 교육과정 속에서 접한 시를 시의 표본이라 여기며 시대적 배경과 화자의 상황, 정서를 해석하고 이해하는 데 익숙해져 있다. 때문에 조금은 낯설고 그로테스크하게 여겨질 여지가 있는 현대시에 대해서는 읽기 전부터 거부감을 표하는 경우가 생기게 마련이다. 그러나 위의 시는 시를 읽지 않던 대중들이 가지고 있던 인식을 전환시키는 데 기여했다.

4 공간의 제약을 뛰어넘은 시

한편 텔레비전 방송, 드라마보다 우리 일상에 빠른 속도로 성큼 들어선 각종 플랫폼에서도 시는 차분한 모습으로 지친 현대인에 잔잔한 위로를 건넨다. 인문, 사회, 경제, 예술 등 분야를 막론하고 다양한 곳에서 자신들만의 개성으로 탄생시킨 콘텐츠는 이제 단순히 취미생활, 여가생활의 일부분이 아니라 모든 분야의 성패를 좌우하는 큰 손이 되어버렸다.

아무런 영상 없이 시 읽어주는 콘텐츠, 시를 활용한 다양한 기획을 진행해 보는 콘텐츠 등을 통해 자연스럽게 시인과 그들의 작품이 노출되고, 대중은 보다 쉽게 문학작품을 접하고 이로부터 위로받으며 선순환구조가 형성되고 있다.

유튜브 라디오 문학 채널이 다수 기획되고 이를 소비하는 대중이 늘어간다는 것, 문학(시) 관련 크리에이터를 양성하기 위한 문화예술계의 지원이 확대되는 것은 시인과 대중의 경계를 허물기에 적절하다. 문학동네에서 발행하고 있는 격월간 『Littor』(릿터)는 최근 이러한 동향을 커다란 주제로 삼아 이 세계에서의 다채로운 이야기들을 생동감 있게 전달했다.

또한 과거 대표적인 문학 팟캐스트 채널이었던 〈파문-파릇파릇 문학라디오〉를 비롯한 다양한 온라인 플랫폼에서 시인이 대본을 쓰고, 시인이 출연하고, 시인이 진행하며 국내외 다양한 시를 읽고 다양한 시선을 즐기며 여러 시즌을 거듭한 바 있다. 이 과정이 결코 전문가의 견해로 가득한 것이 아니라, 시인이 평소 노트에 적어두었던 문장, 일상에서 발화한 문장들로 이야기를 풀어 나아가다 보니 일반 청취자들 역시 쉽게 공감하고 이해할 수 있었다. 쉬운 말로, 누구든 겪어봄직한 이야기를 하면서 자연스럽게 '시 쓰는 이야기'나 '시'에 대한 이야기를 하는 것으로 시인과 시는 대중에게 한 발짝 더 나아갔던 것이다.

이처럼 최근 작가들이 흥미로운 주제를 선정해 대중과 직접 소통에 나서거나, 일반인이 한 편의 시를 화두로 삼는 광경이 자연스럽게 받아들여지고 있다. 극적 요소와 영상의 미를 극대화하고, 전달하고자 하는 메시지를 보다 짧은 영상에 효과적으로 담기 위해 시를 인용하는 텔레비전 방송과는 달리, 유튜브, 라디오, 팟캐스트와 같은 플랫폼은 시와 대중이 가장 쉽게 소통하는 창구로써 자리매김하고 있다.

서점이나 문학관을 비롯한 다양한 문화공간에서 개최되는 문학 콘서트와는 또 다른 모습으로 시 토크의 장르를 개척하며, 시가 시·공간을 넘어 더욱 친숙한 모습으로 대중에게 다가설 수 있도록 돕고 있음을 알 수 있다.

5
한 편의 시를 하나의 장면으로

지금까지 드라마와 예능, 라디오 등 다양한 방송에 등장한 시를 읽어보았다. 앞서 살펴본 내용을 토대로 이제는 우리가 직접 짧은 장면의 작가가 되어 보자. 아래 세 편의 시가 있다. 누군가는 시를 읽고 이미 만들어진 드라마나 영화의 한 장면을 떠올릴 수도 있다. 작품의 전문을 활용해도 좋고, 단 하나의 문장에서 영감을 얻어도 좋다. '1장 시창작과 문화콘텐츠의 이해'에서 살펴본 바와 같이 창작물은 한 번에 탄생하지 않는다. 여러 회에 걸쳐 다양한 모습으로 변화 발전하며 탄생한 창작물은 더욱 깊은 사유를 품을 수 있는 힘을 가진다.

① 인부들이 커다란 은행나무 가지를
톱으로 잘라낸다

왜 자르는 쪽이
소리가 더 큰가

– 신미나, 「심문」[4] 전문

② 잠든 엄마의 입안은 폭설을 삼킨 밤하늘,

사람이 그 작은 단지에 담길 수 있다니
엄마는 길게 한 번 울었고,
나는 할머니의 마지막 김치를 꺼내지 못했다.
눈물을 소금으로 만들 수 있다면

4. 신미나, 『당신은 나의 높이를 가지세요』, 창작과비평, 2021, 92쪽.

가장 슬플 때의 맛을 알 수 있을 텐데

둥둥 뜬 반달 모양의 뭇국만
으깨 먹었다.

오늘은 간을 조절할 수 없는 일요일.

— 정현우, 「소금 달」[5]

③ 이상한 전화가 왔다.

"기다려. 지금 갈게."

*

기다려. 지금 갈게.

*

식민지가 된 것처럼 나는 조용했다.

여분의 손에 수화기를 맡기고
두 손을 포함하여 나는
원래부터 그래야 했던 것 같았다.

— 신해욱, 「벨」[6] 전문

5. 정현우, 『나는 천사에게 말을 배웠지』, 창작과비평, 2021, 88쪽.

6. 신해욱, 『생물성』, 문학과지성사, 2009, 54쪽.

6

한 편의 시를 새로운 작품으로

앞서 한 편의 시를 짧은 장면으로 재탄생시켜 보았다면 이번에는 하나의 작품을 만들어 보기로 한다. 각색한 이야기, 극의 대본, 광고 시놉시스 등. 지금 여러분이 머릿속에 그리고 있는 그 한 편의 글이 시라면 더 좋다. 성큼, 마음에 와 닿는 한 편의 시, 또는 하나의 구절에 귀 기울여 보자. 그리고 자신만의 목소리가 담긴 새로운 작품을 탄생시켜 보자.

① 흰 집 건너 흰 집이 있어 살아가는 냄새를 희미하게 풍기고 있다. 거룩한 말은 이 종이에 어울리지 않아서 나 자신도 읽지 못하도록 흘려서 쓴다. 하늘은 어둡고. 바닥은 무겁고. 나는 다시는 오지 않는 사람을 가지게 되었고. 너는 말할 수 없는 말들을 내뱉고 읽히지 않는 문장이 되었다. 낮잠에서 깨어나 문득 울음을 터뜨리는 유년의 얼굴로. 마음과 물질 사이에서 서성이는 눈빛으로. 인간 저 너머의 음역으로 움직이고 움직이면서.

돌보는 말과 돌아보는 말 사이에서
밀리는 마음과 밀어내는 마음 사이에서

사랑받은 적 없는 사람이 모르는 사이 하나하나 감정을 잃어버리듯이. 한밤의 고양이와 친해지는 것은 어느 결에 사람을 저버리게 되었기 때문이다. 그냥 사람이라는 말. 그저 사랑이라는 말. 그러니 너는 마음 놓고 울어라. 그러니 너는 마음 놓고 네 자신으로 존재하여라. 두드리면 비춰 볼 수 있는 물처럼. 물은 단단한 얼굴을 가지고 있어서. 남겨진 것 이후를 비추고 있었다.

– 이제니, 「남겨진 것 이후에」[7] 전문

② 각자의 말들로 서로를 물들일 수 있을까

나는 그의 어둠과 다른 색
오래전 이동해 온 고통이 여기에 와서 쉬고 있다

어떤 불행도 가끔은 쉬었다 간다

옆에 앉는다
노인이 지팡이를 내려놓고 태양을 바라보고 있다

흰 이를 드러내며 나는 웃고

우리의 혼혈은 어떤 언어일지 생각한다

– 이영주, 「어떤 사랑도 기록하지 말기를」[8] 전문

③ 세상에서 가장 빨리 끝나는 폭죽을 샀다

– 서윤후, 「스무 살」[9] 전문

---

7. 이제니, 『그리하여 흘려쓴 것들』, 문학과지성사, 2019, 9쪽.
8. 이영주, 『어떤 사랑도 기록하지 말기를』, 문학과지성사, 2019, 65쪽.
9. 서윤후, 『어느 누구의 모든 동생』, 민음사, 2016, 83쪽.

7
밀어주고 끌어주는 시와 방송

지금까지 시와 방송이 만나 소통하는 다양한 장면을 살펴보았다. 텔레비전 방송뿐만 아니라 다양한 플랫폼을 통해 대중에게 시가 노출되면서, 시인들이 방송 프로그램에서 조명됨으로써 대중은 시와 시인 자체에 대해 관심을 가지며 긍정적 상호 작용이 작동하고 있다.

드라마에 시가 인용되었을 때, 복선은 효과적으로 그려지며 시간적 제약을 보다 효율적으로 극복할 수 있음을 알 수 있었다. 또한 시적 대사는 극의 분위기를 간결하지만 강렬하게 이끌어감으로써 영상의 미를 높이는 데 기여했다. 온라인 플랫폼의 경우 전문적인 지식을 가진 공급자가 수요자의 니즈(시에 대한 인식 제고와 시·공간적 제약을 극복한 방송 시청 또는 청취)를 제대로 파악하여, 보다 알기 쉽게 시 이야기를 풀어나가 시와 대중 사이에 놓여 있든 소통의 벽과 시공간적 제약을 극복했다는 데 의의가 있다.

영상이 시를 만났을 때 누릴 수 있는 효과와 음성이 시를 활용하는 방법, 시가 영상과 음성을 통해 대중에게 확산되는 모습은 문학의 보편성, 혹은 특수성이 적재적소에서 발전해 온 결과라 할 수 있다. 책은 책으로서의 변함없는 고유의 가치를 지닌다. 그러나 변화하는 세상 속에서 앞으로의 문학은 더 이상 손 안에, 책 속에 머무르지 않을 것이다. 더 많은 이의 더 다양한 삶을 소재가 될 앞으로의 시들은 더 많은 대중과 소통하기 위해 노력해야 한다. 또한 우리는 그런 시를 써야 한다. 정통을 잃지 않되, 그들의 요구에 발맞춰 발전해 나아가야 하는 것이다.

참여하기

1 다양한 플랫폼을 활용한 '시방송콘텐츠' 제작하기 ⇒ 작품을 낭독해 주는 것뿐만 아니라 다양한 시, 시인, 시집 등으로 나만의 콘텐츠 플롯을 만들어 보자.

2 앞서 창작 또는 재구성한 내용으로 '영상콘텐츠' 제작하기 ⇒ 인물과 대사를 활용한 단편 드라마, 음악과 결합한 뮤직비디오 등 다양한 영상물을 구상해 보자.

시와 광고 _박세아

시로 광고콘텐츠 이해하기

"

이런 곳이 있다니 !

시간이 어디 있나 !

돌을 던져도 시침(時針)이 보이지 않는 곳.

황동규, 「우포늪」 부분

"

1. 광고와 시에 대한 역사와 이해
2. 시와 광고의 연결점
3. 광고와 시의 차이점
4. 소통의 콘텐츠

* 참여하기

7장 Poetry & Advertising

시로 광고콘텐츠 이해하기

1 광고와 시에 대한 역사와 이해

광고의 뜻은 영어로 'advertising' 또는 'advertisement'라고 하는데 '돌아보게 하다', '주위를 끌다'라는 의미를 갖는다. 한자로 '廣告'가 '널리 알리다'는 의미가 되기 위해서는 우선 돌아보게 하거나 주위를 끌어야 되기 때문에 서양의 관점은 광고가 지녀야 할 요소에 주목한 것이고, 동양의 관점은 그 결과의 주목한 표현으로 여겨진다.[1)]

광고의 시작은 어디서부터였을까? 세계 최초의 광고는 도망간 노예를 찾는 전단지에서 비롯되었다는데, 그리고 터키 에게해의 로마의 영향으로 거대도시 중 에페소라는 곳에 있다는 돌판에 새겨진 그림 하나, 발과 손과 하트가 그려진 도서관 맞은편의 사창가의 창녀의 광고이다. 발바닥은 이 크기 이상의 사람(성인)이 하트(사랑)를 나누기 위해서는 앞의 사거리에서라는 뜻이다.[2)]

1. 박영준 · 김정우, 『광고언어창작론』, 집문당, 2007, 18쪽.
2. KBS의 〈발견천하 유레카〉

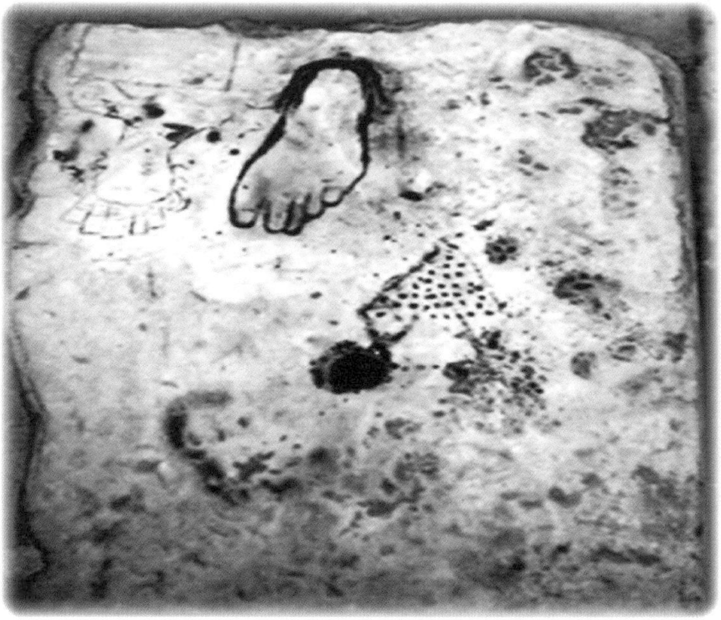

터키 에페소 지역 사창가로 가는 곳을 알리는 돌판의 모양

최초 문헌의 기록을 보면 중국 송나라 사람이 자신의 술집의 술을 알리기 위여 내건 술 광고 깃발이다.[3] 각 학회의 정의를 들어보자. 광고란 광고주가 청중을 설득하거나 영향력을 미치기 위하여 대중매체를 이용하는 유료(有料)의 비대면적인 의사전달 형태이다(한국광고학회의 정의), 광고란 명시된 광고주에 의한 아이디어, 상품, 서비스의 유료형식의 비대인적 제시 및 촉진이다(미국 마케팅학회의 정의), 광고란 알려진 광고주가 수용자를 설득하거나 영향을 미치고자 매스미디어를 이용하는 유료형식의 비대인적 커뮤니케이션이다(W. Wells 등의 정의) 등이다.

시는 시인의 정서나 철학을 담아 함축적이고 운율적인 언어로 읽는 이와 교류할 수 있다. 시에 대한 정의를 살펴보면, 상상력으로 이성을 보완함으로써 즐거움과 진실을 결합하는 예술(사무엘 존슨, Samuel Johnson), 가장 훌륭한 단어

---

3. 강영숙 지음, 이울일 그림, 『노빈손의 으랏차차 중국 대장정』, 뜨인돌출판사, 2007, 34쪽.

를 가장 훌륭한 방식으로 배열하는 것(사무엘 테일러 콜리지, Samuel Taylor Coleridge), 가장 행복하고 훌륭한 정신의 가장 훌륭하고 행복한 순간의 기록(퍼시 비시 셸리, Percy Bysshe Shelly)으로 이해할 수 있다. 이렇듯 '시'란 상상에 대한 즐거움을 표현하며 훌륭한 방식의 단어 배열을 통한 순간에 대한 환경적 현상을 서정적으로 기록한 것이다. 이 부분이 광고와 비슷한 점이라고 본다.

광고와 시는 사람의 표현매체를 통하여 또 다른 인간의 심리를 자극시켜 교류한다는 점에서 비슷한 면이 있다. 하지만 광고와 시의 가장 큰 특징은 상업성과 문학성에 있는 것이다. 우리는 광고를 "최소의 비용으로 최대의 효과"를 누리는 것을 원칙으로 소비자의 구매심리를 자극하여 소비를 촉진시키는 데 그 목적을 둔다. 텔레비전에서 '라면' 광고나 '아이스크림' 광고와 같이 음식광고가 나오면 배가 불러도 침이 나오는 경우가 있다. 그러한 욕망을 억제하지 못하고 상품을 사게 되는 경우가 많다. 이러한 광고의 괴력을 알고 있기 때문에 지금처럼 경제가 어려운 현실임에도 불구하고 많은 자본을 들여서라도 소비자의 욕구를 자극하도록 광고를 만드는 데 심혈을 기울이는 것이다.

반면에 '시'는 문학의 한 분야로 인간의 감성을 자극한다. 시를 읽고 있으면 한결 마음이 누그러들면서 편안해지는 느낌을 받는다. 그렇다면 시를 쓰는 시인들 중 과연 몇 명이나 상업성을 위해 시를 쓸 수 있을까?

광고는 독창적이고 새로운 형식을 창조하며 모방과 형상화에 있어 자유로움을 보여준다.(시도 마찬가지이지만 운문의 한계성은 있다.) 여기에서 광고는 또한 커뮤니케이션을 위한 전략적 표현을 구사하며 독자들의 정서적 감흥을 위한 기호들의 구조화된 텍스트라는 형식에서 문학적 가능성을 이야기할 수 있다. 하지만 시는 다른 어떤 예술에 있어서보다 언어 자체를 향해 헌신적인 예술이고 광고의 언어는 대상에 종속되어 있다. 그렇기 때문에 광고는 시와 닮아 있다고 하더라도 시와는 구별되어진다. 하지만 서정적으로 정돈된 하나의 카피를 보면 입이 딱 벌어지면서 문학성이 강한 메시지를 느끼는 경우도 있다. 이렇듯 광고 카피가 그 자체로 예술성을 띨 수 있으며, 대상에 대한 심리적 욕구를 충족하는 것이 아니고 문학성과 대중성을 뛰어넘는 하나의 콘텐츠로서 예술의 장르로 볼 수 있다.

지금은 융복합의 시대이다. 광고가 건축물과 결합한 형태의 구조물이 등장했다. 물론 뉴욕 맨하탄의 타임스스퀘어처럼 건축물과 광고를 결합한 콘텐츠는 이미 존재했다. 1904년 〈뉴욕 타임스〉의 본사가 이 광장으로 옮겨오면서부터 '타임스 광장'이라는 이름이 붙었다. 이때부터 뉴요커들은 매년 이곳에 모여 새해를 축하했으며, 매년 신년 행사로 행해지는 볼 드롭은 전 세계적인 광고물로 유명하다. 줄지어 세워진 빌딩들의 전광판에는 다양한 광고 영상들이 연중 전시되고 있다. 이렇게 건물과 광고가 하나 되는 시작점이 있었다. 2005년 설립된 한국 건축 자재로 LED 디스플레이를 만드는 전문 재조업체인 지스마트라는 회사가 생겨났고, 요즘 광고를 새로운 형태의 "콘텐츠"라고 하는 사람들도 생겨나게 됐다. 지스마트는 앞으로 광고가 있는 건축물을 대량 생산하는 데 기여를 할 것이다. 앞으로는 모든 미디어를 통한 다양한 형태의 광고콘텐츠 제작이 필요한 시대가 될 것이다.

지스마트 건물 광고

뉴욕의 타임스스퀘어 광고

2
시와 광고의 연결점

2-1. 소통과 커뮤니케이션이란 무엇인가

소통과 커뮤니케이션이란 말은 같은 말이다. 요즘 인터넷에서 커뮤니티라는 공간에서 서로 소통을 한다. 커뮤니티란 두 가지 의미가 있다. 첫 번째는 명확한 사회조직으로서 공간적, 지역적 단위이며, 둘째로는 이러한 단위와 관련되는 심리학적인 요소를 가지고 있다. 심리학적인 결합성 또는 소속감을 지칭한다.

커뮤니티는 인터넷뿐만 아니라 모든 인간의 소통을 창조하는 것이다. 그것을 광고 속에 집어넣어서 하나의 커뮤니티를 만들어가는 것이라고 본다. 이런 것을 인터넷 광고라고 하는데, 시에서도 이러한 비슷한 점을 갖고 있다. 기호학 속에서 의미하는 측면들을 알아보자. 광고 속에 들어있는 요소들 사이의 관계하는 것에 대한 것이 바로 문학적인 콘텐츠인 것이다. 이것을 상상력으로 객관화시켜 간다. 광고란 상품만을 파는 것이 아니라 상품과 사람이 소통할 수 있는 구조를 제공하는 것이다. 구조주의적 분석을 통해 보여주는 콘텐츠가 광고이고 문학작품인 것이다. 이것을 어떻게 만들고 어떻게 사용하느냐를 알아보고 시의 구성요소와 광고의 구성요소를 알아본다.

기호학에서는 이런 것들을 사인의 과학(the science of signs)이라고 한다. 의미를 창출하고 해석하기 위한 학문이라고 볼 수 있다. 광고 텍스트의 서술구조를 밝히고 독보적인 위치를 차지하고 있는 파리 기호학파의 구조학적 방법론을 통하여 광고의 내용을 서술구조와 의미구조로 나누어 설명한다.[4] 시의 언어들은 하나의 주제를 중심으로 낱말이 만나 의미를 이루고 서로 다른 의미를 지닌 단어들이

4. 조운한, 「TV광고의 서술구조에 관한 연구 – 소망화장품 '다나한' 광고의 '의미 생성경로'를 중심으로」, 『일러스트레이션 포럼』, 한국일러스트레이션학회 , 2017.12, 279쪽 , 초록 부문

연결됨으로써 구조를 이룬다. 종합적으로 어우러져 새로운 의미를 부여하게 된다. 여기서 구조란 콘텐츠가 갖는 의미를 드러내는 총체적인 체계를 말한다.

문학작품이 각각 다른 단어와 연결됨으로써 상호 관련된 전체를 이루는 체계이다. 이것은 작가가 세계를 받아드리는 형식이며 동시에 독자와 소통관계를 이루는 대화의 통로이다. 이런 것이 구조적 특성이라고 하는데, 형태적 고찰만으로는 형식의 내용이 드러나지 않는다. 하지만 전체적인 장과 콘텐츠를 서로 연결하면 서술과 의미의 구조가 통합된다.

2-2. 광고표현의 특성과 문학표현(시)의 특성

(1) 광고표현의 특성

- 주제가 잘 드러나도록 글이나 사진 소리 등을 효과적으로 사용한다.
- 오래 기억하도록 같은 말이나 단어를 반복한다.
- 효과적으로 표현하기 위하여 다른 것들을 빗대어 비유법으로 사용한다.

(2) 시의 특성

- 운율성 : 음악성과 리듬이 있는 대표적인 언어 예술이다.
  광고에도 이런 특성이 있다.
- 정서성 : 예술적 정서를 표현한 문학이다.
  광고에서도 정서적으로 아름다운 것들을 추구한다.
- 암시성 : 함축적 의미를 사용함으로써 연상작용 기호학의 대표적 의미를 나타나는 것이다. 광고에서도 이런 것들이 있다.
- 상상성 : 상상을 함으로써 다른 세계로 돌아가는 창의성을 발휘한다.
- 주관성 : 콘텐츠 속에 흐르는 가치나 사상 등 이런 것들이 광고주가 바라는 가치관이 들어있는 것이다.
- 영상성 : 시각적 아름다움을 표현함으로써 이렇듯 광고와 시는 비슷한 점이 많이 있다.

광고콘텐츠를 만드는 것과 예술을 어떻게 만들 것인가를 한번 알아보자. 소통하는 콘텐츠로 만드는 것을 알아보자.

2-3. 시와 광고의 연결고리

시와 광고에서 가장 중요한 것은 서정 즉, 감정의 이입이다. 그것을 상면의 자세라고 하는데, 상면의 자세[5]는 생기된 일은 지나가 버린다고 할 때에도 역시 그것을 머물게 한다. 생각을 머물게 하는 작업을 광고든 시든 콘텐츠를 만드는 것을 말한다. 소위 서사시인은 서정시인처럼 회감하며, 지나간 일에 심취하지 않고, 그것을 마음에 두고 생각한다. 그러나 마음에 두고 생각하는 가운데는 시간상의 간격이나 공간상의 간격은 유지되고 있기 마련이다. 아득한 것이 생생하게 마음속에 그려지면서 경이롭고 광대한 또 다른 세계가 되어 우리들 눈 앞에 다가오며 바로 상면의 관계가 이루어진다.

광고의 일곱 가지 기능과 시를 예를 들어 광고 속에 들어있는 문학적 요소들을 살펴보기로 한다.

① 제품에 대한 설명하기 위해서는 제품에 설명이 들어가는 데 시간적, 공간적 특징을 설명하기 위해서는 축약하고 부각하는 장치를 이용해야 한다.
시에 있어서도 이러한 기능이 있는데, 이런 경우 은유와 비유를 사용하기도 한다.

② 소비자 편익 부각에서는 광고를 통해 특징과 장점을 설명해야 한다. 이러한 경우에도 이미지 요법을 사용하여 부각시키는 요소를 사용해야 한다.
소비자의 처지에 있는 것과 같이 느낄 수 있는 요소들을 사용하는데, 문학에서의 카타르시스를 해소하는 요법 중에 하나이다.

③ 제품명 부각에서는 제품에 대한 특징을 설명함에 있어서 설득과정을 거친다.

---

5. Emil Steiger, 『시학의 근본개념』, 이유영 · 오현일 공역, 삼중당, 1978, 85쪽.

좋은 제품을 손해 보지 않고 샀다는 느낌이 들도록 표현해야 하는데, 이미지를 형상화하는 작업요법을 사용한다.

④ 제품의 이미지 창출에서는 여러 가지를 사용한다.
감동적인 서정을 이용하여 사람의 마음을 움직이는 기법인데, 사람에게 다른 서정적 감동을 주어 제품의 이미지를 좋게 한다.

⑤ 사용자 이미지 창출에서는 구매 패턴 속에 현대사회에서 자신을 드러내고 그러한 것들을 기호적으로 사용하여 차별성을 유지하는 것을 말한다.
문학적 표현에서는 기호의 역할과 낯설게 하기 효과이다.

⑥ 기업의 주장 전달에서는 말 그대로 이미지와 운문의 운율 즉, 리듬을 사용함으로 소비자들에게 기업에 대한 긍정적인 인상이 머릿속에 남게 하기(기억) 위함이다.

⑦ 문학적 기법을 통하여 제품에 대한 기업에 대한 주장을 전달하는데, 언어적 상상과 이미지화로 변화시켜 하나의 카피가 완성된다.
시선집중의 효과에서는 제품이나 기업을 알리기 위하여 정교하게 꾸며진 메시지를 전달함으로써 소비자를 설득해 나가는 것을 이야기한다.

2-4. 광고 시가 되다

광고〈포스코 차마고도〉는 포스코의 기억이미지 광고이다. 차마고도의 아이들을 보며 함께 사는 세상을 배운다는 내용이다. 우리는 여기서 한 편의 서정적 감성을 느낄 수 있는 자연 속으로 들어가면서 아이들의 순수한 눈망울을 함께 만나며 어른보다 순수한 아이들의 나눔 정신을 느낄 수 있게 한다. 어른들의 이기적인 모습을 고발하며 마지막에서 할 말을 분명하게 하면서도 소리 없이 세상을 움직인다는 포스코의 기업정신을 정확하게 내포하여 보는 이와 교류할 수 있는 문학성도 가지고 있다.

모든 광고는 짧은 시간에 이미지를 보여주는 것이기 때문에 시처럼 축약하고 상징성을 보여주는 것이다. 이 광고 또한 짧은 현장감 있는 시라고 볼 수 있다. 시는 마지막에서 여운이나 철학, 상징성을 보여주는 것이다. 짧은 시간에 감동과 인간애를 느끼게 하여 기업에 대한 좋은 인상을 대중들에게 알리는 효과가 있다. 이러한 점에서 광고와 비슷한 점을 볼 수 있지만 광고는 문학성과 기업이나 물건을 상상할 수 있어야 하기 때문에 순수한 문학에 가깝지는 않다.

그러나 위의 광고처럼 이미지를 활용하는 광고는 더 많은 문학성을 지닌다. 20세기에는 도시, 공장, 배, 기차, 비행기 등이 시에 등장하게 되었는데, 이것들이 대지나 바다나 하늘 등과 함께 새로운 자연시에 소재가 될지도 모른다. 서정시는 단순하고 감각적인 정열로 관념적 흔적 없이 용해해야 한다. 시인의 감정이 시 속에 있는 불순한 것을 태워버리고 필요 없는 것을 제거하고 낱말들을 일체가 되도록 융합하지 않으면 안 된다.[6]

〈광고〉

포스코 차마고도

CM Song :

멀고 먼길 험난한 길
힘들껴야 노새들도
라라라라
아들에게 배웁니다
함께가자 같이가자

자막 :

차마고도에서
함께 사는 세상을 생각합니다
당신에게 배웁니다
posco
소리없이 세상을 움직입니다

이렇듯 이 광고에서도 순수성이 존재하며 커다란 현대문명을 새로운 자연, 그리고 나눔이라는 내용을 용해하였다. 새로운 개념으로 회사의 이미지를 만들어 가는 것을 본다. 우리는 여기서 서정이라는 언어와 현대문명이라는 감성을 새롭게 조합하여 현대인들에게 과거의 순수성 있는 이미지를 전달함으로써 새로운 관념을 만들어냈다.

그대 보고 싶은 마음 죽이려고
산골로 찾아 갔더니 때 아닌
단풍 같은 눈만 한없이 내려
마음속 캄캄한 자물쇠로
점점 더 한밤중을 느꼈습니다.
벼랑끝만
바라보며 걸었습니다.
(생략)

– 조정권, 「벼랑끝에서」 부분

이 시 또한 서정적 묘사가 뛰어나다. 사람을 그리워하는 마음으로 산골에 들어갔더니 눈만 내려 벼랑 끝에 있게 되었다는 내용이다. 자기의 마음을 자연으로 표현하고 있으며 전통을 심화시키는 모습을 보여주고 있다. 서정시는 스스로 자아를 느끼며 인생을 논하는 것을 좋아한다. 객관성이나 일반성에 대한 절대성의 자각으로부터 나온다. 정치, 세속화, 수단화에 대한 거부로부터 오는 것으로써 순수함의 결정체라고 할 수 있다. 이 시도 끊임없는 순수의 시도로부터 오는 것

6. 김인환, 『현대시란 무엇인가』, 현대문학, 130쪽.

으로 자연 속에서 현대에서 잃어버린 절대성을 찾으려 했다.

글을 쓰게 되는 동기를 착상이라고 한다. 하늘에서 빛을 타고 오는 것 같기도 하고, 대뇌의 알파파와 델타파가 교차하는 나타나는 것 같기도 하는 것이다. 이것을 착상이라고도 하고 영감이라고도 한다.[7] 이 시에서도 자연 속에서 느끼는 묘사와 의미가 뛰어나다. 이러한 분위기와 정서에 있어서 자연 속에서 느끼는 감정을 잘 표현한 시이다.

〈광고〉

LG유플러스 LTE 우포늪

NA

아무도 가지 않는 길을

처음으로 간다는 것

그것은 두려움이다

그러나

역사에 기록되는 것은

그 두려움을 딛고

새로운 길을

만들어 가는 사람

유플러스가 VoLTE로

또 한번 앞서갑니다

LTE 위에 LTE

7. 위기철, 『이야기가 노는 법』, 창비, 178쪽.

두 번째 광고는 LG 유플러스 이미지 광고이다. 우포늪에서의 배를 타고 아무도 가지 않는 곳을 간다는 내용이다. 이 광고는 이미지화를 시키려고 했으나 기업의 홍보가 더 강하게 차지하였고 광고 내용과 이미지가 결합이 깨끗하지 못함을 볼 수 있다. 한마디로 말하자면 이념성 깊이 주려다가 사람들에게 외면당한 느낌이다. 만약에 이 광고가 시였다면 이미지와 정서가 결합되지 못하고 강한 주장을 하는 참여시 같은 이념성이 뚜렷이 나타나게 된 경우라고 볼 수 있다. 시에서도 허술한 리얼리티가 완벽한 이상보다 더 좋을 때가 있다. 이 광고가 억지로 끼워 맞추려고 하는 것처럼 보인다. 그러나 이 광고도 나름대로 사람의 감성을 파고들기 위한 노력은 한 것으로 보인다.

은유란 類(유)에서 종으로, 혹은 종에서 유로, 혹은 종에서 종으로, 혹은 유추에 의하여 어떤 사물에다 다른 사물에 속하는 이름을 전용(轉用)하는 것이다.[8) 그러나 여기에서는 은유적 표현의 실패라고 볼 수 있다. 우포늪의 완벽한 이미지인 화면은 좋았지만 거기에다 회사의 생각을 주입시키는 과정에서 너무 관념적인 글("역사에 기록되는 것은 그 두려움을 딛고 새로운 길을 만들어 가는 사람 유플러스가 VoLTE로 또 한번 앞서갑니다")을 사용하여 어색한 분위기를 연출했다. 시를 쓸 때도 너무 이념성이 강한 단어를 선택하면 대중들에게 외면당하는 경우가 있는데 자신들이 말하고자 하는 것을 강하게 드러내려고 의도했기 때문인 것이다.

> 우포늪에 와서 빈 시간 하나를 만난다
> 온 나라의 산과 언덕을 오르내리며
> 잇달아 금을 긋는 송전탑 송전선들이 사라진 곳,
> 이동 전화도 이동하지 않는 곳,
> 줄풀 마름 생이가래 가시연(蓮)이

8. 아리스토텔레스, 『시학』, 천병희 역, 문예출판사, 2015년, 124쪽.

여기저기 모여 있거나 비여 있는
그냥 70만 평,
누군가 막 꾸다 만 꿈 같다.
잠자리 한 떼 오래 움직이지 않고 떠 있고
해오라기 몇 마리 정신없이 외발로 서 있다.
이런 곳이 있다니!
시간이 어디 있나,
돌을 던져도 시침(時針)이 보이지 않는 곳.

– 황동규, 「우포늪」 전문

우포늪에서 느끼는 자연 그대로의 아름다움을 묘사하고 있다. 우포늪에서 서식하는 다양한 생명체들에 대한 열거와 상징적 단어를 사용함으로써 느껴지는 우포늪을 이야기한다. 시각을 공간적으로 묘사하고 있다. 현대 문명도 들어오지 못하고 그곳에는 원래 자연의 주인이 살고 있는 시간의 흐름만이 존재하는 "빈 시간 하나를 만난다."라는 표현을 통해 자연에 대한 느낌을 묘사하고 있다. 현대 문명의 상징인 '이동전화'도 터지지 않는 오직 인간의 본연의 모습을 볼 수 있는 문명의 시간에 지워져 있는 상황을 보여주고 있다.

우포늪에는 두 개의 공간이 존재한다. 첫째는 탈문명의 공간이다. 송전탑과 송전선, 이동전화가 사라진 곳이다. 두 번째는 생명의 공간이다. 이곳에는 생명의 단어들이 존재한다. 줄풀, 마름, 생이가래, 가시연, 잠자리, 해오라기를 볼 수 있는 곳, 이러한 것이다. 탈문명이 사라진 곳, 잃어버린 곳에서 생명의 공간으로 빈 시간 안에서 묵묵히 수많은 생명을 키워온 생명의 공간으로 변한 것을 묘사 한다.

칼 융은 "인간의 이해 범위를 넘어서는 것이 워낙 많기 때문에 우리는 정의하거나 완전히 이해할 수 없는 개념을 표현하기 위해 끊임없이 상징적 언어를 사용한다. 이것은 왜 모든 종교가 상징적 언어 혹은 이미지를 사용하는 지에 대한 한 가지 이유이다"라고 주장하였다. 이러한 설명은 문제점이 없는 것은 아니지만 무시될 수는 없다. 광고, 사진 그리고 그림도 같은 이유로 상징을 구성하게 된다. 우리가 상징을 인지하든 그렇지 않든, 그것은 우리에게 영향을 주는 거대한 잠재력을 지니고 있다.[9] 우포늪에 대한 시는 많은 상징을 담고 있으며 이미지에 대한 기호가 확실히 드러나 있다.

〈광고〉
알바천국 앱

남 : 어디서 일하지?
남2 : 어디서든 일하게 해주마

남 : 누구세요?
남2 : 내가... 내가... 니 앱이다!

남 : 앱?
남NA : 누구 앱이신데예?
남2 : 알바천국 앱이다

여NA : 천국이에게
JINGLE : 알아바라아라바

---

9. 미하이 나딘·디 자키아, 『기호학을 아는 광고 기호학을 모르는 광고』, 백문현·송기인 역, 커뮤니케이션북스, 2005, 119쪽.

이 광고는 알바천국 앱이다. 이 광고는 언어적 유희가 들어있는 시적 허용의 문자적 기호를 찌그러트려 또 다른 풍자를 만들어내어 익살스럽게 표현했다. 요즘 젊은이들이 아르바이트조차 구하기 어려운 현 상황을 생각하고 웬 낯선 남자가 등장한다. 이 남자는 젊은 친구를 보며 다가와서 감격하며 안는다. 누구냐고 물어보는 젊은이에게 "내가 니 앱이다"라고 한다. 여기에서 앱이라고 하는 것은 스마트폰의 인터넷을 사용할 수 있는 소프트웨어를 말하는 것이다. 그런데 여기서 앱을 애비로 들리는 것은 언어적 유희를 사용한 것으로 볼 수 있다. 직접적인 상품을 이야기하면서도 언어가 갖는 재미를 통하여 이 광고 속에서도 문학성을 느낄 수 있는 것이다.

시는 시인의 개성에 따라 두 가지 종류로 구분되었다. 고상한 시인들은 고상한 행동과 고상한 인물들을 모방한 반면 저속한 시인들은 비열한 자들의 행동을 모방했는데, 전자가 찬가(讚歌, hymnos)와 찬사(讚詞, enko-mion)를 쓴 것처럼 후자는 처음에는 풍자시를 썼다.[10] 이 광고는 풍자시처럼 재미있고 유쾌한 장면을 담고 있다. 문자를 통한 언어유희에 속한다. 유머와 해학은 삶을 풍요롭게 하며 이 광고에서의 역발상적인 언어유희라고 볼 수 있다. 삶은 때로는 내가 생각하지 않은 것들로 이루어지는데 콘텐츠를 이해하고 해석하는 데 의미를 둔다.

꿈은 늘 제자리에서 맴돈다
적당한 거리와 시선이 만들어낸 착각에
세상은 떠 있다
밥상머리에 달라붙은 파리들은
한시도 가만 있지 않는다
자유로운 어둠을 뚫고 생겨난 생은 얼마나 매혹적인가
파리채를 들고 가까이 가자

---

10. 아리스토텔레스, 앞의 책, 38쪽.

죽을 놈과 살 놈이 구별되지 않았다

– 조인선, 「파리」 전문

조인선의 시는 삶의 깊이가 들어 있는 시를 많아 쓴다. 안성에서 축산업을 한다. 축산업을 하면 파리는 많이 보게 된다. 파리는 꼭 낮에 사람 몸에 잘 달라붙는다. 아무리 쫓아내도 계속해서 들러붙는다. 적당한 거리를 두고 계속해서 떠 있으면서 잠을 괴롭히는 파리를 묘사하고 있다.

착각에서 공중으로 또 어둠으로 꿈까지 이어지는 상상력은 삶과 죽음으로 착지한다. 위대한 생이 죽음으로 떨어지는 순간을 파리채를 통하여 죽음은 하찮은 것이라는 상상력을 통한 생을 담보로 하는 묘사가 돋보인다. 누구나 아름다운 차라나의 순간을 생을 담보로 살아가는 파리를 통하여 인간의 연약함을 보여주는 것이다. 파리는 이렇게 위대한 찰나를 가벼운 날갯짓을 통하여 파리 같은 목숨이지만 열심히 살아가는 거대한 에너지를 발견하게 하는 것이다. 삶은 치열한 투쟁이다. 하루하루가 힘들고 어려운 것이다.

준비론과 무투론은 20세기 전반기 정신사의 두 극이다. 전쟁을 현재 계속해야 한다고 판단하는 사람과 패배를 인정하고 새 전쟁을 준비해야 한다는 사람 사이의 상호 인정은 불가능한 것이였을까? 이제 와서 어느 한 편의 주장을 대변하는 것은 의미 없는 짓이다. 우리가 풀어야 할 문제는 마르크스주의와 무정부주의, 유교와 불교와 기독교를 포함하고 운동으로서의 사업과 운동으로서의 학문을 수용하여 무투론, 준비론, 지조론, 외교론 등의 지도를 그려냄으로써 20세기 전반기 정신사의 지형학을 완성하는 것이다.[11] 이 시도 생을 투쟁으로 볼 것 인가 아니면 그냥 삶을 현실 앞에선 파리처럼 언제 죽을지 모르는 연약함은 아닐 런지.

---

11. 김인환, 앞의 책, 199쪽.

3
광고와 시의 차이점

시는 비영리를 목적으로 하는 문학의 산물이다. 상상력을 통해서 이성적 사고와 대립되는 인간의 정신능력을 뜻하는 것으로 이에 되어져 왔다. 시는 상상력의 무한대이다. 그러므로 예술의 극치에 달할 수 있다. 시인은 과학자처럼 사물의 추상적 체계를 연구하기보다는 사물을 감상적으로 수용한다. 그런 점에서 과학은 이성적, 논리적, 구체적 체계를 지향한다면 예술은 상상적, 감상적, 추상적 체계를 지향한다. 여기에서 광고를 만드는 것 또한 이러한 영향을 받는다.

광고는 예술성의 한계에 있다. 영리성의 존재하고 후원자가 있는 기업주의 성과주의로 인한 상업적 제한의 한계라는 것이다. 그러나 광고 또한 예술성을 가진 작품이기 때문에 감동을 줘야하는 역발상의 효과를 누릴 수 있다. 시는 모방성과 사물을 보는 자유의 대한 갈망이 있다는 것이다. 그것이 바로 창조해 내려는 존재자이다. 그러므로 예술적 상상력으로 발휘에 의한 극대화된 개념을 정리하는 데 순수이성비판으로 정리할 수 있다. 이런 것이 상상력을 감각적으로 지각되는 다양한 재료를 통합하여 통일성을 부여하는 통합능력으로 본다. 글 쓰는 조건이 주어지면 바로 기억이 나타나 바로 나오게 되는 것이 암묵기억(implicit memory)[12]이라는 것인데, 이것 때문에 창작이 되는 것이다. 여기에서 자유로운 행위로 연상법칙에 의하여 그렇게 재생될 뿐만 아니라 상상력은 여기서 재생적으로 생산되는 상상력이라고 할 수 있다.

광고에서는 무엇을 생각해야 될까? 이름에 대한 존재이다. 도덕경에는 도덕경의 정체성을 이야기하기 위하여 앞부분에 이름 명(名) 자가 여섯 번 나온다. 도덕경은 브랜드 관리론까지 생각할 수 있는데, 이것은 자연스러운 것이다. 이름의 존재를 밝히는 것, 그걸 본질이라는 것이다.

---

12. 위기철, 앞의 책, 29쪽.

道可道 非常道 名可名 非常名
도가도 비상도 명가명 비상명
도라 이름할 수 있는 도는 도가 아니고 부를 수 있는 이름은 영원한 것이 아니다.

無名 天地之始 有名 萬物之母
무명 천지지시 유명 만물지모
이름이 없는 것은 천지의 시작이고 이름이 있는 것은 만물의 어머니다.

故常無欲以觀其妙 常有欲以觀其
고상무욕이관기묘 상유욕이관기
그러므로 욕심을 내지 않으면 그 오묘함을 볼 수 있고 항상 욕심에 차 있으면
그 나타남만 볼 뿐이다.

此兩者 同出而異名 同謂之玄 玄之又玄 衆妙之門
차량자 동출이이명 동위지현 현지우현 중묘지문
이 두 가지는 같이 나와 이름만 다를 뿐 한마디로 현묘하니
신비하고 신기한 모든 신묘의 문이다.

– 노자, 『도덕경』, 본문 일장(一 章) 부분

우리가 유추하는 관념의 세계가 실체를 알 수 없는 관념 이전의 세계를 통해야만 그 진실을 알 수 있다. 관념 이전의 우주 실체를 아는 것이 도(道)라고 하는 것이다. 여기에서도 시와 연관이 되는데, 시는 제목을 잘 져야 되기 때문이다. 내가 지금 이 생각하는 것이 어떤 브랜드 인간을 생각해야 된다. 광고에서는 이런 부분이 한계가 있다고 한다. 하지만 내 생각은 다르다. 한계가 있는 무한적인 상상력이야 말로 그 광고를 더 돋보이게 할 수 있다. 그래서 광고와 시가 어떤 한계성이 있다고는 할 수 있지만, 그러나 상상력까지 한계를 둘 수는 없다. 그래서 광고나 시 또한 아름다움을 추구한다.

아름다움은 대부분의 사람들이 추구하는 관념이다. 광고도 그렇고 시도 그렇고 어떻게 표현하는가? 그것이 어떻게 녹아져 있는가? 하는 것이다. 그러나 시

는 경쟁을 하지 않는다. 하지만 광고는 경쟁에서 살아남을 수 있어야 그 광고가 의미있다. 그래서 경쟁은 성장이라는 단어로 대체할 수 있다. 경쟁으로 성장하는 것이다.

그렇게 되면 시와 뭐가 다를 수가 있을까? 이것도 비슷하다고 볼 수 있다. 광고주가 원하는 브랜드의 존재를 알리려는 것 그것이 바로 광고이다. 그리고 얼마나 몰입하게 만드느냐, 그것은 콘텐츠를 만드는 사람들의 숙제이다. 브랜드의 이름에서 언어유희(word play) 운율을 반복하고 이중의미까지 보여줘 쉽고 빠른 선택의 길을 선택하는 것이다.[13]

콘텐츠를 어떻게 만들고 그 기획을 어떻게 하느냐에 따라서 광고는 무한한 가능성을 갖는다. 그렇게 삶을 이어가도록 하는 것이 광고이고 시인 것이다. 그래서 시와 광고는 인간의 욕망을 끓어 올리는데, 시는 문학적 상상력에 욕망을 끓어 올리는 것이고, 광고는 욕망, 창작적 욕망과 거기에 플러스한 브랜드 이미지를 첨가했다고 생각하면 된다. 그렇게 콘텐츠를 개발하는 것은 어려운 것이라고 본다. 그러므로 우리는 어떠한 일들을 해야 되는가?

콘텐츠는 한마디로 말하면 사인(sign)이다. 어떤 의미를 전달하는 기호학이라는 것이다. 어쩌면 시와 광고가 다를 것이 없다고 본다. 같은 형태일 수도 있다. 광고처럼 여러 가지 형태상으로 갈라질 수도 있고 시가 글로 여러 가지 형태로 되는 것처럼 말이다. 시는 역발상의 콘텐츠라고 볼 수 있다. 시를 딱 읽었을 때 무릎을 치게 만드는 글, 눈물을 주르륵 흘리는 글, 광고도 마찬가지다. 한번 딱 봤을 때 감동을 줄 수 있는 광고 그러한 광고가 진정 좋은 광고이다. 그것이 바로 시의 본질에 있고 광고에 본질에 있다는 것이다. 하이데거(Hidegger)는 “언어는 존재의 집이다”라고 했다. 그런 것처럼 우리가 존재할 수 있는 집은 광고의 형태로든 시의 형태로든 나타날 수 있다.

이렇게 기호가 본질에 어떻게 영향을 줄 것이고, 본질을 드러나게 할 수 있다

---

13. 이희복·권혁렬, 『광고비평 광고로 세상일기』, 한울, 116쪽.

는 것은 바로 그들이 또한 존재하기 때문이다. 존재는 진리를 알게 하고 진리는 자유를 줄 수 있다는 것이다. 그래서 시 속에서 광고 속에서 본질을 깨닫게 하고 그리고 시는 인간의 본질을 깨닫게 하고 광고는 브랜드의 본질을 깨닫게 하지만 그 또한 영역이 한계를 조절할 수 없는 것처럼 시와 광고는 이렇게 아름다움을 만들 수 있다.

그래서 우리는 시와 광고에는 결정적인 차이가 존재한다. 그러나 문학적 상상력 속에서는 차이점이 없고 그리고 융합적인 5G와 4차 혁명 속에서는 더욱 그럴 것이다. 우리는 존재함을 만들어가는 것이 우리의 과제이다. 스스로 열리는 것을 밝혀주는 데 의미를 둔다고 할 수 있다. 그러므로 발견되어 있지 않은 존재의 본질을 드러내려는 노력해야 된다는 것이다.

4
소통의 콘텐츠

4-1. 표현과 소통의 언어

글은 표현의 수단임에 동시에 소통의 수단이다.[14] 광고와 시는 쌍방향으로 공감한다는 면에서 문학성과 비슷한 점을 찾을 수 있다. 이러한 문학적 요소와 이미지를 이끌어내는 쌍방향 예술이며, 직접적인 감정을 일으킬 수 있고 순간적인 소통을 이룰 수 있다는 점에서 하나의 콘텐츠로 더 큰 장점을 갖는다. 위에서 본 세 가지의 광고를 통하여 문학성을 찾아보려고 했다. 콘텐츠 개발이라는 점과 예술의 발상에서 문학적 요소를 발견하여 생각해 보는 것이 중요하다.

시는 영상 이미지, 상상력을 만드는 데 있어서 스토리의 구성은 주제, 이미지

14. 위기철, 앞의 책, 같은 쪽.

및 공간, 주인공, 적대자, 핵심사건, 스토리 시작점, 극적인 질문, 절정, 결말 등으로 이루어지는데, 이것은 광고나 시나 차이가 없는 것을 느낀다.

광고는 리얼리티도 중요하지만 사물에 대한 목적성, 관념을 내포해야 된다는 점에서 순수문학과 다른 것이다. 관념이나 개념을 낯설게하기나 리얼리티를 사용하여 철학을 내포할 수 없는 경우가 더 많다. 그러나 잘 만들어진 광고는 그러한 것들을 초월하여 만들어진다.

문학도 마찬가지다. 화자가 너무 강한 이념을 가지고 시를 쓰면 리얼리티와 서정이 죽어버린다. 좋은 시는 하나의 리얼리티를 사용하여 극적인 이미지를 만들어내고 효과적인 메시지를 만들어서 대중을 감동시킨다. 그러한 것처럼 광고와 시는 목적성을 가졌든 안 가졌든 간에 대중과 소통할 수 있는 능력을 키워야 할 것이다.

광고콘텐츠 3개와 시 3편을 보며 설명을 했다. 첫째는 서정적 이미지를 감동까지 주는 모습을 잘 표현하였고, 두 번째는 서정적인 이미지에서 회사의 이념성을 주려는 노력은 있었지만 너무 강한 메시지와 화면과의 괴리 때문에 사람들 설득하는 데 실패했다. 세 번째 광고는 재미와 언어유희로 이미지를 극대화한 것으로 풍자와 해학적 요소를 잘 사용하였다.

모든 광고는 반드시 특정한 관객을 생각하고 만드는 것이다. 광고는, 광고 속 요소들 사이의 관계에 입각해서 만들어진 상상적인 인물을 그 앞의 공간으로 투영한다. 당신이 광고를 들여다봄에 따라 당신은 이 공간으로 들어선다. 그럼으로써 관객이 '되는 것'이다. 당신이 느끼기에, '이봐, 당신!'은 '정말' 그렇게 특별히 당신에게 적용되는 것처럼 보인다.[15] 여기에서 특정한 관객이란 시에 있어서 독자와 같은 것이다. 광고는 보는 사람 즉, 독자에게 보여주는 것이 시를 독자에게 읽게 하고 소통하는 방법은 콘텐츠를 사용하고 만드는 요소는 같다고 본다.

광고는 관객과 소통하며 만들어지고, 시는 독자와 소통하며 만들어지는 문학

---

15. 주디스 윌리암슨, 『광고의 기호학』, 박정순 역, 커뮤니케이션북스, 2007, 80쪽.

적 요소라고 본다. 이러한 문학적 요소를 가지고 만들어진다면 특별한 사이의 관계를 통하여 상상력을 광고와 시라는 공간에서 창작되어지는 것이다.

광고는 시대의 화두로 이해할 수 있다. 어떤 콘텐츠보다도 감각적이고 최고의 기술과 연결된다. 시는 인류 글자콘텐츠가 시작하면서부터 역사와 함께한 것이다. 가장 최근의 콘텐츠와 가장 오래된 콘텐츠가 만난 것이라고 볼 수 있다. 그렇다면 이 두 개의 콘텐츠는 앞으로 어떻게 인간생활 속에서 자리를 잡을 것인가를 생각해 보아야 한다.

가장 오래된 것과 가장 최근의 것이 인류 생활 속에서 존재감을 드러내며 인간의 생활을 더 건강하게 할 것인가는 아무도 모른다. 이러한 콘텐츠가 우리 곁에 존재하지만 언제까지 혼잡한 세상에서 이어나가며 변형하며 융합하며 인간사회의 소통의 매개체가 될지는 모르겠다. 우리는 광고와 시를 통하여 새롭고 무한한 의미를 대체할 수 있는 콘텐츠가 살아서 움직이며, 이 세상을 앞으로도 사람이 존재하는 이유를 만들고 가치 있는 것으로 만들고 싶다.

참여하기

1. 광고에 사용하기 좋은 시를 찾아보고 어떤 광고와 어울리는지 생각해 보자.

2. 좋은 광고를 3개 선정하여 그 이유를 써 보자.

3. 자신이 거주하고 있는 지역을 상징하는 슬로건이나 카피를 창작해 보자.

시와 음악 _여진숙

시와 음악의 대화

"

드뷔시 프렐뤼드

씌어지지 않는

散文의 源泉

김종삼, 「그라나드의 밤 - 黃東奎에게」 전문

"

1. 귀로 읽는 시 눈으로 듣는 노래
2. 언어와 선율의 변주와 보완
3. 이미지와 사운드 영상의 만남
4. 노래가 된 시, 시대의 조명으로
5. 한마디 말, 시가 되고 노래가 되어

* 참여하기

Poetry & Music

8장 시와 음악의 대화

1 귀로 읽는 시 눈으로 듣는 노래

시는 언어로 만들어진 예술이다. 언어는 자체가 말소리의 강약, 완급, 음색 등의 음악적 요소를 갖는다는 점을 고려하면 음악성을 시의 고유한 특성으로 들 수 있다. 시와 음악은 공통적으로 소리를 통하여 정서를 표출하고 공감대를 형성하는 소리예술인 것이다.

특히 노래는 가사로서의 시에 멜로디를 더해 목소리로 불리는 시와 음악의 통합예술이다. 시를 읽음으로써 그려지는 이미지와 더불어 발성할 때 내는 언어의 음악성이 공명하면서 노래는 광범위한 공감각적 효과를 일으킨다. 얼굴의 모든 기관 즉, 이목구비가 상호 작용하는 소통이며 대화이다.

> 엄마야 누나야 강변 살자,
> 뜰에는 반짝이는 금모래 빛,
> 뒷문 밖에는 갈잎의 노래
> 엄마야 누나야 강변 살자
>
> – 김소월, 「엄마야 누나야」 전문

위에 제시한 텍스트를 보면서 우리는 읽었을까? 노래했을까? 아무 생각 없이 읽기 시작했다가 어디서부터였나 노래를 부르고 있는 자신을 발견할 것이다. 모르는 사이에 시는 그렇게 노래가 되고 노래는 시에서 비롯된 것임을 알게 되는 현상이다. 음악과 시와 노래가 본래 한뜻이고 한몸이라는 것을 다음 시를 통해 좀 더 구체적으로 유추할 수 있다.

산골짜기 아래로 피리를 불며
기쁜 노래의 피리를 불며
구름 위의 아이를 나는 보았습니다

"피리 놓고 기쁜 피리 놓고
기쁜 노래로 불러요"
그래 나는 같은 노래를 불렀습니다

"피리 아저씨, 거기 앉아서
책에 그 노래를 쓰세요, 모두 다 읽을 수 있게"

나는 거친 펜을 만들어
맑은 물을 적셨습니다
그리고 나의 기쁜 노래를 적었습니다
모든 아이들이 기쁘게 듣도록

– 윌리엄 블레이크, 「천진의 노래」 서시(序詩) 부분

위의 시에서 화자는 구름 위의 아이와 소통한다. 피리를 불던 화자가 아이의 부탁으로 노래를 부르고 마침내 노래를 쓰게 된 과정을 담았다. 모두 다 읽을 수 있도록 기록할 것을 요청하고 아이는 사라진다. 화자는 모든 아이가 기쁘게 듣도록 '나의 기쁜 노래를 적'는다. 시인은 이 시를 통하여 노래가 활자로 형상화되는 유래와 과정을 보여주고 있다. 제한된 공간에서 일회성으로 행해지는 노래, 즉 시·공간적으로 제한될 수밖에 없는 노래를 보존하기 위해서 천사는 인간으로 하여금 기록물을 만들게 했다. 그리하여 활자로 새겨진 노래가 마침내 '시'라는 문학의 형태로 보급되었다는 과정을 상상하게 한다. 피리 소리와 노래와 시가 밀접하게 연관된 것이다.

앞에서 소개한 시 「엄마야 누나야」처럼 노래로서 널리 알려진 작품은 물론이고, 아직 특별한 곡이 붙지 않은 시일지라도 독자의 발성과 리듬으로 읊어지는 순간 시는 충분히 노래가 된다. 또는 이미 노래였다는 걸 이해할 수 있다. 사실 우리는 아름다운 문장을 음미해서 읽을 때 속도를 늦추고 언어의 발성에 집중하게 된다. 그렇게 하다 보면 천천히 소리 내어 읽게 되는데, 이때 생기는 율조 즉, 리듬이 귀에 붙어 '시와 노래가 하나'라는 걸 자연스레 깨닫게 된다.

서정시(lyric)의 어원이 칠현금 현악기인 리라(lyra)에서 유래했다는 사실로도 알 수 있듯이, 시는 원래 악기에 맞춰 부르는 노래의 가사였다. 서양의 서정시는 고대 그리스에서 시인들이 바로 이 리라라는 현악기의 반주에 맞추어 시를 읊었던 데에서 생겨난 말이다.[1)]

---

1. 그리스 신화에는 헤르메스가 거북이를 죽이고 그것의 등껍질에 아폴론에게서 훔친 황소의 내장으로 만든 줄을 묶어 놓은 어린 헤르메스의 이야기가 나온다. 이렇게 만들어진 것이 최초의 리라이다.

2

언어와 선율의 변주와 보완

2-1. 음악으로 시를 변주하다

'변주(變奏)'의 사전적 의미는 어떤 주제를 바탕으로, 선율·리듬·화성 따위를 여러 가지로 변형하여 연주하는 것이다.

노르웨이의 문호 입센(henrik Ibsen)의 5막 극시 「페르귄트」는 노르웨이의 국민 음악가 에드바르트 그리그(Edvard Grieg)의 음악으로 변주되고 유명해진다. 솔베이그는 극중에 나오는 여주인공 이름이며, 그녀가 부르는 〈솔베이그의 노래(Solveig's Song)〉는 우리에게 잘 알려져 있다.

부수(附隨, 극과 극 사이의 간주) 음악의 리듬이 너무나 아름다운 연극의 줄거리를 보면, 페어는 몰락한 지주의 아들로서, 어머니의 절실한 소원에도 불구하고 집안을 재건할 생각은 하지 않고 지나친 공상에만 빠진다. 애인 솔베이그를 버리고 산속 마왕(魔王)의 딸과 결탁, 혼을 팔아넘기고 돈과 권력을 찾아 세계여행을 떠난다. 파란 끝에 고향이 그리워 배를 타고 귀국길에 오르지만 배가 난파하여 무일푼이 되어 고향 땅을 밟는다. 거기서 늙은 마왕으로부터 빚 독촉을 받으나 최후까지 혼을 팔아넘기지 않았기 때문에 살아남아 백발이 된 애인 솔베이지의 팔에 안겨 죽는다.

한 겨울 지나고 봄 돌아오면 봄 돌아오면
그 여름이 시들어 세월 흐르네 세월 흐르네
그대 돌아오리 오리라 오리라 나의 그대여
나 기다리겠네 우리 약속했듯이 그대 기다리리
아아아~

하늘은 항상 그댈 도와주시리 그댈 도와주시리
마음 모아서 기도드리면 도와주시리 (아아아아)
그대 올 때 까지 나 기다리네 나 기다리네
아아아~

– 입센, 〈페르귄트〉 중 '솔베이그의 노래' 부분

근대인의 부(富)와 권력 추구에서 오는 정신의 황폐와 인간의 과대한 야망의 덧없음을 그리고, 자기를 버리고 간 방탕한 연인을 백발이 될 때까지 가슴 속에 간직한 여인의 청순무구를 대조하여 최후의 구원을 발견케 한다. 입센의 작품 중에서는 가장 분방한 상상력을 구사한 작품으로 알려졌다. 이 희곡을 토대로 노르웨이의 작곡가 그리그는 같은 제목의 부수음악을 작곡, 1876년에 초연했다.

작곡가 그리그의 서거 100주기를 맞아 노르웨이의 피아니스트 레이프오베 안스네스는 하르당게르(Hardanger) 고원에서 그리그의 곡을 연주했다. 피아노는 헬기로 공수했다. / 출처 EM

시를 모티브로 한 명곡들을 살펴볼 때, 음악은 예술의 최고봉으로 여겨온 문학의 감동 혹은 문학이 미처 다 표현하지 못한 것을 표현하는 위대한 예술의 영역이라는 것을 알 수 있다. 이처럼 예술의 상호 교류를 통한 감동의 재생산, 감동이 배가되는 현상을 '문학은 음악을 낳고 음악은 문학을 살린다'로 정리해 본다.

2-2. 시로써 음악을 풀다

노래에서 모티브를 얻어 쓰인 시가 있다. 러시아 음유시인의 시가 노랫말이 되었다는 러시아 민요 〈백학 (주라블리, Zhuravli)〉을 소재로 하여 쓴 정철훈의 시 「병사들은 왜 어머니의 심장을 쏘는가」는 잔해가 길다. 동서고금을 통틀어 변할 수 없는 주제인 슬픔의 근원, 즉 죽음에 관한 한 편의 서사이다. 삶을 다한 후 누구나 이르게 되는 자연적 죽음이 아니라 청춘의 죽음이기에 특별하다. 질병이나 사고로 인한 죽음이 아니고 전쟁이라는 특수적 상황에서 청춘들이 서로 죽고 죽이는 참상이라서 더욱 비극적이다.

그러나 이 노래와 시가 담은 가장 큰 슬픔은 최후의 과녁이 총을 들지 않은 어머니의 심장이기에 더욱 깊고 오랫동안 아프다. 무장되지 않은 어머니들은 자식의 죽음을 확인할 때까지 오래 헤매고 자식의 죽음이 확인되고 나서도 죽을 수 없다. 혹독한 시간을 치르면서 눈물로 사는 몸이 다 죽을 때까지 오래오래 마음으로 죽어가는 것이다.

죽은 병사들이 학이 되어 날아갔다는 러시아 가요 주라블리의 가사는
진부하다
죽은 자는 죽은 그 자리에서 한 발자국도 떠나지 않는다
주라블리의 하얀 날개에 피가 묻어 있는 것은 이 때문이다
전선에서 불똥이 튈 때 어머니는 군화를 신듯 두꺼운 양말을 조여신고

일어선다
어머니의 일생은 이미 패배한 것이어서 자식을 찾아오기 전에는 다시는
앉지도 눕지도 않을 것이다

흔히 죽은 자의 영혼은 날아오른다고 하지만 문제는 대지에 남은 육신이다
뼈와 살과 흥건한 핏물…
자작나무는 영혼이 빠져나간 시신을 뿌리로 휘감으며 자란다

자작나무숲에 들어가 보면 안다
잘박이는 낙엽을 밟는 순간 물컹하게 풍기는 피비린내
하늘은 어둡고 자작나무 껍질은 은박지처럼 반짝이는데 거기 맺혀 있는 건
어머니의 눈물
체첸에 파병된 아들을 찾아나선 병사들의 어머니회원들이 모스끄바에서
그로즈니까지 도보시위를 벌일 때 그들의 손에는 흰 깃발이 들려 있었다
누군가 중얼거렸다
자작나무 밑에 시체가 썩고 있다고
가슴의 붉은 리본은 아들의 전사통지
산 아들이 아니라 죽은 아들을 찾으러 가는 어머니들의 걸음은 이미
총알 빗발치는 전장을 밟는다

아들의 시체를 찾아 헤매는 동안 어머니의 얼굴엔 수염이 자란다
그리하여 모든 병사들은 적군이 아니라 어머니의 심장을 쏘는 것이다
적군은 앳된 얼굴의 체첸 전사가 아니라 그 병사의 어머니며 어머니의
심장이다

언 땅으로 눈발은 흩날리는데 거기 반쯤 묻혀 무엇인가를 움켜쥐려고

> 내뻗친 시신의 손목
> 어머니들은 얼어붙은 손목을 중심으로 둥글게 모여든다
>
> 우리는 알고 있다
> 주라블리들이 떼지어 겨울 하늘을 날아가는 저 진부한 노래가
> 왜 어머니의 심장 속에서 흘러나오는지를
>
> – 정철훈, 「병사들은 왜 어머니의 심장을 쏘는가」 전문

이 시와 시의 모티브가 된 노래에 대하여 김기택 시인은 다음과 같이 말한다.

러시아어 '주라블리'는 우리말로 '백학', 남저음 목소리가 매력적이어서 가끔 흥얼거리게 되는 노래다. 왜 노래가 자꾸 입에 붙나 했더니 아들 잃은 어머니들의 가슴과 눈에서 고통의 진액을 뽑아내는 이야기를 담고 있어서 그런가보다. '병사들은 왜 어머니의 심장을 쏘는가'라는 절규가 큰 울림을 갖는 이유는 우리 민족도 그런 아픔을 겪어왔기 때문이다. 일제 강점기부터 한국전쟁과 광주민주화항쟁에 이르기까지 이 땅에서도 많은 젊은이들이 총칼에 죽었다. 보이지 않은 수많은 어머니들이 그 뒤에서 울음과 한숨과 불면으로 죽었다. 어머니들이 아직 숨을 쉬고 있다 해도 이미 오래전에 죽은 것이나 다름없다.

군인은 몸으로 죽지만 어머니는 가슴으로 죽고 기억으로 죽는다. 군인은 단 한 번 한순간에 죽지만 어머니는 수십 년에 걸쳐서 수십 수백 번 죽는다. 군인은 죽어서 썩지만 어머니는 다 썩은 다음에 죽는다. 살아서 하루에도 여러 번씩 죽는 어머니의 죽음은 어머니의 몸이 죽어야 비로소 끝난다.[2)]

시와 노래는 공통점을 가지고서 상호 작용을 한다. 대체로 시의 내용이 아름답거나 의미가 있고, 멜로디가 친숙할 때 서로 주고받으며 상호 보완적으로 작용하

---

2. 김기택, 『다시, 시로 숨 쉬고 싶은 그대에게』, 다산북스, 2016, 300쪽.

기 마련이다.

그러나 위의 시와 노래의 경우는 특별하다. 아름답지 않기에 오히려 서로 영향을 주고받으며 하나의 운명적 공동체를 이루는 것이다. 그것은 감각이 아니다. 폐부를 깊이 찔려 본 사람들만이 알 수 있는 눈빛과 호흡 그리고 몸짓으로 발하는 언어, 그것을 공감하는 자들만이 가질 수 있는 본능의 차원이다. 우리는 그것을 애도라고 표현할 수밖에 없다. 국경이나 시대를 넘어 가슴과 심장을 찔려 본 사람들이 갖게 되는 색채, 그래서 러시아의 하늘에서 날고 있는 주라블리의 날갯짓은 이 땅의 수많은 가슴속의 붉은 것들을 자꾸 퍼덕이게 만든다.

> 이것은 무슨 음악이지요? 새벽녘 머리맡에 와서 속삭이는 그윽한 소리. 눈물 뿌리며 옛날에 듣던 이 곡의 작곡가는 평생 한 여자를 사랑하다 갔지요? 아마 그 여자의 이름은 클라라일 겝니다. 그의 스승의 아내였지요? 백 년 이백 년 세월은 흘러도 그의 사랑은 아직 다하지 못한 모양입니다. 그래서 오늘 새벽녘 멀고먼 나라 엉망진창인 이 파락호의 가슴에까지 와서 울고 있지요?
>
> – 천상병, 「음악」 전문

무슨 음악인지 모르다가도 이 시를 읽으면 음악을 꼭 듣고 싶어진다. 화자가 듣고 있는 곡이 구체적으로 어떤 음악인지는 알 수가 없다. 본문에 주어진 몇 가지의 정보를 통해 그 음악의 작곡자가 브람스라는 것과 그의 스승이 슈만이라는 것을 알 수 있을 뿐이다.

브람스(Johannes Brahms, 1833~1897)와 슈만(Robert Schumann, 1810~1856), 그리고 당시 유명한 피아니스트이자 슈만의 부인이었던 클라라 슈만(Clara Schumann, 1819~1896)과의 관계는 음악계에서는 대단히 아름답고 유명한 이야기로 알려져 있다. 무명에 가까운 신인 피아니스트였던 브람스는 20세에 슈만 부부를 만나게 된다. 부부는 브람스의 음악성에 깊은 감명을 받았고 그의 천재성을 알아본 슈만은 브람스를 음악계에 적극적으로 홍보한다. 슈만 부부의 따뜻한 후원 덕분에 브람스의 음악가로서의 삶이 펼쳐지게 된다. 20세부터 64세로 세상을 떠나기까지 브람스의 마음속엔 스승 슈만에 대한 존경심과 한편으로 클라라에 대한 연모가 있었으나 브람스는 클라라가 스승의 부인임을 상기하고 자신의 감정을 억누르며 그녀와의 '플라토닉 사랑(Platonic love)'을 하게 된다. 거기에서 생겨나는 모든 힘과 열정은 브람스의 창작에 모아졌다.

조금 더 세밀하게 시의 본문을 보면 "눈물 뿌리며 옛날에 듣던"이라는 대목을 통해 순수한 시절에 심금을 울렸던 곡조라는 것을 짐작한다. 브람스 현악 6중주 1번 2악장, 〈브람스의 눈물〉이라는 부제로 잘 알려진 곡이다. 그렇게 놓고 보니 이백 년 이상의 세월 동안에도 다하지 못한 사랑이 있어 머나먼 이국땅 파락호의 가슴까지 파고드는 울음이라는 게 합당한 해석이 되는 것이다, 아름다운 사랑은 시·공간을 초월하고 사랑으로 흘리는 눈물은 세월로도 다함이 없다는 것을 말하는 시인은 사랑의 역설을 그렇게 말하고 있을 뿐이다. 본문에 쓰인 물음표 네 개가 마치 말년의 작품을 암시하는 것으로도 보인다.

2-3. 언어의 결핍과 과잉, 음악의 자리

스페인의 철학자이며 비평가인 호세 오르테가 이 가세트(Jose Ortega y Gasset)는 "모든 말은 결핍이다. 자신이 표현하고자 하는 바를 다 담지 못한다. 모든 말은 과잉이다. 내가 전하지 않았으면 했던 것들도 전하게 된다"라고 했다. 말의 한계를 적시한 그의 통찰은 언어를 질료로 삼는 문학작품의 창작에서 염두에 둘 사항이다.

"음악은 의미가 제한받지 않고 언어는 의미에 얽매이기 마련이다. 온몸에 감동을 전하는 것은 음악이 강하다"[3]고 한 시인 다니카와 슌타로의 견해도 시어를 최소화하고 음악적 요소를 적극적으로 활용하는 창작의 중요성을 강조한다.

시창작에 특별히 음악적 기법을 중시한 김종삼의 작품세계를 주목해 보자.[4)]

물
닿은 곳

神羔의
구름밑

그늘이 앉고
杳然한
옛
G·마이나

– 김종삼, 「G·마이나」(— 全鳳來 兄에게) 전문

이 시는 풍경과 음악의 조합으로 시·공간을 연결하고 묘연한 추억을 회상시킨다. 희미한 풍경을 담아내는 간결한 시어와 짧은 행이 각 연을 이루고 주어와 종결 어미가 없이 시는 그대로 음악이 된다. 제목과 마지막 행을 'G·마이나'로 일치시킴으로써 음악으로 공간적 배경을 구성하고 있다. 음악의 액자에서 물, 구름, 그늘 등 몇 개의 단어들이 나타나고 있으나 각각의 단어들도 가시화되는 것

---

3. 다니카와 슌타로, 『시를 쓴다는 것』, 조영렬 역, 문학동네, 2015, 106–107쪽.
4. 김종삼 작품의 30 퍼센트에 달하는 텍스트에 음악적 요소를 도입한 것은 음악이 김종삼 시의 중요한 질료이며 음악적 기법이 비중 있게 사용되었음을 말하는 것이다. 본 절의 내용은 필자의 박사학위 논문에서 가져온 것임을 밝혀둔다.

보다는 유동적으로 의미작용을 이루면서 음악의 선율에 남기는 효과를 낸다.

'전봉래 형에게'라는 부제가 의미하듯 제목 'G·마이나'가 전봉래의 죽음을 암시하면서 전체적으로 묘연한 환상과 쓸쓸함의 정조를 띠고 있다. G·마이나라는 사단조의 음색이 일으키는 분위기가 시를 어둡고 느리게 전개시킨다. 형식적 구성을 살펴보면 첫 행의 '물'과 7행의 '옛'을 단음절의 행으로 처리함으로써 의도적으로 호흡을 조절하게 하여 '닿은 곳'과 'G·마이나'의 의미를 강화시킨다. 짧은 음절 하나하나가 노랫말처럼 곡조를 갖게 한다.

문학은 발화로 끝나지 않고 문자로 남기는 말이다. 언어의 선택과 집중이 요구되는 모든 문학작품의 창작은 언술행위이다. 시는 문학의 여러 분야에서도 특히 언어의 경제성을 생각하는 분야이므로 제한된 언어로 가장 적확하고 명징한 이미지를 창출해야만 한다. '표현하고자 하는 바', '전하지 않았으면 했던 것'에서 자유롭지 못하여 늘 결핍과 과잉에서 고민하는 것이다. 수 없이 퇴고하며 언어와 문장 혹은 문장부호까지 더하기 빼기를 계속 할 수밖에 없다. 이러한 과정을 통해서도 끝내 해결되지 않는 언어의 한계를 시인은 음악을 빌어 직조한 것이다.

3
이미지와 사운드 영상의 만남

3-1. 영상에 스며드는 겨울 나그네의 절창

원작 시에 곡을 붙인 독일 가곡[5] 중에서 대표적인 작품으로 슈베르트(Franz

5. 괴테(Johann Wolfgang von Goethe)의 서정시가 18세기 후반 동시대 작곡가들에게 영감을 주었고 시적 음악적 완성도는 이전까지 폄하되어오던 노래의 가치를 드높였다. 괴테는 '시구는 음악이 보완해 주어야 한다', '시는 작곡을 통해 완전해질 수 있다'는 견해를 보였고 독일어로 된 예술가곡이 슈베르트에 이르러 꽃을 피우게 되었다.

Peter Schubert)의 〈겨울 나그네(Winter Wanderer)〉를 꼽는다. 나아가 동명의 영화에서 주제를 살려 영화의 삽입곡으로 쓰인 〈겨울 나그네〉의 경우는 시와 음악 그리고 영상의 경계를 넘나드는 융합예술의 차원이라 말할 수 있다.

〈겨울 나그네〉는 슈베르트의 나이 30세 때 작곡한 연가곡집으로 빌헬름 뮐러(Wilhelm Muller)의 연작시에 곡을 붙인 것이다. 친구 집을 방문했다가 책상 위에 놓인 뮐러의 시집 『겨울 나그네』를 읽고 깊이 감동한 슈베르트는 곧바로 작곡에 매달린다. 그가 〈겨울 나그네〉를 작곡하기 4년 전 같은 뮐러의 시에 곡을 붙인 연작 가곡 〈아름다운 물방앗간집 아가씨〉는 청춘의 서정과 아름다움이 듬뿍 담긴 작품이었다. 그에 비해 〈겨울 나그네〉는 음울하고 어두운 정조가 가득한 비극적인 노래이다. 실연을 당하고 방랑길에 나선 한 젊은이의 심리가 가사와 곡을 통해 절절하게 전해진다.[6] 연가곡 전체의 줄거리는 다음과 같다.

사랑에 실패한 청년이 추운 겨울 연인의 집 앞에서 이별을 고하고 눈과 얼음으로 뒤덮인 들판으로 방랑의 길을 떠난다. 눈과 얼음으로 가득한 추운 들판을 헤매는 청년의 마음은 죽을 것만 같은 고통과 절망 속에서 허덕이고 어느덧 까마귀, 숙소, 환상, 도깨비불, 백발과 같은 죽음에 대한 상념이 마음속에 자리 잡게 된다. 마지막으로 마을 어귀에서 라이어를 돌리고 있는 늙은 악사에게 함께 여행을 떠나자고 제안하는 장면에서 이야기는 끝을 맺는다.

영화는 어떻게 겨울 나그네를 그렸을까? 곽지균 감독의 데뷔작이자 대표작 중 하나인 〈겨울 나그네〉는 1984년 동아일보에 연재되었던 최인호의 동명 소설을 영화화한 작품이다. 원작의 탄탄한 줄거리를 발판 삼아 소설 속에서 표현되었던 장면들을 영화에서도 효과적으로 녹여내고 있다는 평을 받았다. 이 작품은 1997년 예술의 전당 창립 10주년 기념 공연으로 오페라 극장에서 뮤지컬로도 성공하여 많은 관객을 동원했다.

---

6. 알프레드 브렌델(Alfred Brendel)의 반주에 맞춰 피셔 디스카우(Dietrich Fischer – Dieskau)가 부른 노래가 우리에게 친숙하다.

뮐러(Wilhelm Muller)의 시에 곡을 입힌 슈베르트의 겨울 나그네와 그로부터 영감을 받아 최인호가 쓴 동명의 소설, 그리고 마침내 그것을 영화로 만든 곽지균 감독의 겨울 나그네는 저마다의 장르로서 개별성이 있다. 그러나 시·공간의 차이를 넘나들고 장르를 불문하면서 작품에 흐르는 젊은이의 비극은 서로 닮았다. 시로 시작하여 영상예술에 이르기까지 언어와 음악으로 아우르는 겨울 나그네는 서로 대화하고 교감한다. 사랑의 상처로 인한 고통과 방황과 자기 파멸적인 결말이 각각의 작품에서 너무도 아름답게 표현되었기에 비극의 예술적 가치를 새삼 따져볼 필요가 없다.

피셔 디스카우와 알프레드 브렌델, 출처 필립스 음반

성문 앞 우물곁에 서 있는 보리수
나는 그 그늘 아래서 단꿈을 꾸었네
가지에 희망의 말 새기어 놓고서
기쁘나 슬플때나 찾아온 나무밑
오늘밤도 지났네 그 보리수 곁으로
깜깜한 어둠속에 눈감아 보았네
가지는 산들 흔들려 내게 말해주는 것 같네

이리 내곁으로 오라 여기서 안식을 찾으라
찬바람 세차게 불어 와 얼굴을 매섭게 스치고
모자가 바람에 날려도 나는 꿈쩍도 않았네
그곳을 떠나 오랫동안 이곳저곳 헤매도
아직도 속삭이는 소리는 여기 와서 안식을 얻으라

– 슈베르트, 〈겨울 나그네〉 중 제5번 '보리수' 부분

3-2. 평화의 노래, 천국을 그리다

다음으로 〈노킹 온 헤븐스 도어(Knockin' On Heaven's Door)〉의 경우를 살펴보자.

1973년 발표된 후 수 많은 가수들이 리메이크한 〈노킹 온 헤븐스 도어〉는 천국의 문을 두드린다는 내용만이 반복해서 나온다. 영화의 삽입곡이자 제목이기도 하다. <Blowin' In The Wind>, <Mr. Tambourine Man>으로 국내에 널리 알려진 포크 싱어송라이터 밥 딜런의 자작곡이다. 그의 작품에는 반항적인 노래들이 많은 것이 특색인데, 60년대 중반부터는 가사를 표현함에 리듬의 중요성을 깨닫고 보다 포크적인 록을 지향하게 되었다. 이 곡은 1973년에 발표한 작품으로서, 엄청난 히트를 기록하였다.[7)]

2016년에 노벨문학상을 수상한 밥 딜런(Bob Dylan)은 가수이기 이전에 음유시인으로서 그가 만든 노랫말의 문학성은 탁월하다. 「천국의 문을 두드려요(Knockin' On Heaven's Door)」가 대표적이다. "어머니, 내 옷에 달린 이 배지를 떼어 주세요. 나는 더 이상 그걸 사용할 수가 없어요. 보이지 않을 정도로 세상은 어두워지고 있어요. 천국의 문을 나는 두드리고 있어요. 두드려요, 두드려요. 천

7. 변정인, 『이야기 팝송 여행』, 삼호출판사, 1995.

국의 문을 두드려요."라며 절망과 희망을 동시에 내포하는 노랫말은 호소하는 듯한 음색과 더불어 듣는 이의 가슴에 각인된다. 이 곡은 샘 페킨파(Dayid Samuel Peckinpah)의 영화 〈관계의 종말〉(1973)에서 보안관이 죽어가는 장면에서 사용되면서 그 문학성이 극에 달했다.

또한 이 곡의 노래 제목은 1997년 독일의 토머스 얀(Thomas Jahn) 감독에 의해 그대로 영화의 제목으로 옮겨졌다. 시한부 인생의 두 남자가 병원을 탈출해서 바다를 보러 떠나는 24시간 동안의 이야기다. '천국의 문을 두드려요'의 서정적인 멜로디가 가사에 어우러지며 많은 이들에게 아직도 회자되고 있다. 특히 영화의 마지막 부분에서 마침내 다다른 바다를 바라보는 주인공의 뒷모습과 엔딩신이 인상적이다. 천국의 문을 막 넘어가는 듯한 주인공의 자세와 바다물결 위로 번진 노을을 배경으로 떠오르는 시가 그대로 노래로 불려 주인공을 배웅한다.

영국 스코틀랜드 세인트 앤드루스대학은 2004년 밥 딜런에게 명예박사학위를 수여하면서 "그의 노래, 특히 그의 가사는 지금도 우리 의식의 일부로 남아 있다"고 평했다. 같은 해 딜런의 가사를 분석한 저서를 쓴 미국 보스턴대학교 영문학 교수인 크리스토퍼 릭스(Christopher Ricks)는 자신의 연구가 윌리엄 셰익스피어(William Shakespeare)와 T.S. 엘리엇의 작품 다음 서열에 세울 것이라며 그를 대문호들에 견주기도 했다. 딜런은 가사뿐 아니라 자서전에서도 실력을 발휘했다. 2004년 펴낸 자서전 『바람만이 아는 대답』은 그해 〈뉴욕타임스〉 올해 최고의 책으로 선정되기도 했다.

대중음악 평론가 임진모 씨는 "많은 노래가 사랑을 이야기할 때 딜런은 정치, 사회, 철학에 대해 논했다"며, "미국에서 대중음악 가사를 성경의 수준으로 끌어올렸다고 평가를 받는 이유"라고 말했다.[8)]

예술은 시에서 노래로 소설에서 영화로 그렇게 확장되고 융합한다. 장르를 넘나드는 아름다움이다. 시를 읽고, 노래를 듣고, 문학과 영화로 만나는 열정은 그래서 행복한 예술 편력이다.

---

8. ≪뉴시스≫, 2016년 10월 13일자 참조.

토머스 얀 감독의 영화, 1997

어머니 내 옷에 달린 이 배지를 떼어 주세요.
나는 더 이상 그걸 사용할 수가 없어요.
보이지 않을 정도로 세상은 어두워지고 있어요.
천국의 문을 나는 두드리고 있어요.
두드려요.
두드려요.
천국의 문을 두드려요.
두드려요.
두드려요.
천국의 문을 두드려요.
어머니 이 총들을 내게서 멀리 치워 주세요.
나는 더 이상 총을 쏠 수 없어요.
거대한 검은 구름이 나를 따라오고 있어요.
천국의 문을 나는 두드리고 있어요.

– 밥 딜런, 〈천국의 문을 두드려요(Knockin' On Heaven's Door)〉 부분

4
노래가 된 시, 시대의 조명으로

모든 예술은 당대의 자취를 드러내기 마련이다. 특히 언어와 문자로 표현하는 문학은 다른 장르의 예술에 비해 감정과 사상을 드러내는 것에 더 친근하고 구체적이다. 마음이 담긴 언어에 곡조가 실려 불리는 노래는 그래서 그 시대의 정서를 대변한다. 풍진 세월을 관통하면서 삶을 위로해 온 그 많은 노랫말은 시에서 비롯된 것이 대부분이다. 일제강점기에서 오늘에 이르는 동안 함께한 노래를 통해 이들이 태어나고 성장한 시대적 정서를 불러보자.

4-1. 상실의 시대에서 자란 불멸

동요 〈오빠 생각〉과 〈고향의 봄〉은 1920년대 방정환 선생이 펴낸 잡지 『어린이』에 실린 동시에서 출발했다. 열두 살 소녀 최순애가 서울에 가신 뒤로 소식이 없는 오빠를 그리워하며 지은 시 「오빠 생각」은 일제강점기 우리 민족의 서러운 감성을 대변했다. 이 시를 읽고 감동한 소년 이원수도 이듬해 봄에 투고한 시가 「고향의 봄」이다. 이 두 동시에 박태준과 홍난파가 각각 곡을 붙였다. 노래 〈오빠 생각〉은 유려한 곡조에다 비장미까지 갖추어 삽시간에 전국으로 퍼져나갔다. 오빠는 남편을 기다리는 아내, 자식을 기다리는 부모, 조국의 광복을 기다리는 겨레의 마음으로 제각각 해석되었다. 가사의 서정성과 토속성, 그리고 한국인의 한의 정서와 맞물리면서 국민가요로 자리잡았다.[9] 또한 〈고향의 봄〉이 우리 민족의 노래가 된 데에는 우리가 아픈 역사를 지나왔기 때문이다. 일제강점기에는

잡지 『어린이』, 출처 국가기록원　　〈고향의 봄〉 악보, 출처 문화콘텐츠닷컴

고향이 곧 나라였고 고향의 정서는 잃어버린 나라의 정서와 맞닿아 있었다. 그리고 해방 뒤 6·25전쟁을 겪으면서 고향을 떠나 살 수밖에 없었던 수많은 전쟁 이재민들은 그 허전함을 달래기 위해 고향의 봄을 불렀고, 그 뒤 1960년대부터 해외로 일을 찾아 나간 동포들은 애국가보다 고향의 봄을 먼저 불러 떠나온 고향을 그리워했다.

동요 〈고향의 봄〉이 동요를 넘어 〈아리랑〉만큼 애창되는 것은, 길지 않은 이 노래 속에 민족 정서의 원형이 들어있기 때문이다.[10] 훗날 부부가 된 이원수와 최순애는 일찍이 이별의 슬픔과 고향에 대한 그리움의 정한을 애틋하게 담은 국민의 노래를 탄생시킨 것이다.

---

9. 김동률, 『인생, 한 곡』, RHK, 2015, 54쪽.
10. 한국향토문화전자대전 참고

1953년 발표된 곡 〈봄날은 간다〉는 인생의 봄날을 지나친 사람들이 저마다의 감상으로 부르는 노래다. 문인들이 애송하는 노랫말로도 손꼽힌다. 그림을 보는 듯한 회화적 이미지와 리듬감을 느끼게 하는 노랫말은 한 편의 시라는 게 대다수의 의견이다. 처연한 곡조에 담긴 아름다운 노랫말은 떠나가는 것에 대한 속절없음의 증상이다. 피난살이 하던 부산의 판자촌에 화재가 번져, 어머니의 사진이 불타는 바람에 쓴 손로원의 시였다. 아들이 장가갈 때 입겠다며 연분홍 한복을 고이 간직하던 어머니는 아들이 객지를 떠도는 사이 타계하셨고, 연분홍 치마를 입고 있는 어머니의 사진을 간직하던 아들은 불에 타 사라지는 어머니의 모습을 언어로 붙잡으려 한 것이었다.

같은 제목으로 된 시를 여러 시인이 썼고 같은 이름의 영화와 드라마, 연극으로도 올려졌다. 원곡 가수 백설희 외에도 내로라하는 국내 가수들이 리메이크해 불렀다. 세월의 벽을 뛰어넘는 대중적 인기로 '불후의 명곡'임을 여실히 보여준다. 그러나 누구도 머물지 못하는 청춘임을 알기에 '봄날은 간다'라는 읊조림은 상실과 결핍으로 느끼는 실존적 자각이다.

1981년 정덕수 시인은 고향인 외설악을 산행하다가 「한계령」을 썼다. 여섯 살 어린 시절, 집을 나간 어머니를 기다리며 바라본 건너편 산마루가 한계령이었다. 초등학교 학력으로 상경한 소년이 시인의 꿈을 안고 떠돌다가 잠깐 들른 고향길, 마주한 한계령이 그에게 말을 걸었다. 산은 그에게 "우지마라 우지마라"하고, 바람이 구름을 몰아가고, 이슥고 어둠에 젖은 산은 어깨를 떠밀며 내려가라고 했다. 젖은 눈으로 바라보았던 산마루는 열두 해가 지나 시인의 나이 열여덟이었다. 노랫말이 주는 비장미와 초탈의 이미지까지 갖춘 노래 〈한계령〉은 원곡자 양희은의 음색에 버무려져 깊은 울림을 준다.

한계령, 출처 시티맵

시와 노래의 소재가 된 한계령(寒溪嶺)은 강원도 양양군 강현면과 인제군 북면 사이에 있는 고개로 높이 1,004미터의 준령이다. 그러나 다다를 수 없는 한계를 느끼게 하는 산의 묵시처럼 노랫말은 장엄하고, 인간의 욕망을 진중하게 다듬는 듯한 멜로디에 삶은 숙연해진다. 그래서 제목 속의 '寒溪'는 '限界'로 오인되곤 한다. 시인들이 가장 좋아하는 노래로 발표되기도 하고 40여 명의 가수와 성악가가 이 노래를 리메이크해서 불렀다. 양귀자 작가는 동명의 소설 「한계령」을 썼고 이 작품은 중등 교과서에 실렸다.

4-2. 그리움과 비관을 넘어 창조적 자각으로

1980년대 말 크로스오버(crossover) 음악 한 곡이 태어났다. 정지용의 시에 작곡가 김희갑이 곡을 붙인 노래 〈향수〉이다. 가수 이동원과 함께 녹음한 서울대 교수 박인수는 국립 오페라단에서 제명당했다. 성악가가 대중가요를 불러 클래식 음악을 모독했다는 게 제명의 사유다. 쫓겨나는 자리에서 박인수는 지용의

〈향수〉라면 어떤 반대급부도 오히려 영광이라고 선언했고 이 곡은 많은 사랑을 받았다.

정지용은 모더니즘 시인으로 문단의 주목을 받았고 〈시문학〉 동인으로서 박용철, 김영랑과 함께 순수 서정시의 개척에 힘썼다. 선명한 이미지의 구축과 유려한 언어 감각으로 한국 현대시의 샛별로 칭송되고 평가되었지만, 해방 이후에 조선 문학가 동맹에 가입하여 활동했고 한국전쟁을 전후로 행방불명 된 정지용은 월북시인으로 분류되어 문학사에서 제외당했다. 1988년 해금 이후에 반향을 일으킨 노래 〈향수〉와 더불어 그의 시 「향수」 또한 해방을 맞았다.

정호승 시인은 한 일간지의 칼럼[11]에서 본인의 시 「술 한잔」의 창작 배경을 술회했다. '나는 내 인생을 위해 최선을 다해 열심히 살아왔으나 내 인생은 나를 위해 해준 게 뭐가 있나'하는 생각이 삭풍처럼 가슴을 스치자 후미진 골목의 블록 담을 주먹으로 내리치며 인생을 증오하고 원망한 것이다.

그러나 지금은 분노와 원망으로 그런 시를 썼다는 사실이 몹시 부끄럽고 후회스럽다고 고백했다. 지금 한 인간으로서 건강히 존재하고 있다는 사실만으로도 인생이 나를 사랑하기 때문이라는 걸 깨닫게 된 것이다. 그래서 요즘은 '인생은 나에게 술 한잔 사주었다'라고 고쳐 읽으며, 이 시를 노래로 부른 가수 안치환 씨가 "인생이 정말 술 한잔 사주지 않았느냐"고 물었을 때 "사줘도 너무 많이 사줬다"고 대답했다고 한다. 인생이 뜻대로 풀리지 않을 때 운명을 탓하고 비관하는 심정은 어쩌면 술잔에 쏟는 투사라서 다행이다.

각자의 삶을 살아내야 하는 건 다른 데 있는 것이 아니라 내 자신의 일이라는 결론에 도달한다. 그래서 술에 취해서 부르는 노래는 자조적인 것도 아니고 투정은 더욱 아니다. 그저 한마디 목청껏 술잔에 쏟아보는 것이다. 정호승 시인의 시에 안치환이 곡을 붙여 부른 노래 〈인생은 나에게 술 한잔 사주지 않았다〉는 그렇게 원망 대신으로 부딪쳐보는 청춘의 건배사다.

---

11. 《동아일보》, 〈정호승의 새벽편지〉, 2012년 7월 12일자 참조.

인생은 각자의 삶을 살아내는 것임을 자각하면서 21세기로 접어든 가요계에는 돌연 철학적 메시지가 리듬을 탄다. 자기 자신을 사랑하는 것이 진정한 사랑의 시작이라는 BTS의 메시지 "Love yourself"는 니체의 운명관을 가사로 소환했다. 그리고 '아모르 파티(Amor fati)'가 등장하여 적극적인 방식의 삶의 태도를 응원한다.

지금까지의 나는 신이 정해준 운명의 결과였을지라도 앞으로 살아갈 운명은 자신의 손에 달렸으니 운명을 사랑하고 새롭게 창조하자고 노 가수가 열창한다. 환갑이 넘은 김연자의 노래 〈아모르 파티〉는 용기와 희망의 메시지로 젊은이를 열광하게 만든다. 이 노래의 반향으로 오랜 침묵을 깬 트로트는 젊은이들의 호응으로 재무장한다.

"견딜 수 없는 일이 일어나는 세상에서 그래도 우리를 견디게 하는 것은 예술뿐"이라는 니체의 언어는 음악으로 덧입혀 삶을 견인하고 있다.

5 한마디 말, 시가 되고 노래가 되어

5-1. 언어는 소리로 교차한다

문학이론가이자 기호학자인 미하일 바흐친(Mikhail Bakhtin)은 언어는 대화적(dialogic)이라고 한다. 인간의 삶을 '나의 이야기와 남의 이야기가 서로 섞여가는 상호 교차적인 대화의 과정'이라고 본 것이다.

다른 누군가와 소통한다는 것은 서로의 귀를 열고 마음에 이르는 것이다. 음악은 심장을 직접 두드리고 진실한 언어는 열쇠가 된다. 시와 음악은 그렇게 동역하며 삶을 짓는다. 심리학적으로 보면 '소리'라는 것은 여러 가지를 뚫고 들어가는 침투력을 가지고 있어서 자신의 존재를 다른 사람에게 말하고자 하는 것으로 볼 수 있다. 소리를 통해 자신을 이야기하는 것은 자신만의 독특함이나 유일함을 나타낸다.[12] 타자에게 다가갈 때 우리는 그를 소리 내어 부른다.

봄만 되면 청각이 점령당하는 노래가 있다. 〈벚꽃엔딩〉으로 대표되는 그룹 버스커버스커의 노래다. 노랫말은 시적인 가사로 이루어져 있으며 창법도 말을 걸듯 독특하여 색다른 감각이 느껴진다. 노래의 시작과 마무리에서 다섯 번씩 반복하는 '그대여'는 듣는 이에게 묘한 그리움과 애틋함을 각인시킨다. 대중가요로서 답습되어 온 기본과 정석에서 벗어나 창의적인 스타일로 확산시킨 감동과 매력을 관중은 '버스커버스커 톤'이라고 부를만하다. 단지 봄이 왔기 때문에 다시 들리는 이들의 목록 중에 특별히 주목할 만한 곡이 〈여수 밤바다〉이다.

여수 밤바다
이 조명에 담긴 아름다운 얘기가 있어
네게 들려주고파 전활 걸어 뭐하고 있냐고
나는 지금 여수 밤바다 여수 밤바다

너와 함께 걷고 싶다
이 바다를 너와 함께 걷고 싶어
이 거리를 너와 함께 걷고 싶다
이 바다를 너와 함께 걷고 싶어

– 버스커버스커, 〈여수 밤바다〉 부분

남해금산, 출처 네이버

12. 가와이 하야오, 『왈칵 마음이 쏟아지는 날』, 전경아 역, 예담아카이브, 2018, 107쪽.

이 곡도 〈벚꽃엔딩〉에서의 호소력 있는 '그대여'처럼 진솔한 고백을 반복한다. 후렴구의 '너와 함께 걷고 싶'다는 거듭된 진술을 통해 이 바다에서 너와 함께하고 싶은 마음을 고스란히 보여준다. 이 노래의 독특한 점은 마치 오래전에 여기 있던 한 여자의 이야기를 화자가 상대에게 들려주고 싶어 한다는 것이다. 그래서 이 노래는 이성복 시인의 시 「남해금산」[13]을 환기시킨다.

시 「남해금산」의 마지막 구절 '남해금산 푸른 하늘가에 나 혼자 있네 / 남해금산 푸른 바닷물 속에 나 혼자 잠기네'를 연상해 보자. 언젠가 남해 금산에서 떠나간 그 여자를 그리워하며 '나 혼자'를 외는 시 속 화자의 정황에, 지금 여수 밤바다에서 혼자 너를 그리워하고 있는 나의 심정을 동일시하는 듯하다. '여수 밤바다 이 조명에 담긴 아름다운 얘기가 있어'라고 시작하는 서두는 그래서 〈여수 밤바다〉가 「남해금산」의 그림자일 수 있다는 상상을 하게 한다. 지리적으로 남해 금산은 여수와 인접하고 있다.

5-2. 마음은 노래로 대화한다

노래는 우리 삶의 가장 친숙한 동무다. 감동적으로 들리는 노래일수록 삶의 깊숙한 곳에 들어온 화자의 삶을 공유한다. 타자의 목소리에 귀를 기립하듯이 내 안에 있는 또 하나의 나에게 귀를 기울인다. 마음의 소리를 통해 안부를 살핀다. 홀로 듣는 노래에 마음이 움직인다면 외면했던 내 안의 나를 다독이고 위로할 시간이다. 바람은 공기의 움직임이다. 그로 인해 여전하던 것들이 환기된다. 호흡하는 일상에서 일어나는 변화를, 혹은 이미 일어난 것을 별안간 감지하는 마음의 전율이다. 폴 발레리(Paul Valery)의 명시 「해변의 묘지」는 마지막 시절에

---

13. 한 여자 돌속에 묻혀 있었네 / 그 여자 사랑에 나도 돌속에 들어갔네. / 어느 여름 비 많이 오고 / 그 여자 울면서 돌속에서 떠나갔네. / 떠나가는 그 여자 해와 달이 끌어 주었네. / 남해금산 푸른 하늘가에 나 혼자 있네. / 남해금산 푸른 바닷물속에 나 혼자 잠기네 (이성복, 「남해금산」 전문)

나온 그 유명한 구절 "바람이 일어난다! 살아야겠다!"로 잘 알려져 있다. 불문학자 성귀수의 해설에 의하면 이 구절은 바람이 탄생하는 순간을 역동적으로 포착한 표현이다. 그리고 당위가 아닌 삶의 의지, 곧 '살아야겠다'는 이 시 전체를 관통해 온 사유의 결론이 '의지의 자각'에 있음을 보여준다.[14)]

> 바람이 분다 서러운 마음에 텅 빈 풍경이 불어온다
> 머리를 자르고 돌아오는 길에
> 내내 글썽이던 눈물을 쏟는다 …
> 세상은 어제와 같고 시간은 흐르고 있고
> 나만 혼자 이렇게 달라져 있다
> 바람에 흩어져 버린 허무한 내 소원들은 애타게 사라져 간다.
>
> 내게는 천금같았던 추억이 담겨져 있던 머리 위로 바람이 분다
> 눈물이 흐른다
>
> – 이소라, 〈바람이 분다〉 부분

이소라의 〈바람이 분다〉는 다르다. 발레리의 바람이 '일어나서 의지를 깨우치는' 것임에 반해 이소라의 바람은 '낙심'이다. 바람 때문에 애써 참았던 눈물을 쏟고 나의 소원과 추억이 잘린 머리와 함께 사라진다. 텅 빈 그 길에 또 바람이 불어 나를 허물어뜨리고, 마음마저 무너져 일어나지 못할 때 그 바닥에 이르는 소리가 있다. 노래는 바람보다 짙게 깔린다.

---

14. 원작의 동사 'se lever'는 '일어서다'의 뜻으로서 바람의 없음에서 있음으로의 물리적 변동, 그 움직임을 의미한다. 상태를 진술하는 '바람이 분다'와는 차원이 다르다. (폴 발레리, 『바람이 일어난다! 살아야겠다!』, 성귀수 역, 아티초크, 2016, 120쪽 참조.)

누구를 위해 누군가 기도하고 있나 봐
숨죽여 쓴 사랑시가 낮게 들리는 듯해
너에게로 선명히 날아가
늦지 않게 자리에 닿기를
I'll be there 홀로 걷는 너의 뒤에
Singing till the end 그치지 않을 이 노래
아주 잠시만 귀 기울여 봐
유난히 긴 밤을 걷는 널 위해 부를게

또 한 번 너의 세상에 별이 지고 있나 봐
숨죽여 삼킨 눈물이 여기 흐르는 듯해
할 말을 잃어 고요한 마음에
기억처럼 들려오는 목소리

I'll be there 홀로 걷는 너의 뒤에
Singing till the end 그치지 않을 이 노래
아주 커다란 숨을 쉬어 봐
소리 내 우는 법을 잊은 널 위해 부를게
(다시 걸어갈 수 있도록) 부를게

– 아이유, 〈love poem〉 부분

곡을 쓴 아이유는 이 곡을 응원가로 설명한다. 힘이 되어주고 싶은 누군가에게 힘내라는 소리조차 부담이 될까 봐, 기도처럼 묵음으로 숨죽여 부르는 사랑의 시라고 한다. 뒤에서 잠자코 기도하다가 힘든 걸음의 끝에서 마주하겠다는 다짐이다.

노래를 부르는 사람에 따라 장편의 시를 외듯 깊고 묵직한 울림이 되고, 또 어떤 이에게서는 웅장한 사랑시로 불리며 심장을 두드린다. 소리 내어 울 수 있게 한다. 가사 틈새에, 언어와 곡조 사이에 생기를 불어 위로한다. 그렇게 노래는 바닥까지 찾아오는 다정한 기도이다.

싱어게인 출연자 이승윤, 출처 Jtbc

최근에 각종 오디션 프로그램에서 경합을 벌이는 가수 지망생들의 노래에서도 시와 음악은 따로인 게 아니다. 가사에 담긴 시적 이미지는 물론이고 그들의 창법이 시를 지어내듯 노래를 빚는다. '싱어게인'이라는 프로에서 〈내 마음에 주단을 깔고〉를 부른 가수 이승윤은 "아 한마디 말이 노래가 되고 시가 되고"를 반복적으로 읊어 가수와 관객 모두를 무아지경으로 몰았다. 들뜬 음색으로도 차분하며 확실히 짚어내는 언어의 곡절이 노래와 시의 양날을 넘나드는 느낌이다. 1970년대 원곡을 부른 가수 김창완의 발성이 낭랑하고 청아한 호소력이었다면, 이승윤은 노랫말을 감치는 음색으로 듣는 이의 마음에 침입한다. 주단 위에 깔리는 시적 이미지를 노래로 굴리며 오르내린다. 노래는 세월이 흘러도 사라지지 않는 마음의 빛깔을 담지하는 회로다. 시간이 펼치는 주단 위에서 시와 음악은 부단히 대화한다. 그리하여 이야기하는 인간 '호모나랜스(homonarrans)'는 노래로써 역사를 전하고 있다.

참여하기

1 시와 결연한 음악 찾기

– '라포엠', 'love poem'처럼 시가 포함된 곡목이나 그룹명을 찾아보자.

2 Ost에서 시 읽기

– 좋아하는 Ost를 듣고 그 속에서 그려지는 시의 이미지를 말해보자.

3 명곡이 될 가사 짓기

– 시로 만들어진 가곡과 시노래를 찾아보고,

– 나의 시가 노래로 불리는 상상을 하면서 가사로서의 시를 지어보자.

시와 낭송 _신영연

문자를 소리로 디자인하기

> 춤추라, 아무도 바라보고 있지 않은 것처럼
> 사랑하라, 한 번도 상처받지 않은 것처럼
> 노래하라, 아무도 듣고 있지 않은 것처럼
> 일하라, 돈이 필요하지 않은 것처럼
> 살라, 오늘이 마지막 날인 것처럼
>
> 알프레드 디 수자,
> 「사랑하라, 한 번도 상처받지 않은 것처럼」 전문

9장

Poetry & Recitation

문자를 소리로 디자인하기

1 시낭송의 유래

시는 주관적이고 보편적인 감정표현의 언어예술이며 음악적 요소인 리듬성에 바탕을 두고 있다. 시가 인간 내면의 소리이고 시를 짓는 것이 자신의 생각을 안으로 다지는 일이라면 시낭송은 운율적으로 소리 내어 듣는이의 가슴을 적셔주고 시적 감동을 전하는 일이다. "음성 자체도 표현가치를 갖는다"[1)]는 것은 의미구조에 음성구조가 기여한다는 것을 뒷받침한다. 음성적 조화와 운율의 음악성을 지닌 정형시의 시적 리듬도 자음과 모음의 음절이 지닌 청각적인 요소에 의해 이루어진다. 시낭송이 시의 의미와 소리의 조화에 초첨을 두는 이유이다.

시낭송에서의 감동은 목소리의 비중이 크게 좌우하게 되지만 음량과 음질, 음폭과 음성뿐 아니라 낭송하는 사람의 성격적인 특성도 반영이 된다. 낭송시의 해석이 읽는 사람에 따라 다를 수 있으며 해석된 의미를 어떻게 표현할 것인지에 대한 정립이 선행되어야 한다. 시의 의미표현을 행과 연의 내용과 상황에 따라 소리의 색을 다르게 표현한다면 시의 맛을 잘 살릴 수 있으며 더 나아가 자신이 느낀 감동을 제대로 전달할 수 있다.

낭송에서는 속도도 중요하다. 행과 행 사이에 생략된 내용을 분석하여 호흡을 조절하고 속도를 조절해야 한다. 특히 시의 의미나 동작, 시간, 느낌, 그리고 장

1. 허웅, 『국어음운론』, 정읍사, 1982, 527쪽 참조.

소의 변화를 중시하여 의미의 분절을 충분히 이해하여야 한다. 속도에서 중요한 것은 음성의 완급인데 말과 말소리의 어간이 그것이다. 낭송은 소리뿐 아니라 낭송할 때의 손짓, 눈빛, 시선 등 그때의 모든 동작과 걸음걸이까지도 낭송에 속하기 때문이다. 작은 움직임조차도 소리만큼이나 낭송에서는 중요한 요소로 작용한다. 이러한 포즈를 취함으로써 개성적인 낭송으로 멋지게 표현될 뿐 아니라 보는 관객에게는 깊은 여운을 줄 수 있다.

시낭송의 유래를 살펴보면 문자가 나오기 훨씬 이전부터 시낭송은 이미 있었다. 문자 이전에 구송(口誦)된 것이 시낭송이었으며, 말과 함께 시낭송이 시작됐다고 하니 시낭송이야말로 인간의 본질에 다가가는 일이 아니겠는가. 이렇듯 문자가 있기 이전부터 생활 속에서 자연스럽게 시를 낭송해 왔던 우리 선조들의 삶은 삶 속에 시가 녹아 있었고, 시 속에 삶이 녹아 있었기에 일상이 시였고 시가 노래였다. 논에서 밭에서 주거니 받거니 노래 한 소절 부르듯이 자리 좋은 곳에 둘러앉아 즉흥시를 지어 낭송하며 풍류를 즐기고 여유를 만끽했다.

우리나라에서 시낭송이 활발해진 시기는 1948년 광복 직후 시인들의 자작시 낭독을 위한 '시낭독 연구회'가 열리면서 시작되었다. 1967년에는 성우들의 명시 낭독을 한자리에 모은 음반이 제작되면서 〈시인만세〉라는 본격적인 시낭송회가 열리게 되었다. 시낭송을 하게 되면 시를 바르게 이해할 수 있을 뿐만 아니라 시적 감성으로 표현을 자유롭게 할 수 있고 내적 치유가 가능하며, 정서적인 행복감을 느끼게 된다.

> 이런들 어떠하리 저런들 어떠하리
> 만수산 드렁칡이 얽혀진들 어떠하리
> 우리도 이 같이 얽혀져 백년까지 누리리라
>
> – 이방원, 「하여가」 전문

이 몸이 죽고 죽어 일백 번 고쳐 죽어
백골이 진토되어 넋이라도 있고 없고
님 향한 일편단심이야 가실 줄 있으랴

– 정몽주, 「단심가」 전문

위 시는 정국이 어지러웠던 고려 말, 나라를 유지하면서 개혁을 하자던 사람들과 새로운 나라를 만들자는 사람들의 대립이 심했을 때, 이미 타락한 고려 왕조를 포기하고 개혁을 원하는 이방원이 고려의 충신이었던 정몽주에게 "내가 섬기는 것이 이 나라면 어떻고 저 나라면 어떠냐 우리 함께 칡덩굴처럼 엉키어 새로운 나라를 만들어보자"며 설득 차원에서 「하여가」를 읊는다.

그러자 나라를 유지하면서 개혁을 하고자 했던 정몽주가 자신도 시를 한 편 지어보겠다며 "이 몸이 죽고 또 한 번 죽더라도 나는 '고려'의 충신이니 고려의 왕을 섬길 것"이라며 「단심가」로 화답을 한다. 이미 시가 쓰여지고 낭송이라 이름 짓기 이전에 이처럼 말이 시가 되고 낭송이 대화의 장치이기도 했던 「하여가」와 「단심가」는 설득의 수단으로 쓰인 최초의 정형시로 지금까지 전해오고 있다.

펄펄 나는 저 꾀꼬리
암수 서로 정답구나
외로워라 이내 몸은
뉘와 함께 돌아갈꼬

– 유리왕, 「황조가」 전문

시조는 현존하는 우리 고유의 정형시이다. 정형시는 한 편의 시 구성과 배열과 길이에 대하여 발음상의 리듬에 대하여 여러 가지 약속이 있다. 위의 시 「황조가」는 유리왕이 사랑하는 님을 잃은 외로운 마음을 정답게 노니는 꾀꼬리 한 쌍을 보면서 읊은 시로서, 「황조가」는 정형시[2)]이자 한문으로 된 서정적인 연시로 알려져 있다.

시낭송과 시조창은 하나라고 할 수 있는데, 시조창은 말 그대로 시조를 부른다는 뜻이고, 시낭송은 시를 낭랑한 소리로 암송한다는 말이다. 시조도 낭송할 수 있고 시도 창으로 시연할 수 있지만, 시조는 황종(도), 중려(파), 임종(솔)의 3음계로서 이 3음계만으로 시조창을 표현하다보면 단조롭게 느껴지기도 한다. 이에 반해 시낭송은 일정한 선율은 없지만 적당히 음악적인 리듬이 있다. 이유는 시의 음성적 형식, 음의 강약, 장단, 고저 등의 운율에 따른 것인데, 이 운율은 3음보 4음보로 띄어 읽다보면 자연적으로 생기는 리듬이 그것이다. 백제노래라고도 여겨졌던 「정읍사」, 고려 속악가사인 「만전춘별사」에서도 이러한 형식을 볼 수 있다.

겨울 밤 탁탁 소리를 내며
연기가 피어오르는 불가에서
안개 속에 울리는 자명종 소리에 서서히 떠오르는
까마득한 추억을 듣는 것은 씁쓸하고 달콤하여라

힘찬 소리를 내는 자명종은 낡았음에도
막사를 밤새 지킨 늙은 병사처럼

2. 정형시는 한시의 오언(五言), 칠언(七言) 절구(絶句)나 우리나라의 시조, 민요 가락과 같이 전통적으로 시의 형태가 정해진 것을 말한다. 정형시에는 1행의 어구 수에 대하여 한 편의 시 구성과 배열과 길이에 대하여 발음상의 리듬에 대하여 여러 가지 약속이 있다.

다행스럽게도 경쾌하여 듣기 좋은
경건한 소리를 충성스레 내는구나

아! 내 영혼은 금이 갔으니, 수심에 싸여
밥 기운의 차가움을 내 노래로 채우려 하니
쇠약해진 내 목소리는
피바다 속에서 시체 더미에 눌려
기를 써보지만 미동도 못하고 죽어 가는
버려진 부상자의 마지막 헐떡거림 같구나

– 보들레르, 「깨진 종」 전문

보들레르의 「깨진 종」이다. 이 시에서 나타나는 엄격한 규칙과 아름다운 형태를 갖춘 소네트(sonnet)[3]는 프랑스 정형시 중에서 가장 널리 애용된 시형이다. 『악의 꽃』에 수록된 126편[4]의 작품 중에서 여러 편의 시가 소네트가 차지할 만큼 보들레르도 이 시형을 선호했다. 소네트의 특성은 "율격과 각운에서 찾아 볼 수 있고, 그 중에서도 각운은 소네트를 특정 짓는 핵심적인 요소"[5]이다. 시행을 낭송할 때 음보와 음보 사이의 휴지들보다 각운과 다음 행 사이의 휴지가 시간

3. 서양 시가 형식으로 10음절 14행으로 이루어진 정형시로서 13세기 경 이탈리아에서 비롯되어 여러 나라로 퍼져 나가 성행하게 되었다.
4. 126편은 『악의 꽃』에 수록된 작품 수이다. 『악의 꽃』에는 초판에 100편이 수록되었고, 재판에 126편, 3판에 151편이 수록되었다. 초판과 재판은 보들레르가 선정하여 수록하였고, 3판은 그가 죽은 이듬해인 1868년 방빌〈Banville〉과 아슬리노〈Asselineau〉의 주선으로 재판 이후의 모든 시를 거주어 출판자가 수록한 것이다.
5. 이산호, 「콘텐츠를 위한 한·불 정형시가 낭송법의 비교 고찰」, 『시조학론총』 제19집, 이회문화사, 2003, 93쪽.

상 길며 유일하게 호흡이 허용되는 곳이다. 듣는 관객에게 음률을 강조하기 위하여 운문의 시행 끝에 배치하는 같은 운의 음은 인상적으로 들려오고 그 여운은 잔잔히 오래 머물게 된다.

2 시의 운율적 효과

흔히 시를 가리켜 "언어로 된 노래라는 것도 시가 원래는 노래의 형태로 시작된 것이며, '문자언어'가 아니라 '음성언어'로 출발하였다"[6]는 것의 예증이다. 시에서의 소리의 효과에 관한 일체의 현상을 총칭하여 운율이라 하는데, 이때 운율은 리듬보다는 넓은 개념에 속한다. 운율은 '운(韻)'과 '율(律)'의 합성어로서 '운' 은 특정한 위치에 동일한 음운이 반복되는 현상을 가리키고, '율'은 동일한 소리의 단위가 일정하게 반복되는 현상을 가리킨다. 즉, '운'은 같은 소리, 또는 비슷한 소리의 반복을, '율'은 소리의 고저, 장단, 강약 등의 주기성을 가리키는 개념이다.

운율	운韻과 율律의 합성어
운韻	특정한 위치에 동일한 음운이 반복되는 현상 → 같은 소리, 비슷한 소리의 반복
율律	동일한 소리의 단위가 일정하게 반복되는 현상 → 소리의 고저, 장단, 강약 등의 주기성

6. 이철호, 『낭송(낭독) 문학을 위한 길잡이』, 정은문화사, 2004, 18쪽.

시에서의 음악성은 대부분 '운'보다는 '율'의 요소에 의해 이루어지는데, 이때 운율은 소리의 반복 현상과 관계가 깊은 시를 읽을 때 느껴지는 말의 가락이다. 시를 읽으면 산문을 읽을 때와 달리 노래와 같은 느낌이 드는 것도 그러한 이유이다.

① 땅 위에 새하얗게 오시는 눈.
기다리는 날에는 오시는 눈.
오늘도 저 안 온 날 오시는 눈.
저녁 불 켤 때마다 오시는 눈.

– 김소월, 「오시는 눈」 전문

② 먼 훗날 당신이 찾으시면
그때에 내말 잊었노라

당신이 속으로 나무라면
무척 그리다가 잊었노라

그래도 당신이 나무라면
믿기지 않아서 잊었노라

오늘도 어제도 아니 잊고
먼 훗날 그때에 잊었노라

– 김소월, 「먼 훗날」 전문

인용시 ①「오시는 눈」은 시행의 끝말의 반복으로 동일한 음으로 끝나면서 시의 운율을 주고 있다. "새하얗게 오시는 눈 / 기다리는 날에 오시는 눈 / 불 켤 때마다 오시는 눈"으로 행 끝에 같은 어음을 놓게 되면 시가 쉽게 읽혀진다. 이러한 운율 때문에 암송이 쉬워지며 읽는 즐거움을 느끼게 하는 소리의 반복은 인간의 감정을 효과적으로 표현하는 한 방법이 된다. 따라서 시에서 노래하듯 리듬이 일정하게 반복되는 운율이나 소리의 반복은 듣는 사람의 마음을 편안하고 경쾌하게 하여 심리적 안정효과를 기대할 수 있다.

인용시 ②「먼 훗날」은 한 연에서 '먼 훗날'이라는 미래 시제의 가정과 '잊었노라'는 과거 시제가 공존하는 시제상의 모순이 드러나고 있다. 잊을 수 없는 심정을 반어적으로 표현하여 더 간절하게 느껴진다. 1연에서 당신이 찾으시면 '잊었노라'라고 답하겠다고 하는 그때는 먼 훗날이다. 화자의 답에 당신이 나무라면 '무척 그리다가', '믿기지 않아서' 잊었노라 말하겠다는 것은 아직도 당신과의 이별은 믿기지 않는다는 가정적 표현이다.

각 연에서 드러나듯이 님을 다시 만난 상태를 가정하고 있는데, 이것은 절대 지금(현재) 헤어질 수 없다는 화자의 심리상태를 표현한다. 이때 각 연의 끝에 '잊었노라'는 현재에서부터 미래까지 영원히 잊지 않겠다는 시제를 통한 역설적 표현인 것이다. 나아가 연의 끝에 오는 반복적인 종결은 시의 전체적 흐름에 각운의 운율감을 살려내는 질서로 배열되어 시적 화자의 감정을 강하게 드러내는 데 적확한 역할을 하고 있다.

남들은 자유를 사랑한다지마는, 나는 복종을 좋아하여요.
자유를 모르는 것은 아니지만, 당신에게는 복종만 하고 싶어요.
복종하고 싶은데 복종하는 것은 아름다운 자유보다 더 달콤합니다.
그것이 나의 행복입니다.

그러나 당신이 나더러 다른 사람을 복종하라면,
그것만은 복종할 수가 없습니다.
다른 사람에게 복종하려면 당신에게 복종할 수가 없는 까닭입니다.

— 한용운, 「복종」 전문

이와 같이 일정한 규칙 없이 자연스럽게 생기는 내재율에서 나타나는 시의 운율은 독자에게 미적 쾌감을 주는 동시에 시적 인상을 더욱 깊게 하며, 독특한 어조의 형성에 기여하기도 한다. 이러한 특징은 소리음의 반복적 리듬이 규칙적으로 드러나지 않고 내포된 율격으로 쓰여진 자유시에서 볼 수 있는 형태이다. 자유로운 호흡에서 오는 리듬이 "정서적 호소력을 지닌다는 것 또한 시를 시이게 하는 요소"[7)]라는 점이다. 그 리듬은 관객에게 "생체 리듬, 박동수, 심리적 측면에까지 직접적인 호소력"[8)]을 지니게 한다. 이때의 낭송은 강, 약의 변화가 필요하며, 행과 행에 있어 포즈를 두고 연과 연의 여백의 미를 살려 표현하되 자연스럽게 연출하는 것이 좋다.

3
시낭송의 방법

시낭송은 문자언어를 음성언어로 번역하는 일과 다르지 않다. 시낭송에 있어서 가장 중요한 것은 리듬이므로 시 낭송자는 시에 감춰진 음률과 리듬을 끌어내어 전달해야 한다. 이러한 시의 음악성을 표출시켜 시의 의미를 살리는 것이

7. 송수권, 『송수권의 체험적 시론』, 문학사상, 2006, 354쪽.
8. 위의 책.

바로 시낭송의 매력이다. 시를 낭송하기 위해서는 자신이 낭송할 시를 선정하는 것 또한 중요하다. 낭송시를 선택할 때는 노래가 있는 시, 스토리가 있는 시, 감동을 줄 수 있는 시, 특히 내가 표현해낼 수 있는 시를 선정하는 것이 좋다. 2019년 기준으로 전국적으로 시낭송대회만 해도 104곳 정도로 추측할 수 있다. 그 많은 시낭송대회에서 가장 많이 낭송되는 시는 윤종주의 「별 헤는 밤」, 한용운의 「님의 침묵」, 김소월의 「진달래 꽃」, 서정주의 「국화 옆에서」, 정지용의 「향수」, 김수영의 「풀」 등이 있으며, 이 밖에도 여러 좋은 시들이 낭송되고 있다.

3-1. 낭송의 기법

(1) 시어의 발음이 잘 들리도록 명료하게 한다.
(2) 시의 리듬감을 살린다.
(3) 고저, 장단, 강약, 완급 등 음조의 변화를 준다.
(4) 표정과 동작과 호흡의 조화가 자연스럽도록 한다.
(5) 자신의 감동을 관객의 감동으로 이끌어 낸다.

시낭송에서 1차 낭송은 문자언어를 그대로 읽는 것을 말한다. 2차 낭송은 시를 이해한 느낌과 감정을 실어 낭독하는 것을 말한다. 3차 낭송은 시의 의미를 자기화하여 리듬적으로 전달함에 있어 감동을 주는 것을 말한다.

낭송을 할 때는, 첫째, 발음을 정확하게 하고, 둘째, 목소리는 힘 있게, 태도는 자신감 있게, 셋째, 띄어 읽기와 리듬감을 살려서, 넷째, 시를 해석한 자신만의 느낌을 살려 낭송해야 한다.

낭송은 독자에게 시를 이해시키는 것이 아니라 시를 전달하는 것이다. 시의 구절을 하나하나 해석하는 것보다는 전체적인 분위기를 한 폭의 그림으로 보여줄 수 있어야 한다.

아무리 눈을 감고 생각해봐도
한 사람의 이름이 떠오르지 않는다

정말로 내가 힘들고 괴로울 때
문득 찾아가 이야기할
바로 한 사람

마음에 가득한 짐짝들
내려놓기도 하고 그것들
잠시라도 맡아줄 한 사람

당신이 그 사람이
되어준다면 얼마나 좋을까
내가 당신에게 그 한 사람이
된다면 얼마나 좋을까

– 나태주, 「한 사람」 전문

제목에서 이미 짐작했으리라 여겨진다. 이 시에서 가장 중요한 포인트는 "한 사람"이다. 그 한 사람에게 도달하기 위해서 첫 행의 첫 음절 "아무리"에서 다음 음절로 넘어 갈 때는 두 박자를 쉬고 "눈을 감고"로 간다. "힘들고 괴로울 때"란 구절을 강조하고 싶다면 이 구절을 힘을 주면서 단어와 단어를 끊어주면 된다.

"한 사람"에서는 그 사람을 부르듯이 또는 "얼마나 좋을까"의 부분에서는 "얼마나"와 "좋을까"를 끊지 말고 호흡을 이어서 마무리를 하는 것이 좋다.

낭송에서 강조하고자 하는 구절이나 단어를 강조하여 낭송하는 것은 듣는 청중에게 이 부분이 중요하다는 것을 말하고자 하는 시그널이다. 따라서 그 대목이 시인이 중요하게 전하고자 하는 메시지이니 새겨달라는 암시적 약속이기도 하다.

피아노에 앉은
여자의 두 손에서는
끊임없이
열 마리씩
스무 마리씩
신선한 물고기가
튀는 빛의 꼬리를 물고
쏟아진다
나는 바다로 가서
가장 신나는 시퍼런
파도의 칼날 하나를
집어 든다

– 전봉건, 「피아노」 전문

위의 시 「피아노」는 피아노를 치는 여자의 손가락의 움직임에서 물고기를 연상한 것이 독특하다. 피아노를 느리게 또는 빠르게 연주하는 손가락의 모습을 마치 열 마리, 스무 마리의 물고기가 튀어 오르다 다시 쏟아져 내리는 듯한 모습으로 보여주고 있다. 그 물고기의 흐름에서 "시퍼런 파도"와 "파도의 칼날"로 연관 지은 것은 신선한 상상력으로 다가온다. 피아노의 선율의 강·약이 선명하고 빠른 전개 또한 인상적이다. 이처럼 '피아노 – 물고기 – 푸른 바다 – 시퍼런 파도의 칼날'로 확장되는 전개 과정에서 그려지는 이미지의 단어들이 리듬감을 형성하게 된다.

1연의 첫 행에서 "피아노에 앉은 여자의 손가락"에서는 편안하게 시작하여 손가락의 움직임이 빨라지며 "열 마리로 스무 마리" 물고기로 늘어날 때는 점점 크게 점점 많아지는 물고기는 바다를 향하고 그 물고기가 시퍼런 칼날로 변주되는 과정에서 '시퍼런'은 '시'와 '퍼런'을 조금 길게 띄우면서 강하게, '파도의 칼날을 집어 들었다' 부분은 명증하고 강한 어조로써 표현해야 한다. 즉, 낭송자의 목소리를 통해 시의 의미가 만져지고 보여지고 들을 수 있어야 하며, 시의 의미가 듣는 이에게 전달되고 스며들어 감동으로 이어져야 한다.

밝고 맑고 다채로운 목소리로 전달하는 것은 물론이거니와 무엇보다도 시낭송을 가장 잘 할 수 있는 최고의 비결은 평소 시를 사랑하고 시낭송을 습관화하는 것이다. 시낭송은 음성과 동작으로 인간의 사상이나 감정, 의지, 생각, 사고 등을 통해서 느끼거나 깨달은 것을 소리로써 표현해 내는 소리예술인 이유이다. 나아가 다른 사람에게 그러한 것이 있다는 사실을 명시하고 전달해 주는 행위가 바로 낭송의 진정한 가치라고 할 수 있다.

프랑스에서는 회사나 정치인들의 소모임에서 이견(異見)으로 분위기가 가라앉았을 때, 누군가가 한 편의 시를 낭송하면 조용히 그 시를 감상한 다음 다시 회의를 이어나간다고 한다. 요즘같이 힘들고 바쁜 일상에서 시낭송에 의해 시를 읽고 사랑하는 것은 자신을 사랑하는 일이고 여유를 찾는 일이기도 하다. 시의 향기가 영혼을 울리는 감동의 소리로 전해질 때, 시는 일상적인 삶을 넘어 세상을 정화시키는 밑거름으로 작용할 수 있다. 시가 언어를 통해 그림을 그릴 수 있는 것이라면 낭송은 소리를 통해 시를 만질 수 있도록 해야 한다. 시낭송도 일종의 연극이고 연기인만큼 시의 선택이나 낭송 방법, 의상 등을 적절하고 조화롭게 연출하여야 한다.

3-2. 낭송시의 선택

시를 선택할 때는 많은 사람이 공감할 수 있는 시를 선택하는 것이 좋다. 우리가 대화를 하는 데에도 공통된 주제이거나 또는 그 주제에 참여할 수 있을 때 대화라고 할 수 있다. 대화를 하려면 사람을 만나야 하는 것처럼 시낭송은 1차적으로 시를 만나야 낭송이 가능하다. 다양한 분야의 사람들이 모인 강당, 문학에 관심이 있어서 모인 문학의 밤, 지인들의 소모임, 계절에 따라 그 달의 목적에 의한 자리에서 시를 낭송하고자 할 때, 청중의 수에 따라, 행사의 특성에 따라 적합한 시를 선택해야 한다. 시를 선택할 때 고려해야 할 몇 가지 방법과 낭송자의 태도를 제시하자면 다음과 같다.

시의 선택	때, 장소, 목적이 있는 시
	기 · 승 · 전 · 결이 있는 시
	듣는 사람이 공감할 수 있는 시
	적당한 길이의 시 (3분 이내)
	이미지가 그려지고 스토리가 있는 시
	사랑, 기쁨, 슬픔, 그리움, 한 등을 노래한 시
	분위기가 있고 무게가 있는 시
	감동이 있는 시
낭송자의 태도	차분하게 시를 읽으며 암송한다.
	선택한 시를 종이에 반복해서 적어 본다.
	시의 느낌을 완전히 공감할 때까지 반복 연습한다.
	녹음해서 자신의 목소리를 들어보면서 고쳐 나간다.
	때와 장소를 고려한다. (계절, 실내, 실외)
	시에 어울리는 배경음악을 준비한다.
	자신감 있는 태도로 자연스러운 동작과 함께 낭송한다.
	시의 끝부분은 안정감 있게 마무리 한다.

시를 선택했다면 발음은 명료하게, 동작은 자연스럽게, 듣는 관객에게는 감동을 줄 수 있어야 한다. “시는 눈으로 읽는 기호의 문학이라기보다 귀로 듣는 곡조의 문학이다”[9]라는 말처럼 시의 언어에 리듬감을 살리면서 시어의 단어뿐 아니라 행과 행 사이, 연과 연 사이의 호흡의 조절도 감정이 논리적이어야 편안한 낭송이 될 수 있다. 이와 같이 낭송은 의미 분절을 통하여 어색하지 않도록 시의 변화를 자연스럽게 이어가야 한다.

시가 주는 감동은 머리로 아는 개념이 아니라 가슴으로 느끼는 것이다. 생텍쥐페리의 말마따나 “세상에서 가장 어려운 일은 사람의 마음을 얻는 일”일 것이다. 시가 머리로 쓰는 것도 아니듯 시낭송 또한 가슴으로 느끼고 자기화된 것을 소리에 담을 수 있어야 한다. 자기 해석이 분명히 되었을 때 감동의 전달이 제대로 이루어질 수 있다.

4 시낭송의 현장성

문화의 핵심은 예술이다. 예술의 핵심은 문학이다. 문학의 중심에는 시가 있다. 시는 모든 예술의 바탕이 된다. 한 편의 시 안에는 삶의 희노애락이 들어 있다. 시에서의 표현에 있어 언어의 절제나 상징, 비유, 함축 등의 특징을 지니고 있기 때문에 시를 한 번 들어 선뜻 이해하기 어려울 수 있다. 이러한 특성을 지닌 시를 표현해 내기 위해서는 속도는 너무 빠르지는 않게, 발음은 정확하게, 목소리는 강렬하고 전달력 있게 낭송하여야 한다. 특히 상징적인 단어나 함축된 단어, 또는 여러 의미가 내포된 단어 등에서는 발음과 속도와 톤을 달리하여 표현하는 것이 효과적이다.

---

9. 김성우, 『시낭송 교실』, (주)재능교육, 2016, 74쪽.

시의 의미와 시적 화자의 감정까지 표현해 내기 위해서는 중요한 부분에서 잠시 침묵이나 공백의 시간을 두는 것도 한 방법이다. 짧은 순간의 침묵은 시의 의미를 되새기고 시의 멋을 표출하는 데 소리 이상의 여유와 여운을 느끼게 한다. 낭송자가 시를 이해하고 재해석했다고 하더라도 관객은 시를 한 번 듣고 그 시의 의미를 이해하기가 어려울 수 있다. 낭송할 때의 방법 몇 가지를 제시해 본다면 다음과 같다.

첫째, 시의 내용을
자막으로 볼 수 있도록
스크린을 띄운다.
둘째, 제목과 내용의 중요 부분이라도
눈으로 볼 수 있도록 한다.
셋째, 중요한 부분을
후렴으로 다시 한 번 낭송한다.
넷째, 프린트를 나눠주고
관객이 볼 수 있도록 한다.

시를 낭송하기 위해서는 이렇듯 철저한 준비가 필요하다. 모임이나 행사의 목적, 시간, 청중의 연령대, 그리고 청중은 얼마나 되는지, 장소가 외부인지 내부인지, 또는 날씨를 미리 알아보고 파악하여 시를 선택하는 일이 관객과의 만남 이전에 선행되어야 한다.

시낭송의 자리가 특별히 정해져 있지는 않지만 분류를 해보자면 관객을 앞에 두고 낭송하는 경우와 라디오 방송, 텔레비전 방송, 유튜브 방송, 시극 등으로 나눌 수 있다. 라디오 방송으로 시낭송을 할 때와 텔레비전 방송으로 낭송할 때, 관객을 앞에 두고 낭송하는 경우의 차이점은 다음과 같다.

√ 관객 앞에서 낭송하는 경우

유인물을 만들어 관객들에게 나누어 주는 것이 효과적이다.
그렇게 되면 관객이 시를 이해하는 데 도움이 된다.

√ 라디오 방송인 경우

라디오 방송을 통한 낭송은 얼굴의 표정과 동작이 보이지 않기 때문에 오로지 목소리로 모든 것이 결정된다.
따라서 목소리에 감정과 의미를 모두 표현해 낼 수 있어야 한다.

√ 텔레비전 방송인 경우

텔레비전 방송의 경우에는 각기 다른 수많은 시청자가 관객인 셈이다.
이때는 목소리뿐 아니라 복장, 표정, 몸짓 등 무대 위의 자신의 작은 움직임과 시선까지도 낭송에 영향을 미친다는 점을 염두해 두어야 한다.

√ 시극의 경우

시극의 경우에는 시의 의미와 시적 화자의 상황을 표현할 수 있는 적절한 소품과 배경과 대상의 재현을 통해 침묵이나 단어와 단어, 행과 행 사이의 동작까지도 시로 읽히게 된다.
그러므로 시와 극의 조화가 잘 이루어져 흐름이 자연스러워야 한다.

낭송의 유형은 다르더라도 시의 어조는 음성의 높낮이, 음의 길이, 음색에서 풍겨지는 느낌 등이 분위기를 좌우한다. 낭송하는 시에서 시적 화자가 나타내는 어조는 시낭송에 중요한 영향을 미치게 된다. 시적 화자가 여성인지, 남성인지, 시점은 과거인지, 현재인지, 기쁨인지, 슬픔인지 또는 한이 서려 있는지 등, 시의 어조에 따라 표현도 달라지기 때문이다. 그 외의 기술이라면 클라이맥스 살리기, 감정 바꾸기, 감정 토해내기, 한숨으로 내뿜기, 쉼표 쉬어가기, 어미 처리 등에서 어떻게 표현해낼 것인지는 낭송자의 몫이고 그것이 본인의 개성이 된다.

예술에서의 모든 텍스트는 소통의 수단이다. 시가 언어로써 소통하는 것이라면 낭송은 소리로써의 소통이다. 시를 눈으로 읽을 때, 입 밖으로 소리를 내어 낭독할 때, 리듬을 주어 낭송할 때의 느낌은 차이가 있다. 낭송자의 미세한 태도까지도 낭송에 속하는 이유이다. 낭송 중에 느끼는 감동이 있다면 낭송된 시의 감동은 더 크게 다가오고 여운은 길게 남는다.

당신의 나이는 당신이 아니다
당신이 입는 옷의 크기도
몸무게나
머리 색깔도 당신이 아니다

당신의 이름도
두 뺨의 보조개도 당신이 아니다
당신은 당신이 읽은 모든 책이고
당신이 하는 모든 말이다

당신은 아침의 잠긴 목소리이고
당신이 미처 감추지 못한 미소이다
당신은 당신 웃음 속의 사랑스러움이고
당신이 흘린 모든 눈물이다

당신이 철저히 혼자라는 걸 알 때
당신이 목청껏 부르는 노래
당신이 여행한 장소들
당신이 안식처라고 부르는 곳이 당신이다

당신은 당신이 믿는 것들이고
당신이 사랑하는 사람들이며
당신 방에 걸린 사진들이고
당신이 꿈꾸는 미래이다

당신은 많은 아름다운 것들로 이루어져 있지만
당신이 잊은 것 같다
당신 아닌 그 모든 것들로
자신을 정의하기로 결정하는 순간에는

– 에린 헨슨, 「아닌 것」 전문

최근 들어 음악프로나 예능프로에서 시낭송을 하는 연예인들을 종종 만나게 된다. 얼마 전 〈비정상회담〉에 출현한 타일러가 누나 결혼식에서 축시로 김춘수의 「꽃」을 유창한 우리말로 낭송했다는 사실이 알려져 화제가 되었다. 〈유퀴즈〉에서는 '삶은 무엇이며 어떻게 살 것인가'에 대해 얘기하던 준 공유가 즉흥적으로 에린 헨슨(Erin Hanson)의 시 「아닌 것」을 낭송하면서 분위기를 고조시켰다. 이 시는 류시화 시인이 번역한 『마음챙김의 시』에 실린 작품이다. 훌쩍 떠난 여행지에서 상황에 맞는 시 한 편 암송한다면 그것이 여유이고 낭만이 아닐까, 눈에 띄는 장비 없어도 시간을 특별하게 만들 수 있는 것, 바로 시낭송이 주는 매력이지 싶다.

위 시는 필자도 지인들과의 만남에서 한 구절씩 주고받기도 하는 시 중의 한 편이다. 시 「아닌 것」에서 당신의 나이, 당신이 입은 옷, 당신의 몸무게, 보조개, 머리색깔은 "당신이 아니다"라는 표현이 강하게 와 닿는다. 겉으로 보여지는 모습이나 선천적인 외모에 의한, 즉 나의 의지와 상관없이 결정되어지는 것의 판단으로 나를 단정 짓지 말라는 것이다. 자신이 읽고 깨달은 것, 내가 하는 말이 곧 당신 자신이라고 말하고 있다. 그러므로 당신은 아침의 잠긴 목소리이고 미소이고 사랑스러움이며, 당신이 흘린 눈물과 사랑하는 사람들이며, 당신이 꿈꾸는 미래이고 당신이 믿는 것들이고 당신은 많은 아름다운 것들로 이루어져 있지만 정작 자신은 그 많은 아름다움을 잊고 있지는 않은가라고 질문하고 있다.

위 시는 시극으로 진행되었다. 낭송하는 무대에는 적절한 소품들도 꾸며 놓았다. 벽에는 사진을 걸어놓았고, 한쪽에서 책을 보고 있는 사람, 다른 쪽에는 느린 걸음으로 걷는 사람, 노래를 부르는 사람들을 설정하여 상황에 맞게 스포트라이트를 비춰 상황극으로 이끌어 갔다.

인간의 자각반응은 시각, 촉각, 청각, 후각, 미각 등에 의해 이루어진다. 거시적으로 보자면 "인간은 외부세계의 자극에 대한 반응의 결과를 다시 외부세계로 환원하는 과정을 지닌 유기체다"[10] 시극의 무대에서 소리와 행위를 통해 보여지는 시낭송은 관객들의 상상력을 자극하고 그 이미지는 체험된 문학의 정서와 일상의 정서가 다르더라도 그 순간 스며들게 마련이다.

시낭송에 참여한 관객들에게 '시낭송을 함께한 소감'을 적도록 미리 A4용지를 준비해 놓았다. 한 편의 연극을 본 것 같다는 평, 시낭송이 색다르다는 평, 이런 기회가 자주 있으면 좋겠다는 평 등 관객들의 다양한 느낌들을 전해들을 수 있다.

5 세대를 아우르는 콘텐츠

시낭송의 장점은 세대를 아우르는 장르라는 점이다. 자식이 부모님께, 부모가 자식에게, 스승님께, 작은 소모임에서, 행사장에서, 많은 관객들 앞에서, 유튜브로, 라디오로, 텔레비전 방송으로 듣는 사람도 낭송을 하는 사람도 남녀노소 구

---

10. 송문석, 『인지 시학』, 푸른사상, 2004, 62쪽.

분이 없다는 점이다. 시를 음미하며 눈으로만 읽을 수도 있고, 소리 내어 읽으면 낭독이고, 소리에 강·약의 리듬을 붙이면 낭송이 되고 곡을 붙이면 노래가 되고, 스토리를 따라가면 드라마가 되고 영화가 된다.

이처럼 때와 장소와 목적에 맞게 시낭송을 한다면 마음을 주고받는 소통뿐 아니라 공감대를 형성하여 사회적 분위기를 완화시키는 가교역할을 할 수 있다고 본다. 아래에 좋은 기억으로 남은 낭송의 사례를 올려본다.

낭송 사례 ①

2014년 어느 날 필자의 셋째 딸 효진이가 선생님께서 고등부 시낭송대회에 대한 안내를 하셨다면서 평상시에 필자가 시를 쓰면 퇴고하여 완성될 때까지 1차 독자였던 딸은 〈제2회 온누리 청소년 시낭송 전국대회〉에 참가하면 어떻겠냐고 물어왔다. 그리고는 엄마 시를 낭송하고 싶다고 말하는 것이다. 다른 시를 권유했지만 끝내 필자의 시 「바퀴의 궤적」으로 결정하였다. 그날부터 시낭송 연습이 시작되었다. CD로 낭송도 들어보고 첫 음절을 어떻게 시작해야 하는지, 클라이맥스의 강조와 자세, 휴지 사이의 호흡법까지 낭송 연습을 하며 시간을 함께 보냈다.

바퀴 위에서 흔들리는 소리, 그
진동에 따라 바람은 시시각각 태어난다
출생의 비밀이 거기부터라는 듯
풍경을 실은 바퀴가 굴러간다
수세기의 무게가 휘황휘황 열린 구멍에
한 생을 끼우자 바퀴는 휘청 궁구른다

소란한 길 위에서의 둥근 멀미
원점으로 돌아가는 길이라고
온전한 참말이라고 바퀴는 궤적을 그린다
시끄러운 일자 입을 막으며
투명한 바람의 자식을 낳으며 간다
한 시대의 무게와 상생의 중력으로
울퉁불퉁 쿨렁쿨렁 바퀴가 굴러간다

– 신영연, 「바퀴의 궤적」 전문

위 시는 바퀴를 통해 인생의 여정을 노래한 시다. 시에서는 쉼표도 시의 표현이므로 낭송할 때에도 쉼표를 언어로 보아 한 박자 쉬어 주어야 한다. 첫 행의 "바퀴 위에서"는 자연스럽게 시작하여 "흔들리는 소리" 다음에 오는 쉼표에서 한 박자 쉬어주고, 그 뒤에 오는 "그"는 앞의 "흔들리는 소리"이기도 하고 2행의 "진동"의 의미도 갖고 있기 때문에 "그"를 강하게 소리해 주어야 한다. 5연의 "휘황휘황"은 "열린 구멍"인 바퀴의 공간을 표현하기 위해 필자가 만든 단어인데, 여기서는 동작을 보여주듯 '휘~황 휘~황'을 느리게 이어서 표현해 준다.

"원점으로 돌아가는 길이라고 / 온전한 참말이라고 바퀴는 궤적을 그린다" 부분이 클라이맥스다. 이 부분에서도 "온전한 참말이라고"는 크고 강하게 "바퀴를 그린다"는 풀어주듯이 천천히 낭송하는 것이 좋다.

필자의 시뿐 아니라 시인들의 시를 자주 읽으며 시의 의미를 잘 파악하고 필사를 즐겼던 딸은 녹음된 자신의 목소리를 듣고는 목소리의 주인공이 본인이 아니라며 어색해 했다. 평소에 자신의 귀에 들어오는 목소리와 녹음된 목소리는 차이가 있기 때문이다. 시를 반복해서 읽고 필사하며 외웠다. 시의 의미를 새겨보고 나름대로 재해석하여 시를 표현하였다. 연습이 거듭될수록 시를 표현하는 동작도 목소리도 자연스러워졌다. 낭송 연습을 하며 공부에 대한 고민과 진로에 관해 속 깊은 이야기를 더 많이 나누었다. 딸은 〈온누리 청소년 시낭송 전국대회〉 고등부에서 상을 받았고 지금도 그 과정에 있었던 에피소드를 재현하며, 좋은 시를 발견하면 목소리를 가다듬고 자세를 바로 잡으며 낭송을 해주곤 한다.

낭송 사례 ②

엄마는
그래도 되는 줄 알았습니다
하루 종일 밭에서 죽어라 힘들게 일해도

엄마는
그래도 되는 줄 알았습니다
찬밥 한 덩이로 대충 부뚜막에 앉아 점심을 때워도

엄마는
그래도 되는 줄 알았습니다
한겨울 냇물에 맨손으로 빨래를 방망이질해도

엄마는
그래도 되는 줄 알았습니다
배부르다 생각 없다 식구들 다 먹이고 굶어도

엄마는
그래도 되는 줄 알았습니다
발뒤꿈치 다 해져 이불이 소리를 내도

엄마는
그래도 되는 줄 알았습니다
손톱이 깎을 수조차 없이 닳고 문드러져도

엄마는
그래도 되는 줄 알았습니다
아버지가 화내고 자식들이 속썩여도 전혀 끄떡없는

엄마는
그래도 되는 줄 알았습니다
외할머니 보고 싶다
외할머니 보고 싶다, 그것이 그냥 넋두리인 줄만……

한밤중 자다 깨어 방구석에서 한없이 소리 죽여
울던 엄마를 본 후론

아!
엄마는 그러면 안 되는 것이었습니다

– 심순덕, 「엄마는 그래도 되는 줄 알았습니다」 전문

위 시를 낭송하던 날은 관객의 연령대가 20에서 70대까지 다양하게 모인 자리였다. 무대 뒤로 스크린이 내려오며 시가 펼쳐졌다. 「엄마는 그래도 되는 줄 알았습니다」가 낭송되는 동안 주변의 분위기는 차분했으며 고개를 끄덕이기도 하고 손수건으로 눈가를 닦기도 하고 스크린의 시를 따라 읊조리는 관객들도 보였다. 낭송 마지막에 "아버지가 화내고 자식들이 속썩여도 전혀 끄떡없는 / 엄마

는 / 그래도 되는 줄 알았습니다" 잠시 시간을 두고 "엄마는 / 그러면 안 되는 것이었습니다"를 낭송하면서 마무리를 하였다. 큰 박수가 이어졌다.

일상의 대화에서도 이해가 되어야 공감을 하고 공감이 이루어져야 감동을 받는다. 낭송에 있어서도 낭송자가 낭송되는 시를 이해하고 공감을 했을 때 관객에게도 그 감동이 함께 전해져서 큰 박수를 치게 된다. 「엄마는 그래도 되는 줄 알았습니다」가 많은 사람들의 사랑을 받는 이유는 '엄마'라는 공통된 대상을 부르면 느껴지는 공감대가 있고 내용이 쉬우면서 울림을 주기 때문이다.

2019년 주말드라마 〈세상에서 제일 예쁜 내 딸〉에서 유선은 「엄마는 그래도 되는 줄 알았습니다」를 낭송했다. 시의 내용은 '엄마'들이 힘들게 고생하지만 참고 견디는 모습이 담겨 있다. 철없이 행동했던 자신이 '엄마'가 되고 보니 '엄마'를 이해하게 되고 이제야 효도를 하고 싶지만, 지금은 곁에 없어 안타까운 마음을 개인적인 감정을 배재하고 담담하게 풀어놓았다. 시 속의 '엄마'를 표현한 김해숙의 절절함이 고스란히 전해지며 시청자들을 울컥하게 만들었다. 위 시는 '좋은 생각' 100호 기념 100인 시집 『그대의 사랑 안에서 쉬고 싶습니다』에도 수록되어 있다.

윌리엄 워즈워드(Willian Wordsworth)의 시 「초원의 빛」 또한 감독 에리어카잔(Elia Kazan)의 영화 제목으로 등장하며 영화 리뷰에서 '초원의 시'는 많은 사람들에게 낭송되고 있다. 영화 〈더 파더〉로 오스카 남우주연상을 받은 앤서니 홉킨스(Anthony Hopkins)(83)는 오스카 시상식에 참석하지 못한 대신 트위터에 "모든 분에게 정말 고맙다. 영광이다"라는 인사와 함께 "나의 사랑하는 아버지 리처드 홉킨스 영원히 편히 쉬세요"라고 적은 묘지 근처에 서서 시를 낭송한다. 이처럼 시낭송은 즐겁고 행복한 장소에서 뿐 아니라 나의 감정을 표현하는 개인적 수단으로도 적합한 장르라는 점이 매력이다. 때와 장소와 목적에 맞게 시낭송을 한다면 기쁨, 슬픔, 고뇌, 축하, 절정의 분위기를 고조시키고 전율을 한마음으로 느낄 수 있을 것이다.

고이 잠들지 마십시오.
노년에는 날이 저물수록 더욱 불태우고 몸부림쳐야 하니,
꺼져가는 빛을 향해 분노하고 분노하십시오.
똑똑한 이들은 마지막 순간에 어둠이 마땅함을 알게 되지만,
자신의 언어로는 어떤 번개도 가르지 못하기 때문에
고이 잠들지 않습니다….

– 딜런 토머스, 「고이 잠들지 마십시오」 부분

사람이 사람을 만나 서로 좋아하면
두 사람 사이에 물길이 튼다.
한 쪽이 슬퍼지면 친구도 가슴이 메이고
기뻐서 출렁거리면 그 물살은 밝게 빛나서
친구의 웃음소리가 강물의 끝에서도 들린다

처음 열린 물길은 짧고 어색해서
서로 물을 보내고 자주 섞여야겠지만
한 세상 유장한 정성의 물길이 흔할 수야 없겠지

긴 말 전하지 않아도 미리 물살로 알아듣고
몇 해쯤 만나지 못해도 밤잠이 어렵지 않은 강,
아무려면 큰 강이 아무 의미도 없이 흐르고 있으랴
세상에서 사람을 만나 오래 좋아하는 것이
죽고 사는 일처럼 가벼울 수 있으랴
큰 강의 시작과 끝은 어차피 알 수 없는 일이지만

물길을 항상 맑게 고집하는 사람과 친하고 싶다
내 혼이 잠잘 때 그대가 나를 지켜보아 주고
그대를 생각할 때면 언제나 싱싱한 강물이 보이는
시원하고 고운 사람을 친하고 싶다

– 마종기, 「우화의 강」 전문

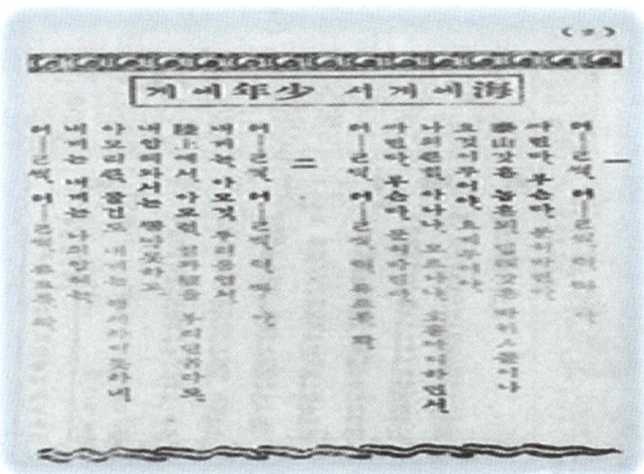

해에게서 소년에게(최남선), 출처 한국민족 문화대백과

세계 시의 날, 출처 다음백과

'사람이 사람을 만나 좋아하면 두 사람 사이에 물길'이 트이듯 시와 낭송이 만나면 고립된 사회의 길을 트고 만남의 장이 펼쳐져 자연스럽게 소통이 가능해지고 사회는 한층 밝고 진중해 질 것이다.

유네스코는 시의 보존과 발전을 위해 시인을 지원하고 시낭송을 장려하며 시와 그림, 춤, 음악 등 다른 장르와의 교류를 실시하고 있으며, 매년 3월 21일을 '세계 시의 날 (World Poetry day)'로 정하여 축제를 여는 한편 여러 회원국에서 개별적으로 시낭송회, 백일장, 시화전, 시집 출간 등의 행사를 개최했다. 우리나라는 시의 활성화와 언어의 다양성 증진을 위해 그보다 훨씬 전인 1987년 11월 1일을 '시의 날'로 제정해 기념하고 있다.

"시는 삶과 꿈을 가꾸는 언어의 집이다. 우리는 시로써 저마다의 가슴을 노래로 채워 막힘에는 열림을, 어둠에는 빛을, 끊어짐에는 이어짐을 있게 하는 슬기를 얻는다. 우리 겨레가 밝고 깨끗한 삶을 이어올 수 있었던 것은 일찍부터 그러한 시심을 끊임없이 일구어 왔기 때문이다. 이 땅에 사는 우리는 이에 시의 무한한 뜻과 그 아름다움을 기리기 위하여 신시 80년을 맞이하는 해 육당 최남선의 「해(海)에게서 소년에게」가 1908년 「소년」지에 처음 발표된 날, 십일월 초하루를 '시의 날'로 정한다." 라는 선언문의 제정 경위가 쓰여져 있다.[13]

이렇듯 '시의 날'을 정한 이유는 시를 통하여 개인과 사회와 세계의 근원적인 가치를 모색하고 국제적인 문화교류를 강화하는 데에도 목적을 두고 있다. 주변에서 만날 수 있는 한 편의 좋은 시는 다양한 방식으로 많은 사람들에게 낭송될 뿐 아니라 노래가 되고 드라마가 되고 영화가 되고 그 영화는 다시 우리의 일상으로 스며든다.

시낭송이 관객의 공감을 얻고 대중적으로 확산되기 위해서는 현장성의 실제와 이론적 정립이 필요하다. 송현은 "시의 대중화는 그 나라의 문화적 기본적인 척도의 하나가 될 수 있다"[14]고까지 강조한다. 시낭송은 이미 우리가 직·간접으로 접하고 있는 예술의 한 장르이며, 소리를 통한 음악적 감각으로 우리 삶에 영향을 미치고 있다. 그런만큼 시낭송을 통해 마음의 안정과 언어의 순화로 삶의 질의 향상과 종합예술로서도 자리매김하길 기대해 본다.

---

13. '시의 날'로 정한 선언문

14. 송현, 『시낭송 잘하는 법』, 집문당, 1996, 123쪽.

참여하기

1. 가장 좋아하는 시 한 편을 암송해 보자.

2. 창작시에 맞는 음악과 함께 낭송해 보자.

3. 한 편의 시를 선정하여 읽고 느낌대로 분석해 보자

시와 공연 _손혁건

영상콘텐츠의 활용

> 여름내 어깨 순 집어준 목화에서
> 마디마디 목화 꽃이 피어나면
> 달콤한 목화다래 몰래 따서 먹다가
> 어머니한테 나는 늘 혼났다
> 그럴 때면 누나가 눈을 흘겼다
>
> - 오탁번, 「벙어리장갑」 부분

1. 시와 공연의 사회적 역할과 필요성

2. 시와 공연으로 만드는 영상콘텐츠

3. 시와 공연의 영상콘텐츠 활용 효과와 기대

* 참여하기

10장

Poetry & Concert

영상콘텐츠의 활용

1 시와 공연의 사회적 역할과 필요성

시는 문학을 대표하는 분야이다. 문학은 인간의 삶 속에서 발현되며 인간의 삶을 표현하는 예술적 도구이기에 시를 포함한 모든 문학은 당면한 시대의 현상과 상황을 반영한다고 볼 수 있다. 그 시대의 사회, 문화 풍속이 표현되거나 주류를 이루는 사회현상을 표현하기도 하며 사회 구성원들에게 바람직한 사회, 문화의 미래상을 제시하기도 한다.

1970년대에는 군사정권의 독재에 맞서는 저항적 문학[1]이 주를 이루었다. 1980년대 들어서는 저항정신의 기조를 이어가며 물질만능주의를 비판하고 문명의 세속화를 지양하며, 새로운 창조적 가능성과 실험정신을 보여주었다.[2] 모더니즘으로의 변화를 보이기 시작한 때이며, 1990년대 이후부터는 이념의 갈등에서 벗어나 탈냉전시대를 맞이해 종교, 경제 갈등 등 새로운 사회, 문화현상들이 나타났으며, 일상과 도시문명에의 접근을 보여준다.[3] 나아가 디지털 문명과 과학기술의 발전에 따라 인터넷과 스마트폰의 대중적 보급으로 SNS(Social Network Service) 등을 통한 사회적 영향력이 더욱 확대되었다. 또한 기술적

---

1. 김지하, 박노해, 신경림, 조태일, 문병란, 정희성 시인 등.
2. 김남주, 고정희, 김준태, 장정일, 황지우 시인 등.
3. 이승하, 복효근, 나희덕, 유용주, 하재봉, 장정일, 박용하 시인 등.

진보를 이룬 영상매체의 다양성은 문학의 수용과 창작에 많은 영향을 주었으며, 그 내용과 형식에도 큰 변화가 일어났다. 작가와 독자의 소통이 쉽고 빠르게 이루어지면서 시대와 사회현상은 거침없이 표현되고 전달되는 것이 가능해진 것이다. 다양한 변화의 시도와 풍부한 표현력으로 대중과 더욱 밀접한 상태에서 소통이 가능해졌다고 볼 수 있다.

시는 그 자체가 언어이자 감정을 전달하는 도구이며, 위에서 살펴본 것처럼 시대를 대변하고 변화를 주도하는 역할을 한다. 현사회는 바이러스 감염으로 전 세계가 곤혹스러운 상황이다. 팬데믹(pandemic) 언택트(Untact) 시대를 맞아 시와 독자 간의 직접 소통이 어려워졌다. 본래 문학이 대표적 언택트 예술이었음을 상기해 보면 크게 위축될 필요가 없다. 그렇다고 다시 지면으로 돌아가는 소통을 택할 것이 아니라 시로 만드는 공연을 기획해 보는 것이다. 또 공연의 영상콘텐츠를 활용하여 보다 적극적으로 소통하고 문학의 시대적 역할에 주체가 되는 것이다.

필자는 위기의 시대를 살아가는 현대인들에게 시가 위기를 극복하는 최고의 도구나 수단이 되기를 희망한다. 시를 공부하는 사람이라면 시가 함께하는 공연을 통해서 시를 독자들에게 전달하는 방법을 제시하고, 집합행사에 제한적인 현 시대에 맞게 영상콘텐츠로 제작하여 공유해 볼 수 있기를 기대한다. 시가 전해주는 감성과 감동이 위기를 희망으로 바꾸는 선한 바이러스가 되어 급속도로 확산되기를 바라는 마음에서 시로 만드는 공연의 실제 사례들을 분석해보고자 하는 것이다. 시를 창작하는 주체가 되어 공연을 기획해 보고 영상콘텐츠를 제작한다거나, 주변에서 접할 수 있는 시인을 직접 섭외하여 시와 관련된 공연을 영상콘텐츠로 만들어 독자들에게 전달하는 전달자가 되어 보는 것이다. 이러한 과정을 통해 시가 독자에게 입체적으로 전달됨으로써 사회현상의 일상적 관점에서 벗어나 폭넓은 세계관에 접근할 수 있도록 만들고, 문학과의 소통의 부재에서 오는 일상의 건조한 문화생활에 단비 같은 역할도 할 수 있을 것이다.

지면을 통한 방법에서 벗어나 시를 매개로 한 공연을 영상콘텐츠로 제작하여 독자에게 전달함으로써 의미의 깊이가 배가되고 다양한 방법으로 소통할 수 있음을 시도해 보고자 하는 것이다. 물론 수필 ,시조, 소설 등 문학의 다양한 장르에 있어서도 영상콘텐츠의 활용이 이루어지고 있지만, 본 장에서는 필자의 경험을 기반으로 시를 통한 공연을 실례로 살펴보며 영상콘텐츠로 활용하는데 포커스(Focus)를 맞춰보고자 한다. 덧붙여 본 장에서는 공연의 전문적인 기술보다 시로 만드는 공연의 실제 사례를 통해 시를 이해하고 교감을 나누며 소통하는데 더 큰 의미를 두고자 한다.

공연문화 콘텐츠를 활용하고 활성화시키는 것을 시대적 현상에 의한 어쩔 수 없는 선택으로만 보아서는 안 된다. 특정한 계층만이 시를 이해하고 접할 뿐 대부분 시를 읽지 않고 '그들만의 잔치, 그들만의 영역'으로 치부해 버리고 외면해 왔던 고질적인 독서 저하의 문제를 앓고 있던 우리의 현실을 직시하고 다양성을 통한 공연콘텐츠의 개발과 발전이 시를 쉽게 이해하면서 자연스럽게 독서로 이어지는 역할을 하도록 해야 할 것이다.

2
시와 공연으로 만드는 영상콘텐츠

2-1. 기획

바이러스에 의한 팬데믹(pandemic) 언택트(Untact) 시대 이전부터 시를 매개로한 공연은 이미 많은 시인, 작가, 시낭송가 또는 배우에 의해 제작되고 널리 확대되어 왔다. 하지만 코로나19 바이러스(COVID-19Virus) 이전에는 관객과 함께하는 공연이 주류였다면, 비대면 시대인 작금에는 관객의 현장 참여 없이 비대면 상태에서 순수 영상콘텐츠로 제작하여 공유함으로써 독자[4)]와 소통해

4. 영상콘텐츠에서의 독자란 시청자 또는 관객을 의미한다.

야 한다. 비대면 공연을 통해 시의 다양하고 생생한 경험을 제공해야 한다는 점은 독자의 직접 참여 없이 영상만으로도 얼마든지 가능하다는데 그 의미를 두어야 할 것이다. 이제부터 시를 공부하는 입장에서 공연을 직접 기획하고 제작해 보도록 하자. 프로듀서(producer)로서 직접 제작의 기획부터 완성까지 컨트롤(control)해 보거나, 진행자가 되어 시인과의 대화를 주도해 가며 독자와의 소통을 위해 어떤 역할을 해야 할 것인지도 함께 알아보도록 하자. 결과물을 영상콘텐츠로 완성하여 인터넷에 공유하기까지 실현해 보고 그 효과와 영향력에 대해서도 살펴보고자 한다.

먼저 공연 제작에 앞서 기획단계에서 다음의 몇 가지가 우선 되어야 할 것이다.

첫째. 공연의 정확한 형식과 콘셉트(concept)가 정해져야 한다.

형식에 있어 시집을 중심으로 이야기를 풀어가는 〈북 콘서트〉나 이론중심의 〈문학 강연〉 또는 시인중심으로 이야기를 풀어나가는 〈문학토크 콘서트〉 등과 시와 연극이 만나 시인의 생애와 시를 광범위한 정보와 함께 감동을 전달할 수 있는 〈시극〉이 있는가 하면, 〈시낭송회〉는 공연을 통해 한 사람의 시를 집중 낭송하거나 공연콘셉트에 적절한 시인들의 시를 다양하게 낭송하기도 한다. 이렇듯 시로 만들 수 있는 다양한 공연의 종류 중에서 어느 것으로 갈지 방향설정을 해야 한다. 어떤 형식이든 독자에게 전달할 내용의 핵심 콘셉트를 미리 설정하는 것도 필요하다.

먼저 〈북 콘서트〉는 시집을 읽고 시인과의 만남을 통해 서로 소통하며 책을 중심으로 독서문화를 활성화 하는 포괄적 의미로 시작되었다. 여기에는 독자가 직접 참여했으며, 전반적인 진행은 몇 명의 패널리스트(panelist)와 진행자가 책을 중심으로 시인과의 대화를 풀어나가며 독자에게 전달해 주는 역할을 한다. 간간히 시낭송이나 연주, 무용 등을 가미해 입체적인 예술로 완성도 있게 만들고 있다. 이전부터 해오던 일종의 출판기념회의 성격을 띠고 있다고 보면 된다.

〈문학토크 콘서트〉는 이미 연예, 예술, 경제, 스포츠 등 다양한 분야에서 유행되어 온 토크 콘서트에서 왔다. 〈북 콘서트〉도 기존의 토크 콘서트에서 영향을 받아 시작되었다고 볼 수 있다. 진행방식도 유사하여 시인 중심으로 집중도 있게 대화를 풀어가며, 패널리스트가 함께 하기도 한다. 공연이 곁들여 지는 것도 유사하다. 시인에게서 창작과정이나 문학적 견해를 더 취할 수 있는 장점이 있다. 〈문학 강연〉은 이론 중심으로 전문성을 띠고 있으며 패널리스트 없이 진행하는 것이 일반적이다. 강의의 성격을 띠고 있으며 비교적 독자와의 소통이 제한적일 수밖에 없다.

〈시극〉은 사전적 의미로 '시의 속성이 살아있는 극'이라 정의되어 있다. 김경주[5]는 "시가 언어의 밀도에 집중하는 방식이라면 시극은 시적인 언어로 만나는 공간의 호흡문제에 집중한다"[6]고 했다.

시극이 갖고 있는 공연 예술적 특성과 멀티미디어적인 요소들은 인간성 회복을 지향하는 살아있는 언어가 될 수 있다고 보고 시와 호흡하는 무대 공간에서 그 역할의 중요성을 짚었다. 김경주 시인처럼 많은 사람들이 시가 상실된 시대에 시의 대중성 확장을 위한 유력한 방법으로써 시극의 가능성과 그 역할에 관심이 커지고 있는 것이 현실이다.

시낭송회는 본서에서 따로 다루고 있으므로 더 언급하지 않아도 될 듯하다. 시극과 시낭송회를 제외한 내용을 요약한 다음의 도표를 참고해 보고, 본 장에서는 이 세 가지를 중심으로 알아보고자 한다.

---

5. 김경주는 극작가이면서 시인이다. 2003년 대한매일 신춘문예에 '꽃 피는 공중전화'외 5편으로 등단했으며, 제17회 오늘의 젊은 예술가상과 제28회 김수영 문학상, 제3회 시작문학상을 수상했다. 저서로 시집 『나는 이세상에 없는 계절이다』, 『기담』, 『시차의 눈을 달랜다』, 『고래와 수증기』, 산문집 『밀어』, 『패스포트』, 『펄프 키드』, 『펄프 극장』, 『자고있어, 곁이니까』 등이 있고 시극집 『늑대는 눈알부터 자란다』, 『내가 가장 아름다울 때 내 곁엔 사랑하는 이가 없었다』, 『나비잠』, 『블랙박스』가 있고, 다수의 역서를 냈다. *김경주는 낭독, 레제드라마와 활자극장, 포에트리 슬램 등 아직 낯선 기법들을 동원하여 독자들에게 시를 더 가깝게 접근시켜 왔다.
6. 김영란, 「공연예술 콘텐츠로서 시극의 발전과제–김경주의 시극을 중심으로」, 『인문사회 21』, 제8권 제3호, 2017.

북 콘서트	문학 토크 콘서트	문학 강연
시집 중심	시인 중심	이론 중심
스튜디오(비대면 상황) 강의실 강당(대면 상황)	스튜디오(비대면 상황) 강의실 강당(대면 상황)	스튜디오(비대면 상황) 강의실 강당(대면 상황)
독자와의 소통과 독서문화 활성화에서 시작	연예, 스포츠, 경제, 예술계 전반에 다양화, 일반화 북 콘서트에 영향을 줌	창작 이론에 집중, 전문성
시인, 패널리스트, 진행자, 공연자, 독자(비대면 상황에선 관객 없음)	시인, 패널리스트, 진행자, 공연자, 독자(비대면 상황에선 관객 없음)	시인, 진행자, 독자(비대면 상황에선 관객 없음)
공연(시낭송, 무용, 연주 등)	공연(시낭송, 무용, 연주 등)	일반적으로 공연 없이 진행
출판기념회 성격	소통과 이야기가 핵심	강의 성격

둘째. 어느 시인을 선택할 것인지와 어떤 시에 중점을 둘 것인지를 결정해야 한다.

다시 말해 사회현상이나 시류에 적합한 지를 살펴야 하고, 문학적 역량과 독자와 소통 후의 파급효과가 크게 나타날 수 있는 지가 고려되어야 한다. 또한 프로듀서나 진행자 모두 참여시인과 시에 대해 명확한 정보와 이해도가 있어야 한다. 시인의 문학관과 세계관을 자연스럽게 영상에 녹여 낼 수 있어야 독자들에게 충분한 소통과 교감의 만족을 줄 수 있는 것이다. 또한 시의 이해에 있어 시인의 시적 창작의도와 시적 자아의 내면과 외면을 고루 인식하고 있어야 독자들의 문학적 갈증을 해소할 수 있다. 문학은 인간의 삶을 형상화하는 예술의 한 종

7. 나병철, 『문학의 이해』, 문예출판사, 1995, 23쪽.

류[7]라 한다. 제작하는 공연의 영상콘텐츠를 통해 시인의 삶과 독자의 삶을 무엇보다 객관성과 타당성에 입각해 형상화시킬 수 있어야 한다. 영상을 접하는 독자라면 누구라도 쉽게 이해하고 긍정하며 교감할 수 있어야 한다는 뜻이다.

셋째. 패널리스트는 작가와 독자의 소통로(疏通路) 역할을 해줄 수 있는 사람으로 선정해야 한다.

공연자 선정도 그날의 메인 테마(Main-Thema)와 연관이 있는 분야로 선정하는 것이 좋다. 패널리스트는 자기 주장이 과하면 안 되며, 독자의 궁금증을 해소하고 시인의 작품세계를 공감할 수 있도록 해야 한다. 또한 시인이 독자들의 트렌드(Trend)를 이해하고 교감하는 데 적절한 역할을 할 수 있어야 한다. 시인과 친분이 있으면 좋으며, 독자들과는 관객으로서 공통분모를 갖는다.

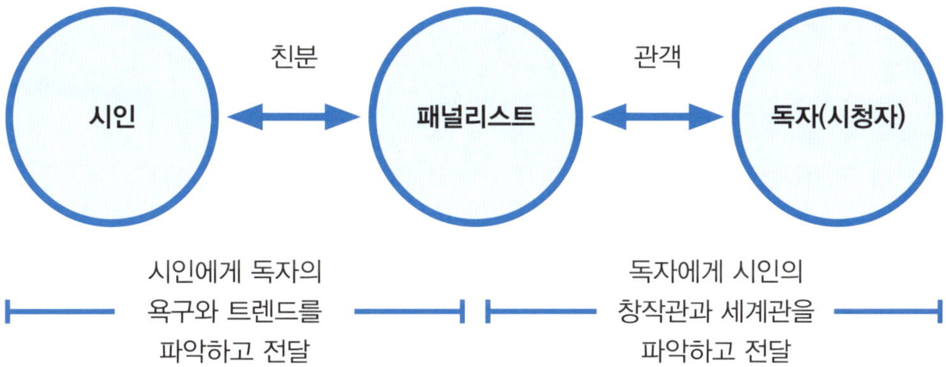

넷째. 장소 섭외와 촬영자 선정도 중요하다.

비대면 촬영이라면 작은 강의실이나 세미나실 정도가 적당하며, 콘텐츠의 수준에 따라 촬영 전문 스튜디오를 임대하여 촬영할 수도 있다. 직접 제작할 때는 요즘 스마트폰의 기능이 전문장비 못지않기 때문에 스마트폰을 사용해도 좋고 소형 캠코더 사용을 병행해도 좋다.

위에 언급한 네 가지를 기억하고 기획한다면 콘텐츠의 절반은 성공한 것이나 다름없다.

2-2. 북 콘서트 실제 사례

기획이 끝났다면 실제 사례를 토대로 북 콘서트를 진행하며 영상으로 제작했던 과정을 살펴보도록 한다.

먼저 지식나눔공동체 대전북포럼이 주관하여 김완하 시인의 『시 속의 시 읽기』1~5권까지 다섯 권의 책을 가지고 북 콘서트[8]가 개최된 바 있다.

【대전북포럼】 제246회 김완하 시인과의 만남 1,2

- 장 소 : 시와정신 커뮤니티 홀
- 초대시인 : 김완하(한남대 국어국문창작학과 교수)
- 진 행 자 : 손혁건 시인(대전문인협회 회장)
- 패널리스트 : 구지혜 시인, 정진화 작가, 조명희 시인
- 시 낭 송 : 김수현 시인
  (김완하 「그리움 없인 저 별 내 가슴에 닿지 못한다」 낭송)

김완하 시인은 1987년 『문학사상』으로 등단하였으며, 한남대학교 국어국문창작학과 교수로 재직 중이다. 계간 『시와정신』 편집인 겸 주간을 맡고 있으며 2009년과 2016년 두 차례 미국 캘리포니아 대학교 버클리캠퍼스 객원교수로 다녀왔다. 현재 한남문인회 회장을 맡고 있으며 저서로는 『시와 문화콘텐츠 창작』, 『김완하의 시 속의 시 읽기』 1권~5권, 시집으로 『집 우물』, 『절정』, 『허공이 키우는 나무』, 『네가 밟고 가는 바다』, 『그리움 없인 저 별 내 가슴에 닿지 못한다』, 『길은 마을에 닿는다』, 시선집 『어둠만이 빛을 지킨다』 등이 있으며, 다수의 학술서적을 발간하였다. 제12회 충남시인협회 본상 수상과 제22회 대전시문화상, 제12회 시와 시학상(젊은 시인상) 2006년과 2007년 소월 시 문학상 우

---

8. YouTube, https://youtu.be/BLQ8O2Rzaog https://youtu.be/tMFiPE)_I7lg 〔대전북포럼〕, 제246회 김완하 시인과의 만남1,2

수작품상 등을 수상하였다.

이번 북 콘서트에서 조명한 책은 일간지에 6년간 연재했던 시 칼럼을 모아 책으로 엮어낸 것으로 5권이나 된다. "칠레의 시인 파블로 네루다(Pablo Neruda)가 '시가 내게로 왔다.'라고 했던 말처럼 320편의 시가 내게로 온 것이다"라고 말한 김완하 시인은 책에 실린 시편들을 선택할 때 계절적인 감각과 사회적인 이슈와 본인에게 내재되어 있는 미션이 서로 총체적으로 만나면서 마치 스파크를 일으키듯 내게로 왔다고 했다. "시를 쓰기 위해서는 많이 쓰는 것도 좋지만 많이 읽어야 한다. 좋은 시를 만나 독자들에게 소개하는 역할을 했지만 사실 이번에 시 칼럼을 쓰고 책으로 출간하기까지의 작업은 더 깊은 시와 만나고 시의 영역을 확장시키는 자신만의 축제였다"고 했다.

경기도 안성 출생인 김완하 시인은 문학적 출생지로는 금수저인 셈이라 하여 웃음을 유발하였다. 그 이유는 박두진, 조병화, 정진규 시인 등 안성 출신의 훌륭한 시인들이 많아서라고 했다. 또 생애 최초로 시를 접한 시기는 초등학교 2학년 때 과제로 제출한 자작 동시 「미루나무」였다고 말한다. 2012년에 출간된 시집 『그리움 없인 저 별 내 가슴에 닿지 못한다』[9]에는 '유년에 대한 회상을 기본으로 둔 시편들에서 기존의 견고한 가치 판단의 경계에서 금 밖의 침묵하고 있는 대상에 시선을 두지만 이를 이분법적으로 구획하여 어느 일편에서 비판의 주체로 자리하는 것을 경계하고 있다'는 책 소개와 함께 최근 정치권에서 인용되며 유명세를 치른 시 「뻐꾹새 한 마리 산을 깨울 때」[10]와 시가 스토리텔링화되어 영화로도 제작되었던 「엄마」 등 젊은 시서정의 가능성을 열어가는 희고 투명한 시편들이 실려 있다. 공연으로 준비했던 시낭송에 인용된 시는 이 시집의 표제시다.

---

9. 김완하, 『그리움 없인 저 별 내 가슴에 닿지 못한다』, 시와정신, 2012, 책 소개 부분 발췌.
10. ≪조선일보≫, 2021. 1. 15.

네가 빛나기 위해서
수억의 날이 필요했다는 걸 나는 안다
이 밤 차가운 미루나무 가지 사이
아픈 가슴을 깨물며
눈부신 고통으로 차오르는 너,

믿음 없인 별 하나 떠오르지 않으리
그리움 없인 저 별 내 가슴에 닿지 못하고
기다림 없는 들판에서는
발목 젖은 풀 뿌리 하나에도
별빛 다가와 안기지 않으리

어둠 속 무수히 흩어지는 발자국
별 하나 가슴에 새기고 돌아가
고단한 하루에 빗장을 지를 때
지친 풀잎 허리 기댄 언덕 위로
너는 꺼지지 않는 등을 내다 건다

너와 내가 하나의 강으로 닿아 흐르기까지
수천의 날이 또 필요하리라
이 밤 네가 빛나기 위해
수억의 어둠을 뜬눈으로 삼켜야 했듯
그 눈물 어리어 흘러가는 강을 나는 본다.

– 김완하, 「그리움 없인 저 별 내 가슴에 닿지 못한다」 전문

패널리스트의 질문과 김완하 시인의 답으로 진행된 북 콘서트로 들어가 보자.

질문 1. 김완하 시인에게 영향을 준 시인이 있다면 어느 분인지요?

답. 시를 쓰면서 깊게 영향을 준 것은 소월의 시[11]라 말할 수 있다. 소월의 시가 나의 서정성을 더 부드럽게 해줬다고 볼 수 있다. 30년 이상 시를 쓰다 보니 새로운 변화를 꾀해야 된다는 생각이다. 그래서 요즘은 산문시를 많이 쓰고 있다. 또 이육사, 윤동주, 신동엽의 시를 연구하면서도 영향을 받은 것이 사실이다. 대학시절 영향을 많이 주었던 분은 이가림[12] 시인이다. 『김완하의 시 속에 시 읽기』 1권에 1995년 창작과 비평에서 출간한 이가림의 시집 『순간의 거울』에 실려 있는 시 「석류」로 쓴 시 칼럼이 실려 있다.

질문 2. 모두 320편의 시를 선정하여 쓰셨는데 선정의 기준이 되었을 좋은 시란 어떤 것인지요?

답. 좋은 시를 만난다는 것은 그 시를 읽었을 때 그 공백을 나로 하여금 채우게 하는 동기유발이 되는 시라고 본다. 좋은 시는 미학적으로 완성된 완벽한 시가 아니라 시대적인 것과 환경적인 요소들이 작용해야 한다. 또 문학성을 얘기할 수 있는데, 시에서 문학성만 분리해서 얘기하는 것은 위험한 발상일 수 있다. 그냥 좋은 시가 좋은 시 아닌가? 시를 접했을 때 시의 형식과 내용은 외적, 내재적 감동이 있으면 된다고 본다. 파블로 네루다의 말처럼 시가 내게로 온 것이다. 감동적으로 내게 다가온 시를 리뷰한 결과가 오늘 소개되고 있는 책이라 보면 된다.

질문 3. 오탁번 시인의 시 「벙어리장갑」을 리뷰하셨는데 '하얀 눈과 빨간색 장갑의 대비가 명징한 모습이 조화롭다. 그 조화가 사랑이다.'라고 하셨습니다.

---

11. 소월의 시 「개여울」을 예로 들고 낭독을 했다.
12. 이가림 시인은 1943년 만주 출생으로 정읍에서 성장했다. 1966년 동아일보 신춘문예에 시가 당선되면서 문단에 나왔다. 정지용문학상, 편운문학상, 후광문학상을 수상하였으며, 시집으로 『빙하기』, 『유리창에 이마를 대고』, 『순간의 거울』, 『내마음의 협궤열차』 등과 에세이집 『사랑, 삶의 다른 이름』, 역서 『촛불의 미학』 등이 있다. 부인인 김원옥 시인과 부부시인이었으나 이가림 시인은 루게릭으로 투병하다 2015년 별세했다.

교수님의 시에서도 그런 조화가 명징한 사랑이 표현된 시가 있는지요?

답. 「벙어리장갑」은 오탁번의 동화적인 시다. 시가 가진 동심에 집중할 필요가 있다. 시각적 측면을 강조함으로써 시적 자아의 내면 의식을 담아내는 것인데, 나의 시 중에 시각적 측면에서 강조가 되는 시를 들자면 「눈발」, 「동백꽃」을 들 수 있겠다. 「눈발」을 보면 정적이며 어둠과 시련을 의미하는 겨울밤과 동적이며 백색의 눈발이 충돌하는데, 이것은 어둠과 빛의 세계가 충돌하는 것이라고 보면 된다. 나의 시 중에는 색상의 조화가 강하게 나타나는 시는 그리 많지 않다.

여름내 어깨 순 집어준 목화에서
마디마디 목화 꽃이 피어나면
달콤한 목화다래 몰래 따서 먹다가
어머니한테 나는 늘 혼났다
그럴 때면 누나가 눈을 흘겼다
– 겨울에 손 꽁꽁 얼어도 좋으니?
서리 내리는 가을이 성큼 오면
타래가 터지며 목화송이가 열리고
목화송이 따다가 씨아에 넣어 앗으면
하얀 목화솜이 소복소복 쌓인다
솜 활끈 튕기면 피어나는 솜으로
고치를 빚어 물레로 실을 잣는다
뱅그르르 도는 물렛살을 만지려다가
어머니한테 나는 늘 혼났다
그럴 때면 누나가 눈을 흘겼다
– 손 다쳐서 아야 해도 좋으니?
까치설날 아침에 잣눈이 내리면

우스꽝스런 눈사람 만들어 세우고
까치설빔 다 적시며 눈싸움 한다
동무들은 시린 손을 호호 불지만
내 손은 눈곱만큼도 안 시리다
누나가 뜨개질한 벙어리장갑에서
어머니의 꾸중과 누나의 눈흘김이
하얀 목화송이로 여태 피어나고
실 잣는 물레도 이냥 돌아가니까

– 오탁번[13], 「벙어리장갑」 전문

많은 질의응답이 오가며 김완하 시인의 시세계와 시창작에 대하여 독자에게 명확하게 전달하는 기능을 수행했지만 본 장에서는 간략히 정리한 것임을 밝혀 둔다.

지금까지 살펴본 것처럼 북 콘서트는 시인의 사상과 주관을 독자와 함께 책 속에서 찾아낼 수 있도록 질문을 통해 패널리스트들의 다양한 접근을 유도해야 한다. 또한 공연된 실황이 영상콘텐츠로서 완성도를 높이기 위해서는 지루하지 않게 끌고 가는 힘이 뒷받침 되어야 한다. 독자들의 욕구와 트렌드를 예측하고 정확하게 짚어줌으로써 인터넷상에 공유되었을 때 그 전달효과는 더욱 크게 작용할 것이다.

---

13. 오탁번 시인은 제천 출생이며, 1966년 동아일보 신춘문예에 동화 '철이와 아버지'가 당선되고 이듬해 중앙일보 신춘문예에 시 '純銀이 빛나는 이 아침에'가 당선된 후 1969년 대한일보 신춘문예에 소설 '處刑의 땅'이 당선되어 문단에 나왔다. 시집 『아침의 豫言』, 『너무 많은 가운데 하나』, 『생각나지 않는 꿈』, 『겨울강』, 『1미터의 사랑』, 『벙어리장갑』, 『손님』과 소설집 『處刑의 땅』, 『내가 만난 女神』, 『절망과 기교』, 『저녁연기』, 『새와 十字架』, 『혼례』, 『겨울의 꿈은 날 줄 모른다』, 『純銀의 아침』이 있다. 『現代文學 散藁』 외에 다수의 시론집을 출간하였다.

2-3. 문학 강연 실제 사례

그동안 우리는 많은 유명시인들을 통해 다양한 종류의 문학 강연을 접해 왔다. 그러나 앞으로는 강연 장소를 직접 찾아가서 듣고 소통하며 교감을 나눠왔던 과거의 방식을 그대로 답습해서는 안 된다. 비대면 상황에 맞게 영상콘텐츠로 제작하여 인터넷을 통하여 공유 한다면, 현장에서 함께 나눌 수 있는 쌍방향 소통에는 다소 아쉬운 감이 있다 해도 독자들의 시에 대한 갈증을 어느 정도는 해소할 수 있으리라 본다.

문학 강연은 시대적 상황에 맞는 콘셉트를 설정하고 그 설정에 맞는 강연을 제공함으로써 문학이 독자들의 일상에 긍정적인 영향을 끼친다는데 그 의미가 있다. 기존에 많은 경험을 해왔듯이 이론 중심의 특강형식을 띤다고 보면 된다. 요즘의 사례는 일방적 강연이 아닌 〈북 토크〉나 〈문학토크 콘서트〉의 영향으로 시낭송 등의 공연을 추가해 일방적 강연의 성격상 자칫 지루해질 수 있는 분위기를 희석시켜 주고 있음을 다음의 사례들을 통해 확인할 수 있다.

2020년 대전문인협회는 문화체육관광부와 대전시가 후원하는 공모사업인 온라인 미디어 지원 사업〔아트 체인지 업(Art Change Up)〕에 선정되어 공광규 시인을 초청, 문학 강연을 개최하였다. 공광규 시인의 문학 강연을 위주로 하였으나 시낭송 공연을 곁들였으며, 전문 스튜디오에서 촬영 전문가의 도움으로 편집까지 진행하여 영상콘텐츠로 제작하였던 실제 사례다.

【대전문학 아카데미】 공광규[14] 시인편1, 2[15]
• 장　소 : 원 스튜디오

---

14. 공광규 시인은 1986년 ≪동서문학≫에 「저녁1」로 등단하였다. 저서로 『신경림 시의 창작방법 연구』, 『시쓰기와 읽기의 방법』이 있으며, 시집은 『대학일기』, 『마른잎 다시 살아나』, 『지독한 불륜』, 『소주병』, 『말똥 한 덩이』, 『담장을 허물다』, 『파주에게』, 『금강산』 등이 있다. 산문집으로는 『맑은 슬픔』이 있다. 제1회 신라문학 대상, 제4회 윤동주문학 대상, 동국문학상과 제1회 김만중문학상

• 주　제 : 시를 읽고 쓰려는 그대에게1, 2
• 진　행 : 김종윤 시인
• 패　널 : 손혁건 시인(대전문인협회장)
• 시낭송 : 김종진 시인 – 공광규 시 「별 닦는 나무」 낭송
　　　　　김규나 시인 – 공광규 시 「소주병」 낭송

고향에 돌아와 오래된 담장을 허물었다
기울어진 담을 무너뜨리고 삐걱거리는 대문을 떼어냈다
담장 없는 집이 되었다
눈이 시원해졌다

우선 텃밭 육백 평이 정원으로 들어오고
텃밭 아래 사는 백 살 된 느티나무가 아래 둥치 째 들어왔다
느티나무가 그늘 수십 평과 까치집 세 채를 가지고 들어왔다
나뭇가지에 매달린 벌레와 새 소리가 들어오고
잎사귀들이 사귀는 소리가 어머니 무릎 위에서 듣던 마른 귀지 소리를
내며 들어왔다

하루 낮에는 노루가
이틀 저녁엔 연이어 멧돼지가 마당을 가로질러 갔다
겨울에는 토끼가 먹이를 구하러 내려와 밤콩 같은 똥을 싸고 갈 것이다
풍년초 꽃이 하얗게 덮인 언덕의 과수원과 연못도 들어왔는데

금상, 제14회 현대불교문학상, 신석정문학상, 제9회 녹색문학상 등을 수상하였다.
15. YouTube https://youtu.be/PK1r4b1iWN0
https://youtu.be/VZJQrZAExQY

연못에 담긴 연꽃과 구름과 해와 별들이 내 소유라는 생각에 뿌듯하였다

미루나무 수십 그루가 줄지어 서 있는 금강으로 흘러가는 냇물과
냇물이 좌우로 거느린 논 수십만 마지기와
들판을 가로지르는 외산면 무량사로 가는 국도와
국도를 기어 다니는 하루 수백 대의 자동차가 들어왔다
사방 푸른빛이 흘러내리는 월산과 청태산 까지 나의 소유가 되었다

마루에 올라서면 보령 땅에서 솟아오른 오서산 봉우리가 가물가물 보이는데
나중에 보령의 영주와 막걸리 마시며 소유권을 다투어볼 참이다
오서산을 내놓기 싫으면 딸이라도 내놓으라고 협박할 생각이다
그것도 안 들어주면 하늘에 울타리를 처서
보령 쪽으로 흘러가는 구름과 해와 달과 별과 은하수를 멈추게 할 것이다

공시가격 구백만원짜리 기울어가는 시골 흙집 담장을 허물고 나서
나는 큰 고을 영주가 되었다

– 공광규, 「담장을 허물다」 전문

충남 청양에서 학교를 다녔던 공광규 시인은 중학교 3학년 때 학교 도서실에서 이정옥 시인의 시집 『가시내』를 읽은 것이 처음으로 시를 접하게 된 계기가 되었다고 했다. 시를 직접 쓰기 시작한 처음 기억은 등하교시에 보였던 무덤 앞에 핀 도라지꽃을 보면서 시로 표현해 보려고 애 썼던 기억이 있다고 했다. 이후로 줄곧 많은 책을 읽고 시를 쓰면서 대학에 국문과를 진학하였으며 등단에 이르렀다고 했다.

위의 시 「담장을 허물다」는 시골집 담장을 허물어 시야에 들어온 모든 것들을 소유하게 되면서 거대한 상상력의 발현으로 과거와 현재를 오가며 자연의 섭리와 현세의 풍자를 조화롭게 표현한 시이다. 2013년 창비에서 출간한 시집 『담장을 허물다』의 표제시로써 발표 당시에 120명의 시인, 문학평론가, 출판편집인들이 2012년에 발표한 가장 좋은 시로 선정한 바 있다.

이번 문학 강연은 특강 형식을 도입해 사회자의 안내와 패널리스트의 시인 소개, 그리고 상호 인사로 시작했으며, 공광규 시인의 특강을 관객 없이 45분용으로 두 편을 촬영하였고, 특강 사이사이에 시낭송을 더했다. 그렇게 제작된 영상 콘텐츠를 유튜브(YouTube)에 업로드하여 많은 독자들이 시청할 수 있도록 공유하였다. 시를 읽고 쓰고자 하는 모든 독자들에게 공광규 시인 자신의 경험을 통한 시창작의 세계와 함께 시특강을 진솔한 감정으로 풀어 갔다. 이에 독자들은 공광규 시인이 자전적 스토리와 함께 시창작에 필요한 중요한 핵심 지식과 정보를 감동적으로 제공해 주었다는 평가를 했다. 이 프로그램은 공광규 시인 외에도 손종호[16] 시인, 김완하[17] 시인 등이 특강에 참여했다.

2-4. 문학토크 콘서트 실제 사례

대전문인협회가 주관한〔문학아카데미-상상을 요리하다〕가 2018년부터 꾸준히 이어져 오고 있는데 나태주 시인, 도한호 시인, 윤보영 시인, 손종호 시인, 김완하 시인, 이봉직 아동문학가 등이 참여했다. 문학토크 콘서트 형식으로 진행 되었으며, 강연과 더불어 연주, 무용, 시낭송 등의 공연을 곁들여 시인과 독자들 간의 공감대 형성이 다양하게 표출되었다.

북 콘서트가 책을 중심으로 진행된다면, 시인 중심이 되는 문학토크 콘서트는

---

16. YouTube, https://www.youtube.com/watch?v=nbyl4

17. YouTube, https://youtu.be/0KWYSOwyaBw

시인의 문학 강연도 듣고 시인과의 질문과 답을 통해 독자들에게 생생한 시창작의 경험과 시대와 환경의 변화에 따른 창작의 변화 요인 등의 광범위한 정보를 제공해 주었다. 동시에 독자들에게 저서를 사인해서 나눠주는 작은 팬 사인회 이벤트를 열어 시와 시인과 책을 통하여 독자와의 간극을 최소화하는 데 기여했다. 이러한 공연을 현장에서 영상으로 남겨 콘텐츠로 제작한다면, 불특정 다수의 독자들에게도 필요한 정보를 취할 수 있는 기회가 더욱 폭넓게 주어질 것이라 확신한다.

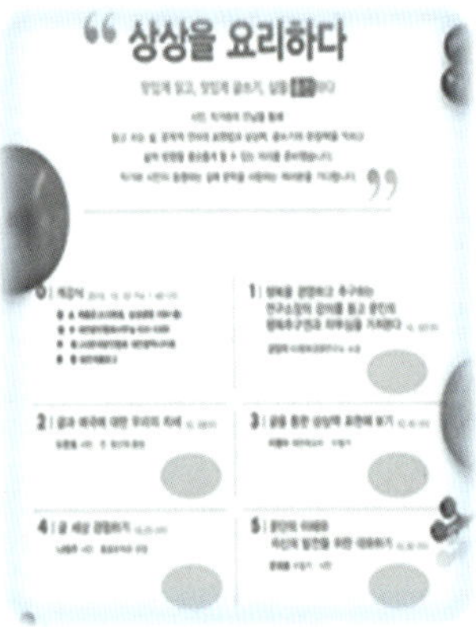

문학아카데미

나태주 시인

송춤새 무용

노금선 시인 시낭송

고민정 오카리나 연주

김지희 기타연주

3
시와 공연의 영상콘텐츠 활용 효과와 기대

앞에서 살펴본 바와 같이 시를 매개로한 공연은 활발하게 이루어지고 있다. 그러한 가운데 시를 독자에게 전달하는 다양한 방법, 가령 북 콘서트, 문학토크 콘서트, 문학 강연, 시극, 시낭송회, 시노래 공연 등이 있으나 이러한 것들이 현장에서 1회성 행사에 그치면서 소멸되고 마는 한계를 보였다. 다시 말해 그 현장을 벗어나거나 또는 현장 참여가 어려웠던 독자들에게는 전달의 파급효과를 더 기대하기가 어려웠던 것이다. 그리하여 발생하는 시와 독자와의 간극은 더욱 심화될 수밖에 없었으며, 시대상황 또한 코로나19 바이러스에 의한 팬데믹(pandemic) 상황에서 독자와의 소통은 더욱 어려워져만 갔다. 그렇기 때문에

첫째, 시를 활용한 다양하며 창의적인 공연의 콘텐츠화가 필요하며,

둘째, 언택트(Untact) 공연에서 끝날 것이 아니라 영상콘텐츠로의 확장이 필요하다.

셋째, 영상콘텐츠는 유튜브(YouTube) 등의 인터넷을 적극 활용하여 공유함으로써 독자층을 넓히고 소통과 교감의 기회를 갖도록 한다면, 시와 공연이 만나 입체예술로의 확장이 이루어지고 독자가 느끼는 예술의 가치수용에도 긍정적인 변화와 확장이 이루어질 수 있을 것이다.

시가 가진 치유와 시대극복의 힘을, 이러한 영상콘텐츠로 직접 만들어보거나 접하는 과정에서 발견할 수 있을 것이다. 본 장에서는 공연의 전문성을 다루는 것보다 시를 공부하는데 있어 시로 만들 수 있는 공연을 접하거나 참여하면서 공감할 수 있는 것들에 주목하였다. 공연에서 참여시인과 그 시가 주는 감동적인 영향을 경험하는 것에 초점을 맞추고 실제 사례들을 바탕으로 알아 본 것이다.

지금까지 살펴본 내용 외에도 타 분야의 예술이 시와 컬래버레이션(Collaboration)을 통해 공연으로 기획될 수 있는 가능성은 무한하다고 본다. 시와 영화나 연극, 음악 ,미술, 사진 등은 이미 많은 시도와 작품들이 존재하지만 시와 무용,

시와 건축, 시와 국악 등 아직은 드물게 시도 되고 있는 분야들도 광범위한 가능성을 가지고 있다. 얼마든지 시와 함께하는 양질의 공연이 기획되고 무대에 올려 질 수 있는 것이다.

앞으로 시를 공부하는 젊은 세대들이 다양한 접근을 통한 도전을 끊임없이 시도해 본다면, 시와 함께하는 공연과 그 영상콘텐츠는 문학적·예술적 저변을 확장해 가며 사회적 영향력을 키워갈 것이다. 또한 많은 독자들은 사회현상에 대한 인식과 정보공유에 있어 긍정적인 에너지를 전달받을 수 있을 것이다. 독자들의 일상에서 위기와 갈등을 극복하고 위로받으며 치유하게 하는데도 시가 주는 선한 영향을 직접적으로 체감할 수 있을 것이다. 그러한 것들이 바로 시의 저변확대이며, 시가 내재한 사회적 역할에 충실한 것이라 생각한다. 나아가 시와 함께하는 감성적인 세상을 꿈꾸는 누군가에게 희망의 싹을 틔우는 초석이 될 것이라 확신한다.

참여하기

1. 우리가 알고 있는 다양한 공연 중에서 자신의 시로 공연을 한다면 어떤 형식으로 해보고 싶은지? 그 이유도 함께 설명해 보자.

2. 시를 접하는 방법 중 지면을 통한 방법과 공연을 통한 방법, 각각의 장·단점은 무엇인가?

3. 자신의 창작시를 통해 소통하고 싶은 독자가 있다면 어떤 시를 써보고 싶은가?

시와 플랫폼 _변선우

시, 온라인 플랫폼에 접속하기

> 풀밭에는 분홍나무
> 풀밭에는 양 세 마리
> 두 마리는 마주보고
> 한 마리는 옆을 보고
>
> 박상순, 「양 세 마리」 부분

1. 로그-인
2. 온라인 커뮤니티와 SNS의 등장
3. 웹진과 메일링 서비스의 진화
4. 자유 연재와 콘텐츠 커뮤니티의 개발
5. 로그-아웃

* 참여하기

Poetry & Platform

11장 시, 온라인 플랫폼에 접속하기

1 로그-인

장 폴 사르트르(Jean Paul Sartre)는 "문학은 창작자와 수용자 사이의 교환이 성립될 경우 존재 이유를 갖는다"[1]고 말했다. 이것은 '독서 행위'의 당위성을 설명하기 위함이었지만, '독자의 중요성'을 역설하기 위함에도 이유가 있었다. 사실, 창작자와 수용자는 문학에서만 유효한 표현이지 않으며, 그들의 역할이란 다양한 분야에서 공고히 상속되어 왔다고 해도 무방하지 않다. 예컨대, '음악가와 청취자', '미술가와 감상자', '댄서와 관객' 등 예술분야에서의 역할과 그들의 역할 수행은 구분되어 왔고[2], 사회·문화 분야에서도 '시혜자(후원자)와 수혜자', '시연자와 수행자' 등으로 나뉘어 도래해 왔던 것이다.

그러나 시대가 변하고 기술이 발달하며, 창작자와 수용자의 개념이 모호해지고 있다. 특히 온라인 시대의 도래는 일상을 뒤바꾸어 놓았는데, 창작자에게는 절대다수에게 자신들의 작품을 선뵐 수 있는 시·공간의 다변을 모색하게 된 것이라 여겨볼 수 있다. 이로써, '일부'의 문화생활이라고 여겨지던 예술의 장르가 수면 위로 드러나거나 '소수'만 향유하는 것이라 여겨지던 예술의 소비는 더 광범위하게 발생하게 된 것이다. 더불어, 수용자라 일컬어지던 집단은 창작에 참

---

1. 신미경, 『프랑스 문학사회학』, 동문선, 2003, 65쪽.
2. 빅트리아 D. 알렉산더(Victoria D, Alexander)의 『예술사회학』을 참조하여 구분하였다.

여하여 창작의 주체가 될 수 있는 현장을 제공받게 된 셈이었다. "인터넷을 통한 쌍방향의 의사소통 구조는 작가와 독자의 수직적인 관계를 수평적인 구조로 전환"[3]시키는 효과를 제공하였다.

누구든 작가가 될 수 있는 시대, 바야흐로 작가와 독자가 혼재하거나 복합적으로 존재하는 시대가 도래하였다. 시를 예로 들자면 시를 창작하는 주체가 다양해지고 있는 것이다. 누구든 시를 발표하여 활동할 수 있게 된 지점은 새로운 창작지형을 발생시켰다고 보아도 무리가 없을 것이다. 그런데 창작한 시뿐 아니라, 시와 유관하게 창작하는 일러스트, 캘리그래피, 굿즈(goods) 등의 다양한 파생작품을 만들어내는 주체로도 창작자의 의미가 다양해지고 있다. 시가 활자로서든, 활자를 바탕에 둔 다양한 형태로서든 다채롭게 전달되기 시작하여 우리의 삶은 보다 윤택해지고 있다. 그러면서 생산 및 양산되는 문화콘텐츠들이 유·무형의 형태로 우리에게 영향을 끼치게 되었는데, 이것은 가치관의 변화와도 맞물려 유효함이 극대화되었다.

성별과 나이, 인종과 출신 등을 비롯한 창작자의 역할 및 그 지형의 분리는 이윽고 유명무실해졌다. 온라인 및 매체의 발달로 누구든지 어떠한 정보나 지위를 획득할 수 있는 시대가 되었기에 그러하다. 고정되었거나 잘못 쌓여온 관념을 벗어나려는 시도들도 포착되어 새로운 양상, 흐름, 풍조를 배태하게 되어, 누구든 문화콘텐츠를 만들어 배포 및 공유하는 문화에까지 이르게 된 것이다. 이는 '포스트모더니즘' 사회의 정신과 맞닿아 있는 내력도 있다. "지리적인 이동이 쉬워지고 소비 품목의 선택 폭이 넓고 다양해지자, 사람들의 정체성도 파편화되고 소비의 선택과 생활방식에 바탕을 두게"[4] 된 소비자들이 늘어나며, 문화의 향유 및 소비의 양태는 다르게 나타나 다른 방식으로 측정 및 해석되기 시작한 것이다.

이는 문학 집단, 출판 업계에도 지대한 영향을 끼쳤다. 문화콘텐츠 창작에 관

---

3. 홍용희 외, 『시창작이란 무엇인가』, 화남, 2003, 261쪽.
4. 빅토리아 D. 알렉산더, 『예술사회학』, 최샛별 외 역, 살림, 2010, 52쪽.

한 다양한 저서의 등장으로 이어졌고, 다양한 플랫폼의 양산으로 인해 문화콘텐츠가 무엇이며, 그것의 역할과 역할의 확장을 예측, 연구하는 대목에까지 영향을 끼쳤다. “문화콘텐츠란 문화적 요소를 지닌 내용물이 미디어에 담긴 것을 의미”하는데, “인쇄물에서부터 컴퓨터 게임에 이르기까지 인간의 문화행위 활동의 결과물 대부분을 포함하는 넓은 의미를 지닌다.”[5] 바야흐로 문화콘텐츠는 밀착하고 침투하는 다양한 양상으로 우리 일상의 도처에 공존하게 되었다.

또한, 창작에 관여하는 복잡한 과정이 단순해지고, 창작물을 향유하는 방식은 되레 손쉬워져 창작물 및 콘텐츠는 몸소 주목도를 높인 측면도 있다. 그 매개가 바로 온라인 플랫폼이라고 할 수 있는 것이다. 플랫폼(platform)이란 일종의 구조, 인프라, 주공간, 구조물, 합의나 규칙 등을 포괄하는 개념이라 할 수 있다.[6]

“플랫폼의 가장 중요한 목적은 사용자들을 연결해 주고 상품과 서비스, 또는 사회적 통화를 교환하게 해줌으로써 모든 참여자들이 가치를 창출할 수 있게 하는 데 있다.”[7]

인터넷의 등장을 넘어서, 온라인 플랫폼의 개발은 온라인을 오프라인의 연장을 넘는 교통(交通)의 장으로의 가능성을 조직해 주었고 N차 창작을 단독 창작자가 동시 수행할 수 있도록 만들어주었다는 데에서 의의를 찾아볼 수 있다. 중간 과정이나 허물 같던 요식 절차를 생략할 수 있게 된 창작자와 수용자는 되레 날개를 단 모양새가 되어서, 서로 간에 결과물로서의 이채로운 창작물을 편리하게 교환할 수 있게 되었다. 플랫폼이 “모두에게 새로운 가치와 혜택을 제공해 줄 수 있는 상생의 생태계”[8]라고 할 수 있는 것도 이러한 이유에서인 것이다.

시 역시, 이러한 시류와 궤를 같이하여, 시대가 청하는 과제에 최선을 다할 수밖엔 없었던 것이다. 출판사 ‘민음사’의 문예지 ≪세계의 문학≫ 폐간, 출판사

---

5. 이승미 외, 『ALL ABOUT 문화콘텐츠』, 나무자전거, 2021, 19쪽.
6. 노규성, 『플랫폼이란 무엇인가』, 커뮤니케이션북스, 2014, 4쪽 참조.
7. 마셜 밴 앨스타인(Marshall W. Van Alstyne) 외, 『플랫폼 레볼루션』, 이현경 역, 부키, 2017, 49쪽.
8. 노규성, 앞의 책, 6쪽.

'문예중앙'의 시인선 및 문예지 폐간, '디엔피코퍼레이션' 기업의 후원을 받아온 문예지 ≪21세기문학≫ 폐간 등도 변화하는 유행을 예리하게 체감하도록 해주었다. 그러나 앞서 언급했듯, 시는 온라인 플랫폼과의 만남을 통해 더 많은 관심을 받을 수 있게 된 사실이 있으며, '순문학으로서의 생존을 어떻게 감내해 나갈 수 있을까'에 대한 해답의 단초를 제공받기도 하였다. 그러므로 본 장에서는 시의 활자성을 기반으로 하는 창작형 온라인 플랫폼에 대해서 다룰 예정이다. 그리하여 팟캐스트, 유튜브 등을 제외한 온라인 플랫폼을 어떻게 운용하고 있는지 그 예시를 들어 그들이 가져온 효용과 가치를 간단히 술회할 계획이다.

【온라인 플랫폼과 창작자 — 창작물 — 수요자】

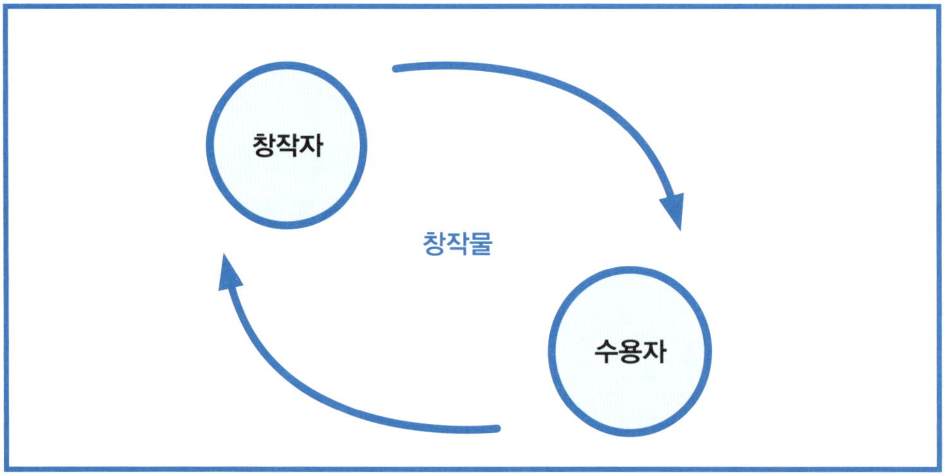

2
온라인 커뮤니티와 SNS의 등장

문학을 향유하는 초기의 온라인 플랫폼이란 시를 매개로 한 온라인 커뮤니티 등이 대표적이었다. 공통의 관심사를 가지고 있는 개인들의 합으로써, 일종의 동호회와 같은 성격을 띄었다. 서로의 작품을 합평해 주거나 소모임을 구성하는 등의 '소통 및 만남의 장', 자신이나 타인의 작품을 일방향으로 소개하는 '공동의 문화공간' 정도로 활용되어 왔던 것이다.

이는 '디씨인사이드(1999)'[9] 등의 온라인 커뮤니티의 등장, '다음', '네이버' 등의 포털 사이트에서 개발한 '카페', '블로그' 등의 서비스의 시작을 통해 계기가 마련되었다. 일종의 '익명성' 및 '폐쇄성'이라는 특징은 온라인 공간으로 더 많은 사람이 참여하도록 독려하는 효과를 가져왔고 더한 밀착과 애호를 가지게 하여, 많은 향유자를 발생시켜 일종의 운동성을 조직하는 효과를 가져오기도 하였다. 온라인이라는 '허구' 혹은 '유명무실'이라는 특징에도 불구하고 '참여함'과 그에서 비롯한 '소속감'은 유효하게 다가왔던 것이다.

'디씨인사이드'의 '문학갤러리(2008)' 등, '다음 카페(1999)'인 '신춘문예 공모나라' 등, '다음 블로그(2003)'인 이승하 시인의 '이승하: 화가 뭉크와 함께 이후' 등, '네이버 카페(2003)'인 출판사 문학동네의 '문학동네' 카페 등, '네이버 블로그(2003)'인 출판사 민음사의 '민음사 블로그', 문보영 시인의 'Dixit and funnes', 주영헌 시인의 '日刊_시를 읽는 아침' 등이 이전부터 이어져 오고 있거나 새롭게 등장하여서, 문학을 인터넷 이용자들의 가까운 거리에서 다양한 방식으로 소비 및 이용할 수 있도록 조력해 오고 있다.

요컨대, '다음 카페'인 '신춘문예 공모나라'의 경우에는 해당 카페의 회원 중 당해의 등단자를 모아 작품집을 자체 제작하기도 하여 유력한 카페로 자리매김하고 있으며, '디씨인사이드'의 '문학갤러리'는 창작시 합평이나 좋은 시를 추천하는 수준에만 머물러 있는 것이 아닌, 문단의 이슈 등에 대하여 예민하게 반응하거나 그를 공론화시키는 등 문학의 장(場)이라는 역할을 톡톡히 해내고 있다.

또한, 앞서 소개한 시인들 뿐 아니라 다양한 시인들이 '카페', '블로그'를 통해 각자의 작품을 창작하여 게재하거나 재게재하는 등을 통해 독자와 소통하고 있다. 나아가, 타인의 작품에 관한 감상을 나누고, 시인 및 문단 관련 소식을 제공

9. 괄호 안의 숫자는 해당 서비스를 시작 및 개시한 연도이다.

하기도 한다. 문보영 시인은 다양한 문학 관련 활동을 이어가고 있는데, 최근에는 전화로 시를 들려주는 '콜링 포엠' 서비스의 시작을 블로그로 알렸고, 주영헌 시인은 1인 문예지 ≪월간 시를 읽는 아침≫을 제작하여서 오프라인으로 배포하거나 블로그를 통해 PDF 파일로 배포하는 식으로 활동을 벌이기도 하였다.

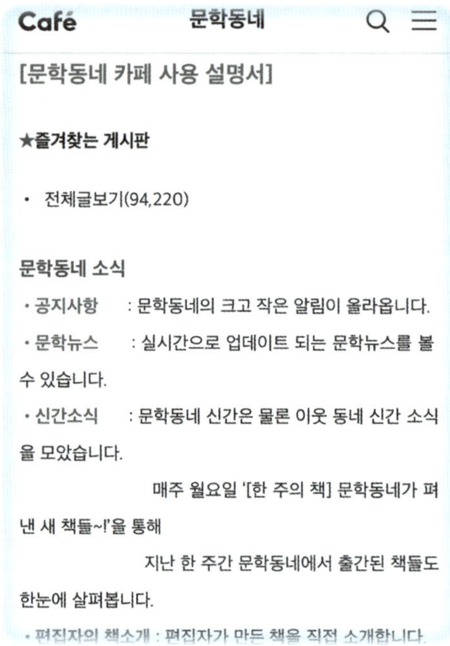

문학동네 카페[10]

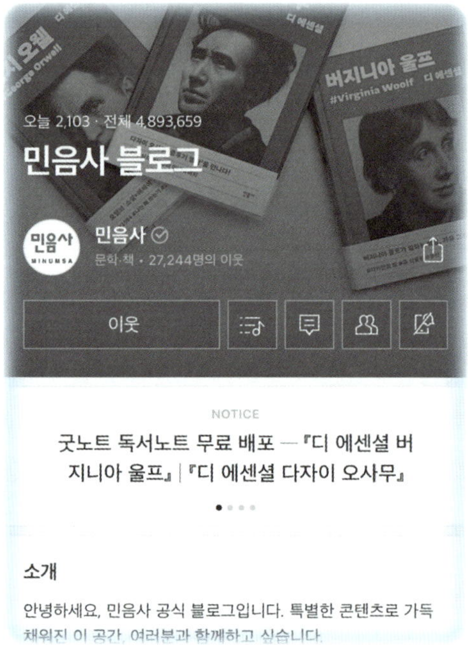

민음사 블로그[11]

그리고 익숙하게 알아 사용하는 SNS의 등장 및 발달로 '개인 공간'의 발생에 따른 작품의 발표가 더욱 효율적으로 가능해졌다. 그러면서 개인 공간에서 절대 다수로부터 쉬이 평가(피드백) 및 인정(리트윗 및 리그램 등) 받을 수 있게 되었다. 반응을 즉각적으로 나타낼 수 있는 여러 기능의 덕인 셈이었다. 이로써 예비 작가들은 시를 발표 및 배포, 가공할 수 있게 된 것이었으며, 작가로 인정받거

10. 출처: https://cafe.naver.com/mhdn
11. 출처: https://blog.naver.com/minumworld

나 출판의 기회를 획책하게도 되었다. 기성 작가들은 재발표 및 재배포, 재가공하는 공간, 독자들과의 다양한 교류의 장으로도 SNS를 활용할 수 있게 되었다. SNS가 소통의 공간이라는 개념을 창작의 공간이라는 용도로 적극적으로 비틀어 사용하여 가능한 결과였다.

요컨대, 하상욱, 이환천 시인 등을 꼽아 SNS의 문학적 효용을 짚어볼 수 있을 것이다. 이들은 SNS를 본진으로 창작활동을 개진해 오고 있다. 하상욱 시인의 경우에는 애초에, SNS에 올린 초기의 시들을 전자책으로 엮어 무료 배포하기도 하였다. 물론, 이후에는 종이책 출간으로까지 활동을 이어갔고 작사가 및 에세이스트, 방송인으로도 높은 주목도를 끌어내고 있다.

이환천 시인의 경우에도 일상의 순간을 짧은 시로 풀어 페이스북에 연재하여 종이책으로도 출간한 시인인데, 그의 시집 역시 높은 판매고를 기록하였고 페이스북 페이지 방문자 수도 상당히 높은 편에 속한다. 이들과 유사한 시인들이나 유사한 스타일의 책들이 많이 출간되어 현대시와 또 다른 장르로 자리매김하였다고 평가받고 있다.

나아가, SNS의 여러 기능을 활용해 낭독회 등의 행사를 편리하게 개최할 수 있게 되었다. 출판사들은 SNS의 방송 기능을 통해 낭독회를 실시간 송출하거나, 영상 재생 기능을 통하여 낭독 및 필사 현장을 보여주거나, '창작자'뿐 아닌 '편집자' 및 '마케터'의 일상도 공개하여 창작에 참여하려는 시도들에 관대해지려는 움직임을 넌지시 내보이고 있다. 이는 분명히 창작에 관한 고정되어 불변하리라 여겨졌던 견고한 '문단의 턱'을 무너뜨릴 수 있겠다는 암시를 가져왔다.

그리고 SNS를 통해 창작자들끼리 소통하여서 전시, 낭독 등의 문화콘텐츠 작업에 이르는 '협동 작업'을 주체적으로 가질 수 있게 되었다. 이는 협동 작업에 신속하게 착수할 수 있도록 해주었고 지원 및 심의의 과정, 증빙 절차도 나름 단순해지는 데에 일조해 주었다. 가치관, 작품 지향 등이 맞는 이들을 더 쉽게 만날 수 있게 되었는데 요컨대, '팀 그레이더' 등을 예로 들 수 있다.

'팀 그레이더'는 2019년에 '모두 낭독회'라는 행사를 추진하였는데, 행사를 위해 팀원을 모집하는 것뿐 아닌, 일반 참가자의 모집에 이르기까지 다양한 과정을 SNS 통해 진행하였다. 참여를 이끌어 작가(창작자)는 독자(수용자)로, 독자는 작가로의 역할을 동시에 수행하도록 한 특유의 행사였다. 본 행사는 출판사 겸 서점인 '아침달'과 협업하여 오프라인에서 수행하였고 낭독회 현장을 SNS로 실시간 방송하기도 하였다.

그러나 이처럼 환경이 변화하고 관련한 저변이 확대되었지만 작가로서의 유무형의 턱이 완전히 사라진 것은 아니었다. 또한 '작품성'이나 '독창성'보다 '대중성'에 부합하는 시가 일종의 경향처럼 유행해 시류가 일방향으로 매몰되어 버리기도한 한계도 일부 발생하였다. 이는 '작가'나 '문학'의 정의 및 개념에 대한 재정립의 계기를 마련하기도 하였지만, 뜨거운 감자가 되었음을 부정할 순 없다.

팀 그레이더와 아침달이 함께한 모두낭독회[12)]

---

12. 출처 : 인스타그램 아침달(@achimdal.books)

3
웹진과 메일링 서비스의 진화

웹진은 웹 및 어플리케이션을 기반으로 하는 잡지 및 콘텐츠 연재 서비스이다. 아카이빙의 역할과 기능을 수행해 왔으며, 종이잡지나 책에 실린 시를 소개하거나 재게시하는 경우가 많았다. 이는 요즘에도 자행되는 모습이지만, 다양한 유형과 이채로운 방식을 지향하려 변화를 모색하는 웹진들이 등장하여 문학판의 새로운 활기를 만들어내고 있다.

바야흐로, 웹진이 독단으로 작품을 청탁하거나 투고받아 게시하고, 감상 및 의견을 나눌 수 있는 댓글 창 및 게시판 등을 마련하여 쌍방향 소통을 장려하는 분위기를 만드는 것이다. 일종의 '플랫폼 문화'를 이끌어 문학의 의미를 함께 고민하도록 하는 계기 및 효과를 가져온 것이다. 물론, 웹진을 운영하는 주체에 따라 방향성 및 성향이 다르게 나타나며, 플랫폼을 활용하고 창작자와 창작물, 수용자를 매개해 내는 방식도 다르다. 기관, 출판사, 개인이 운영하는 웹진으로 나누어서 플랫폼으로서의 웹진의 양상을 설명해 볼 수 있을 것이다.

첫 번째로, 기관이 운영하는 웹진인 ≪문장웹진(2005)≫, ≪비유(2017)≫ 등을 살펴볼 수 있을 것이다. ≪문장웹진≫은 국내 최대의 문학 사이트로 아르코에서 운영하고 있는데, 시, 소설, 평론 등의 글뿐 아니라 여러 기획을 통해 다양한 문학 및 문화 이슈를 다루려 노력하고 있다. '글틴' 등의 서비스를 통해 10대들의 문학에 관한 관심 및 참여를 독려하기도 하고 있다. 독자의 참여에 방점을 찍어, 인지도 및 이용률이 상당히 높다.

≪비유≫는 서울문화재단에서 발행하고 연희문학창작촌이 기획한 웹진이며 모바일·웹 전용 월간지이다. 매월 시, 소설, 동화, 평론 등의 작품을 볼 수 있는데, 뉴스레터를 신청하면 발간 소식과 해당 호의 작품을 간략하게 확인할 수 있어 편이성을 자극하였다. 이는 독자의 수고로움을 덜어주어 온라인 플랫폼의 특이성을 적극 활용한 특징적 면모로 드러난다. 이들과 같은 웹진은 작품과 장르

의 다양성에 관심을 두어, 문학 생태계의 유지와 관리를 모색하고 있다는 측면에서도 의미를 발굴해 낼 수 있다.

두 번째로 출판사가 운영하는 웹진인 창비의 ≪스위치(2021)≫, 문학동네의 ≪주간 문학동네(2021)≫ 등을 살펴볼 수 있을 것이다.[13] 이전에는 종이책과 종이잡지에 수록되었던 시를 재게시하는 유형의 작업[14]이 많았으나, 창비의 ≪문학3(2017)≫을 기점으로 오프라인 플랫폼인 종이잡지와 온라인 플랫폼인 웹잡지(웹진)의 콜라보로서의 온라인 플랫폼 활용을 인정받는 계기를 마련하게 되었다. 웹진 ≪문학3≫에서는 소설과 산문 등이 연재되고 있고, '장르 교환'이라는 기획연재를 통해 종이잡지에서는 시도하지 않는 새로운 문학콘텐츠를 골몰해 보고 있다.

최근에 탄생한 창비의 ≪스위치≫는 ≪스위치≫에서만 확인할 수 있는 작품과 함께, 독자 참여를 적극 도모하고 있는 문학 커뮤니티로의 기능을 다하고 있으며, 문학동네의 ≪주간 문학동네〉에서는 출간 전 작품을 미리 살펴볼 수 있도록 연재하고 있어, 주목도가 높은 편이다. 이들은 공통적으로 독자가 온라인 플랫폼에 요구하는 기대의 변화를 예리하게 읽어내어 개조된 일종의 '환경'이자 '생태계'로서의 웹진이라 할 수 있을 것이다.

마지막으로 개인이 운영하는 웹진인 ≪공정한 시인의 사회(2015)≫, ≪던전(2020)≫ 등을 살펴볼 수 있을 것이다. 기존에는 기관이나 출판사 등의 유용 자본이 풍성한 단체만이 운영할 수 있는 게 잡지인 듯 여겨졌지만, 온라인 플랫폼을 활용하여 불필요하거나 불충분한 자본을 가늠하여 만든 잡지가 등장한 것이다. ≪공정한 시인의 사회≫는 류미야 시인이 발행인 및 주간으로 활동하고 있

---

13. 시와 온라인 플랫폼이라는 주제에 맞추어, 출판사 황금가지가 운영하는 ≪브릿G≫ 등의 웹소설 연재 웹진은 제외하였다.
14. 창비의 '시요일(2017)'은 유료 결제를 통해 시를 감상하거나 이용자(수용자)가 창작한 글을 직접 올릴 수 있는 등, 온라인 플랫폼을 통한 문학작품의 쌍방향으로의 향유가 가능함을 환기, 확인시켜 주었다. '시요일'은 웹진은 아니지만, 출판사가 온라인 플랫폼을 적극적으로 활용하여 운영한 대표적인 사례라 언급했다.

고, 네이버 블로그를 통해 운영 중인 웹진이다. 한 차례 개편(2018)을 통해 더 다양한 콘텐츠를 기획하여 발행하고 있다. 시 전문 문예지라는 특성에 맞게 시인 관련 기획이 주요하며, 접근이 용이한 편이다.

≪던전≫은 서호준 시인, 박서련 소설가 등이 주축으로 운영 중인 웹진이다. 월 구독료 등의 유료결제 시스템을 도입해 등단 및 청탁 여부와 관계없이, 작품 게재를 통한 원고료를 받을 수 있는 형태를 구축했다는 특징이 있다. 물론, 투고는 일종의 심의를 거쳐야 하지만, 작품활동의 문턱을 상당히 낮춘 지점은 의미가 있다.

이와 같이 웹진이 자유롭고 활발히 등장하며, 작가와 독자의 경계가 대단히 모호해지기 시작했고, 청탁에서 투고 문화로 변모하며 누구든 문화콘텐츠를 직접 생산해 내거나 등단 작가에 준하는 창작의 주체가 될 수 있는 토대가 마련되었다. 이는 결과적으로 '시'와 '시 창작', '시 읽기'를 하나의 문화콘텐츠로 귀결시키는 모습을 형성하여 장르로서의 시에 생명력과 활력을 불어넣어 주고 있다. 또한, 온라인 플랫폼이 오프라인 시장과 뒤섞이기도 하며 넓고 두터운 독자층을 매료하게도 하였다. 사이트 및 일부 서비스의 구독 등, 유료결제 서비스를 통하여서 미약하게나마 작가의 경제 활동을 보장하려는 시도도 등장하게 되었으므로, 주목해 볼 부분들이라 할 수 있겠다.

정리하자면, 독자의 참여를 단순하게 '읽는 사람'으로 치환하지 않은 지점에서, 나아가 '쓰는 사람'으로 존재하도록 했다는 지점에서 웹진의 등장은 쌍방향 소통을 지향하는 온라인 플랫폼의 장점과 시의 특징을 잘 버무린 사례라 일컬을 수 있을 것이다.

그리고 이벤트에서부터 구독자를 위한 메일링 서비스에 이르기까지, 시를 비롯한 창작물을 이메일 통해 발표하거나 발췌하여 배포하게 되었다. 기존의 메일링은 일종의 소식지의 개념으로 쓸모를 다하고 있었다. 그러한 연유로, '스팸 메일', '매스 메일'의 부작용을 토로하며, 메일링 서비스의 한계와 부작용을 꼬집어 왔던 사례도 적지 않다.

문장웹진[15)]

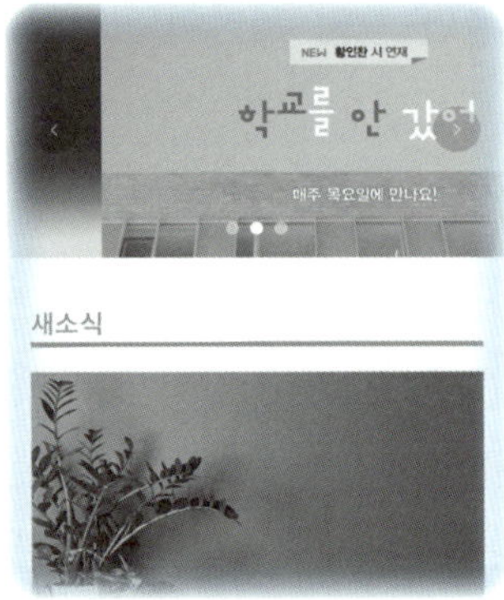

스위치[16)]

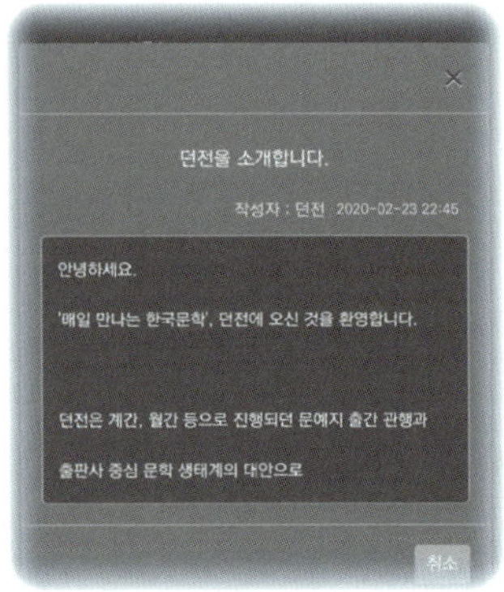

던전[17)]

그러나 이제는 창작자 혹은 분배자가 메일링 서비스를 통하여 직·간접적으로 창작물을 배포, 유통할 수 있는 사례들이 생겨나고 있다. 일컫자면, 독자(수용자)로서는 이메일을 통해 창작물을 용이하게 제공받게 되었다는 것이다.

이슬아 작가의 '일간 이슬아'가 대표적이라 할 수 있다.[18)] 에세이 등의 작품을 이메일로 발송해 주는 일종의 구독문화를 만들어 '연재 노동자'라는 자타칭의 별칭을 얻기도 하였다. 이슬아 작가는 메일링 서비스를 통해 발송해 준 에세이 등을 엮어서 추후에 출판사를 설립해 종이책으로 출간하기도 하였는데, 여전히 메일링 서비스를 통해 연재 활동을 이어가고 있다. 문보영 시인 역시 일기 구독문화를 만들었고 자필 및 메일을 통한 원고 발송으로 큰 호응을 얻고 있다. 일기가 중심이지만 시, 소설, 편지 등 다양한 원고를 발송하곤 한다. 출판사 문학동네와 아르코의 '문장웹진'에서는 각각 출간한 시집들에 수록된 시 중에서 두 편을 골라 발송하여 주는 '문학동네시인선 메일링', 작가들이 시와 소설을 골라 소개해 주는 '문학집배원'도 진행하고 있다.

---

15. 출처: https://webzine.munjang.or.kr
16. 출처: https://switch.changbi.com
17. 출처: https://www.d5nz5n.com
18. 이슬아 작가는 '일간 이슬아'를 시작으로 개인이 수행하는 메일링 서비스의 기초를 닦았다. 시를 발송하지는 않지만, 메일링 서비스에 있어선 상징적인 인물 · 프로젝트이기에 언급하였다.

이는 “문학장” 혹은 “예술계”[19]에 관계하는 여러 주체의 역할을 보다 확장시키는 절대적인 계기가 되었다. 그 과정에 개입하는 여러 목소리를 적극적으로 반영하는 일종의 사회·문화적 시도로 해석될 수 있겠다. 이를 통해 창작물은 더 깊이, 더 친숙한 방식으로 다양한 가공을 통해 독자에게 침투하게 된 것이다. 이제는 문학을 우리 일상과 떼려야 뗄 수 없게 되었고 말마따나, 어디서든 어떠한 작품이든 골라 읽을 수 있게 되었다.

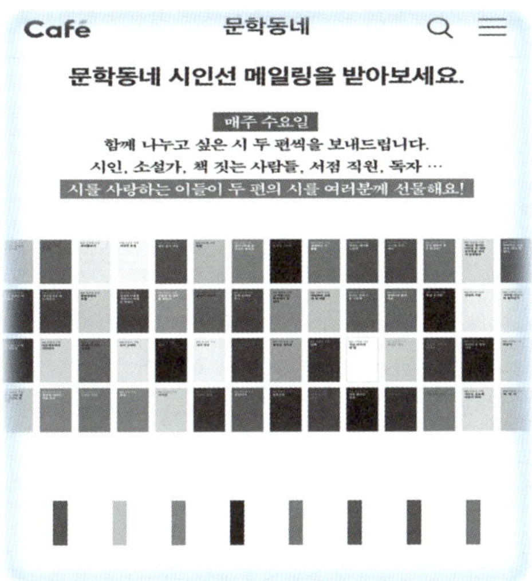

〈한편〉의 편지[20]

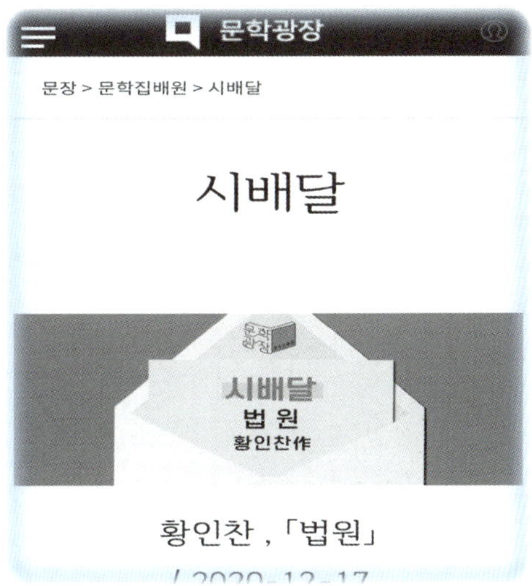

문학집배원[21]

---

19. 문학장은 부르디외(Pierre Bourdieu)의 개념으로 “문학 텍스트와 문학 행위를 생산하고 소비하는 모든 문학적 실천을 매개하는 공간이자 자율적인 소우주”(신미경, 앞의 책, 106쪽)의 의미이고, 예술계는 하워드 베커(Howard Paul Becker)의 개념으로 “예술작품을 만들어내는 것에 있어 전통적으로 내려오는 지식과 수단에 기반하여 그 예술계를 규정짓는 예술작품을 생산하기 위해 협력적으로 활동하는 조직된 사람들의 네트워크”(빅토리아 D. 알렉산더, 최샛별 외 역, 앞의 책, 149쪽)의 의미이다. 두 개념 안에는 창작물의 다양한 관계자가 등장한다.
20. 출처: https://cafe.naver.com/mhdn
21. 출처: https://munjang.or.kr

4
자유 연재와 콘텐츠 커뮤니티의 개발

누구든지 심사위원을 통한 심사나 심의를 거세게 통과하지 않아도 창작자가 되어 책을 낼 수 있는 온라인 플랫폼이 대거 등장했다. 이는 출판문화의 변화와도 맥을 같이하는데, '일인 출판사'나 '전자책' 문화의 널리 퍼짐과 흐름을 같이 한다. 출판사들은 이러한 필요에 맞추어 다양한 책들을 출판하였다. 요컨대, 출판사 유유에서는 자신이 직접 책을 기획, 편집, 출판할 수 있는 관련 서적을 시리즈로 출간하였고, 이외의 다양한 출판사에서도 콘텐츠를 제작하거나, 그것을 이용한 사업자가 되는 방법에 대하여 설명하는 서적들을 출간하였다.

책의 출판이 비교적 자유로워지고 어렵지 않아지면서, 원고를 쓰고 모으고 독자들을 모집하거나 이목을 끄는 과정이 더 중요하게 된 것이다. 작가는 온라인 플랫폼이라는 대단히 자유로운 환경에서 갖가지 시도를 해볼 수 있게 되었고 이윽고, 완결할 수 있는 단계에도 마음껏 이를 수 있게 된 것이다. 이를 자유 연재 사이트를 통해 보장받거나 확보할 수 있게 된 것이므로, 예비 작가에게 비교적 비옥한 토대가 마련되었다고 볼 수 있겠다.

이러한 분위기는 일말의 욕구와도 밀접한 관계를 맺어, 많은 이들에게 자극을 가해 드러나고 있는 것이다. 에이브러햄 매슬로(Abraham H. Maslow)는 5단계의 가장 높은 욕구로서 '자아 실현 욕구'를 거론하였는데, '자아 실현 욕구'는 "사람들이 자신을 완성하려는 욕구, 즉 자신의 잠재성을 실현하려는 성향을 의미"하며, "이런 성향은 자신의 고유함에 좀 더 근접하고 싶은 욕망"[22]을 내포하고 있다고 했다.

'작가가 되고 싶다', '작품을 만들고 싶다'는 소원을 상회하여, 자신을 브랜드화하려는 경향이 이를 계기로 드러나는 셈이다. 이러한 현대의 '의례'[23] 혹은 통속은

---

22. 에이브러햄 매슬로, 『동기와 성격(3판)』, 오혜경 역, 연암서가, 2021, 103쪽.

'일인 출판', '독립 출판' 등과 더불어 많은 사람을 창작현장으로 참여시켰을 뿐 아니라, 자신이 개입한 브랜드로부터의 '출력물'이자 '성과물'을 통해 자신을 소명하도록 스스로에게 요구하는 뜻도 포함된다고 (필자는) 여겨지는 것이다.[24]

먼저, '자유 연재 플랫폼'으로서 '씀: 일상적 글 쓰기(2015)'와 '브런치(2015)'를 예로 들 수 있겠다. '씀: 일상적 글 쓰기'는 SNS처럼 신변잡기의 피드를 공유하는 공간이 아니라, 오로지 글만 공유하는 공간이다. 누구나 자유로이 창작한 글을 게재할 수 있으며 그것을 사람들과 나누어 읽을 수 있다. 실시간으로 피드백 받을 수도 있고, 누구든 가입만 하면 창작자가 될 수 있으니 창작자와 수용자의 구분이 온전히 지워지는 공간이라 할 수 있다. 어플리케이션을 방식으로 취하고 있는데, 현재까지 800만여 편의 글이 등록된 것으로 알려져 있다.

그리고 '브런치'는 '작가 신청'을 통과한 후 자유로이 글을 연재할 수 있는 온라인 플랫폼이다. 책 쓰기의 계획을 서술하라는 안내 내용 따라 '작가 신청'을 하면, 간단한 심의를 거쳐 연재 작가가 될 수 있다.('브런치'는 기존의 투고 시스템과 다르게, 작가 활동 전반에 관한 서술을 요구한다. 만약, 단번에 통과하지 못하더라도 다시 신청할 수 있다.) '브런치'는 1년에 한 번, 출판사들과 협업하여 시상식을 개최해 출판의 기회를 얻도록 조력하거나, 작가 프로필에 청탁 및 계약이 가능하도록 연락처를 확인할 수 있는 버튼을 마련해 두기도 했다.

즉, 이와 같은 어플리케이션과 웹사이트의 개발로 작가들은 청탁이나 강연 제안, 출판 계약 등의 기회를 연락받아 직접 체결할 수 있게 되었다. 자격이나 경계 등의 허위를 허물려는 시도와 목소리들은 일종의 움직임으로 조형되고 있다. 창작자와 수용자를 공존하도록 하거나, 지속적으로 그들의 위치를 바꾸어 배치

---

23. "의례는 사람들 간의 구조적 관계—자리매김—를 드러낸다."(빅토리아 D. 알렉산더, 앞의 책, 79쪽)

24 임홍택 작가는 『90년생이 온다』에서 'Z세대가 재미를 통한 자아 실현을 이루려 부단하며, 자아 실현의 충족에 힘을 쓰는 '유희 정신'에 기울어져 있다.'고 언급한 바 있다. 필자는 '자기 실현의 욕구'와 '자기의 브랜드화'의 연결이기에 임홍택 작가의 논의와는 다른 요지의 내용이지만 유사할 수 있는 대목이어서, 오해를 피하기 위해 언급하였다.

(switch)시키려는 시도들은 일종의 현상 같기도 하여서, 시를 대중 친화적인 문화콘텐츠로 지속하여 존립·소비되도록 만들어주고 있다.

이러한 움직임에 발맞추어 '콘텐츠 커뮤니티' 등의 등장은 바야흐로 N차 창작의 동시, 협동 수행을 조장하여 활발해지도록 도모하였다. 도리어 1차 창작을 건너뛰어서 2, 3, 4차 창작의 일환인 다소의 창작활동을 펼치고, 관련 상품을 제작하기도 하며 직판할 수 있게도 된 것이다. 온라인 플랫폼을 통해 상품기획부터 유통관리까지도 해결할 수 있는 환경이 마련되었다.

씀: 일상적 글 쓰기[25]

브런치[26]

먼저, 네이버가 서비스하고 있는 '그라폴리오(2012)'를 예로 들 수 있다. 그라폴리오는 네이버가 2014년에 양도받아, 일러스트 등의 작업물을 게재하는 사이트로 운용해 오다가 여러 차례의 개편을 통해 다양한 작품을 게시·전시하는 커뮤니티 플랫폼의 모습을 하게 되었다. 유형(有形)의 작품에서 그치지 않고 음악과 같은 무형(無形)의 작품도 공유할 수 있도록 서비스하고 있는데, 작품의 업로

25. 출처: '씀: 일상적 글 쓰기' 애플리케이션
26. 출처: https://brunch.co.kr/

드는 누구든지 가능하며, 아카이빙의 역할을 하는 포트폴리오로써의 기능으로도 활용할 수 있어 창작자들에게 호응도가 높다. 문의를 통해 다양한 방식의 콜라보레이션, 아트상품 출시, PPL, 출판 등의 커뮤니티의 기능도 다하려 시도하고 있다. 온라인 플랫폼이 시장(market)의 역할로까지 의미를 확장하여서, 온라인 플랫폼의 진일보된 소임을 다하기 위해 매진하고 있는 것이다.

'텀블벅(2019)'은 창작자와 후원자를 연결해, 창작 프로젝트의 후원을 도모해주는 플랫폼이다. '수용자'를 '후원자'라고 호칭하지만, 이들이 금액을 지불하고 창작 프로젝트를 통해 상품을 구매하는 것이기 때문에, 일반적인 구매-소비의 알고리즘을 보인다. '텀블벅'을 통해서 창작부터 기획, 유통, 판매, 관련하는 다양한 굿즈의 나눔까지 직접 할 수 있는 환경이 만들어진 것이다. '텀블벅'은 사이트를 통해 여러 장르의 창작물을 '주선'해 주고 있는데, 출판, 의류, 생활용품 등의 관련 프로젝트도 다수 진행될 정도로 장르적 경계도 허물고 있다. 이전에는 기획하고, 제작하고, 유통하고, 배포하는 역할이 정확하게 나뉘어 왔으나, 지금에 와서는 그 층위와 역할이 다소 애매해졌다. 창작자가 할 수 있다면 되도록, 역할을 도맡아 진행하려는 프로젝트도 많아졌다.

결국, 창작물은 '상품'으로써 소비되어야 한다는 숙명과 함께할 수밖에 없다. 더 많은 이들이 참여한 창작의 장은 시장(의 기능)과 결속하여, 더 많은 부가가치를 창출할 수 있게 되는 것이다. 이는 문학의 향유를 넘어, 문학의 '문화콘텐츠'화로 인한 문학산업(literature industry)의 외연 확장을 자연스레 도모하여 다방면으로의 파이를 키워나가는 일로 평가받을 수 있다.

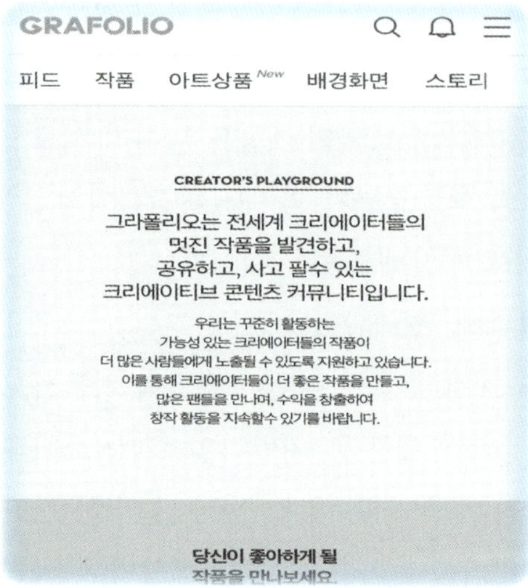

그라폴리오[27]

텀블벅[28]

5 로그-아웃

시는 매체나 미디어의 발달로 인해 다양한 문화콘텐츠에 흡수되거나 융합 및 병합되거나, 장르를 잠식당하는 듯한 모습으로 비쳐왔던 것이 사실이다. 이는 시대의 흐름에 따른 선택과 시도들이었음에도, '요즘 누가 시를 읽느냐', '요즘 시대에도 시인이 있느냐'는 비아냥으로 이어지기도 하였다. 문학시장의 위축으로부터 느껴온 열패감도 한몫해, 시의 '자리'나 '위치'를 독보적이지만 한정적으로 점해온 눈치 탓에도 시인들 역시 어딘가 주눅들어 온 것이다.

시인들은 다양화, 다변화의 시대에서 '시가 어떻게 존립할 수 있을까'에 대한 논의와 더불어, '시와 온라인 플랫폼의 화합을 어떻게 바라보며 행동, 적응하여

27. 출처: https://grafolio.naver.com
28. 출처: https://tumblbug.com

야 할까'에 대한 의문과 고민을 끝없이 이어가고 있다. '4차 산업혁명'이 도래한 현재, '사물인터넷'을 기반으로 한 '빅데이터', '인공지능', '3D 프린팅', '가상현실' 등의 기술 개발은 시(문학)의 생존 여부에까지 영향을 주고 있다. 편리하고 간단해지고, 읽는 것보다 보는 것에 충실해진 현재와 반대하는 삶이란 우리에게 이토록 낯설어진 것이며, 우리는 이 낯섦으로부터 도무지 자유로워지기 어렵다.

그러므로 작가는 다른 직업군과는 또 다른 과제로서 낯설고 생경한 온라인 플랫폼 시대에서의 '작가 하기'를 수행하고 부담하여야 하는 셈이라는 것이다. 기존의 관행, 전통으로는 현재이며 동시대인 지금에서의 '작가 하기'를 제대로 수행해 내기란 곤란해졌다.

그러나 동시에 '시'에게 있어 긍정적인 것은 매체나 미디어의 발달이 계기가 되어 시가 시로 더 유연하고 자유로이 읽히고, 시도 일종의 '문화콘텐츠'로 기획 및 소비될 수 있는 일련의 발판과 기폭제가 마련된 지점이 있다. 우리가 생활하며 느끼거나 감지하는 많은 문화콘텐츠가 '문학의 영향 받지 않은 것이 있을까' 고민해 보도록 만들기까지 한다. 앞서 설명했듯, N차 창작을 동시에 수행할 수 있는 환경을 제공받을 수 있게 되었고, 시를 필두로 한 문화콘텐츠의 향유자가 늘어가는 괄목할만한 추세에 대해서 부정할 순 없을 것이다.

매슈 배틀스(Matthew Battles)는 "글 쓰기는 여전히 진화를 거듭하며 새로운 매체를 잠식하고 새로운 표현 양식에 적응한다"고 말했다. 나아가, "글 쓰기는 살아남고 번성하기 위해 우리의 의식을 필요로 한다"[29)]고 하였다. 이와 같은 창작의 여정은 길을 걷는 와중에도 또 다른 길을 찾아야만 하는 묘연한 나아감과 닮아있다. 특히나 시가 그러한데, 시인은 시 속으로 들어가기도 하지만 시대 속으로 나아가기도 해야 하기 때문이며, 늘 고유한 의식으로써 고민과 물음 앞에 놓여선 나아간 일보다 골몰해 본 적이 더 많기 때문이다. 늘 고민해 왔듯, 그러나 시와 시대 사이에서의 이런저런 여로를 발견해 왔듯, 온라인 플랫폼 시대에

---

29. 매슈 배틀스, 『흔적을 남기는 글 쓰기』, 송섬별 역, 반비, 2020, 309쪽.

서의 시인은 '시의 방식'을 통해 '시의 활로'를 모색해 나갈 것이다. 그를 경로 삼아 시정신을 전파하여서, 온유한 세계를 위한 움직임을 넌지시 내보일 수 있으리라 소망해 본다.

온라인 플랫폼		
인터넷의 발달	⇒	창작자와 수용자의 경계가 허물어지게 됨
포스트모더니즘 시대의 도래		문화콘텐츠를 능동적으로 향유하게 됨
종이책, 종이잡지의 폐간		다양한 온라인 플랫폼의 등장을 재촉하게 됨

⇓

온라인 플랫폼	소통 및 만남의 장, 공동의 문화공간으로 활용 → 문학의 소비 및 이용을 조력
SNS	개인 공간의 등장에 따른 창작공간 발생 → 시창작 및 배포에 용이
웹진	쌍방향 소통을 장려 → 문학의 의미를 재정의, 문학 생태계의 유지 및 관리에 관심 유도
메일링 서비스	창작자, 분배자가 시를 가공, 재가공 → 수용자에게 직접 제공하여서 편의성 자극
자유 연재 커뮤니티	자유로운 작품(시) 게시 가능 → 작가의 활동을 조력
콘텐츠 커뮤니티	온라인 플랫폼의 기능, 역할의 확장 → 시장 및 문화산업 등의 영역으로 확대

⇓

- 4차 산업혁명시대의 도래 → '시 쓰기', '시 읽기', '작가 하기'를 고민하도록 함
- 온라인 플랫폼의 발달 → 시 자체가 문화콘텐츠로 기획 및 소비될 기폭제를 마련함
- 온라인 플랫폼 시대에서의 시인은 '시의 방식'으로 '시의 활로'를 모색해 볼 수 있음

참여하기

1. 온라인 플랫폼을 이용하여 시를 읽어본 적이 있을까? 당시의 느낌(장점과 단점)을 떠올려 보자.
경험이 없다면, 교재에 나온 온라인 플랫폼 중 한 가지를 선택하여 시를 접해본 다음, 느낌(장점과 단점)을 정리해 보자.

2. 온라인 플랫폼을 이용하여 본인이 창작한 시를 공유해 본 적이 있는가?
경험이 없다면, 관심이 가는 온라인 플랫폼에는 무엇이 있는가? 이유도 생각해 보자.

3. '4차 산업혁명' 시대, '온라인 플랫폼' 시대에 시가 필요한 이유는 무엇일까?
(말하고 싶은 메시지나 중요하게 여겨졌으면 싶은 가치관이 떠오른다면, 그것을 주제로 시를 창작해 보자.)

시와 전시 _김지숙

보여주는 시

"

이 방은 서향의 창문
저녁의 햇볕으로 떠도는 먼지가 보이기도 하고
눈이 부실 땐 눈 안의 세포가
공중을 날아다니기도 하지

양안다, 「평행진입」 부분

"

12장 보여주는 시

Poetry & Exhibition

1 문학을 전시한다는 것

1-1. 문학관의 등장

문학을 사랑하는 독자들이 문학작품 자체에 대한 관심에서 나아가 작가의 개인적인 영역에 호기심을 갖기 시작한 것은 19세기 후반 무렵이었다. 독일의 철학자이자 평론가였던 발터 벤야민에 따르면 18세기 영국의 산업혁명과 프랑스 시민혁명 이후 왕족과 귀족이 몰락하면서 자유로운 시민계급을 중심으로 부르주아 지배계급이 생겨났는데, 경제적으로 여유로웠던 이들이 개인의 공간을 꾸며 안락함을 누리기 시작하면서부터 '실내'와 '사적 공간'에 대한 개념이 나타나기 시작했다.[1] 이러한 분위기 속에 하나의 공간에서 누군가 머물렀던 흔적을 찾아내고 개인의 삶을 가늠해 보려는 시도들이 나타났는데, 이것이 바로 최초의 문학관이 문을 열게 된 배경이었다.

사람들은 작가가 살았던 집, 사용했던 가구 그리고 그들이 글을 쓰는 데 이용했던 책상과 필기구를 통해 작가의 개인적인 삶을 상상하고 자신이 좋아하는 작가의 작은 흔적들을 발견하고 싶어 했다. 그리하여 작가가 실제 머물렀던 공간

1. 손정훈, 「프랑스 문학관의 전시 유형 연구」, 『프랑스문화예술연구』, 제58집, 2016 참조.

에 문학관이 설립되고 이들 문학관들은 작가의 공간을 보존하고 재현하면서 독자들이 작가와 그들의 작품을 다시 한 번 환기할 수 있는 기회를 만들어나갔다.

문학관의 이러한 시도들은 문학을 문자 텍스트로 쓰고 읽으며 향유하는 기존의 방식에서 벗어나는 새로운 접근 방식이었다. 마치 미술관에서 미술작품을 감상하듯이 문학관에서는 문학을 시각적으로 구현하려는 다양한 방법들을 고민하기 시작했다.

우리나라의 경우 1970~1980년대 문학 관련 시설로 샛별문학관, 만해기념관, 지례예술촌 등이 문을 열었고, 1992년 부산에 추리문학관이 설립되면서 '문학관'이라는 시설이 대중의 관심을 받게 되었다. 주로 사립문학관 형태로 시작한 한국의 문학관들은 이후 2000년대에 들어 공립문학관이 증가하면서 그 수가 눈에 띄게 늘어났는데, 2016년을 기준으로 전국에 문학관은 105개소에 이르는 것으로 조사되고 있다. 지방자치가 본격적으로 시작되면서 지역의 문화관광콘텐츠를 발굴하려는 목적으로 문학관을 설립하고 지원하려는 지자체가 확대되어 문학관과 문학 관련 시설이 증가하고 있는 것이다. 문학관은 이제 작가와 독자가 문학이라는 예술 장르를 향유하기 위한 공간으로 기능할 뿐만 아니라 지역의 문화정책과 긴밀한 관계를 맺으며 발전하고 있다.[2)]

1-2. 문학 전시공간의 확대와 시(詩) 텍스트의 활용

2016년 '문학진흥법'[3)]이 제정되면서 문학관에 대한 법적 정의가 규정되고 설립과 운영에 대한 법률적 토대가 마련되었다. 이후 문학관에 대한 관심이 계속해서 증가하고 있는 추세이다.

---

2. 문화체육관광부, 「지역문학관 실태조사 및 활성화 방안 연구」, 2017. 19쪽 참조.
3. 문학관에 대한 법적 정의와 설립 근거가 마련된 것은 우리나라가 유일한 사례로 추정된다.

“문학관”이란 문학관 자료를 수집 · 관리 · 보존 · 조사 · 연구 · 전시 · 홍보 · 교육하는 시설로서 (… 중략 …) 문학관 자료, 인력 및 시설 등 등록 요건을 갖춘 시설을 말한다. (문학진흥법 제2조 제5호)

'문학진흥법'에서 명시하고 있는 문학관에 대한 정의를 살펴보면 문학관의 주요 기능을 짐작해 볼 수 있다. 문학관은 문학 관련 자료를 수집하고 확보한 자료를 관리·보존하면서 자료에 대한 연구를 진행하고 그 결과를 바탕으로 문학 유산의 가치를 전달하는 전시, 교육, 아카이브 등의 프로그램을 운영하는 곳이다. 문학관의 기능은 점점 다양해지고 있는데, 그 중에서 전시는 문학관이 소장하고 있는 자료와 그 가치를 가장 효과적으로 보여줄 수 있는 것으로 문학관이 사람들과 소통할 수 있는 대표적이며 유용한 프로그램으로 활용되고 있다.

실제로 2017년 문화체육관광부에서 105개소 문학관 중 84개소 문학관을 대상으로 추진한 '지역문학관 실태조사'[4]에 따르면 84개소 문학관 중 81개소 문학관이 전시공간을 확보하고 있으며, 83개소의 문학관에서 전시프로그램을 운영하고 있는 것으로 나타났다. 전시콘텐츠는 일반적으로 미술작품을 소개하거나 역사적으로 가치가 높은 유물 등을 선보이는 것으로 이해되는 경우가 많지만 전국에 있는 대부분의 문학관들이 전시방식을 활용하여 문학을 향유하려는 사람들과 문학의 가치를 공유하고 있는 만큼 문학을 표현하고 함께 즐기는 새로운 방식으로 자리 잡아가고 있는 것으로 볼 수 있다.

특히 문학의 다양한 장르 중에서 '시(詩)'는 상대적으로 쉽게 전시를 통해 시각화할 수 있는 장르로 손꼽힌다. 시에 대한 정의는 간단명료하게 표현하는 것이 거의 불가능에 가까울 정도로 그 속성이 매우 복잡하고 때로는 시대와 사회 그리고 시를 들여다보는 관점에 따라 서로 다른 정의를 요구하기도 한다. 하지만

---

4. 2016년 12월 22일부터 2017년 3월 2일까지 진행된 '지역문학관 실태조사'는 전국 105개소 문학관 중 84개소 문학관이 참여했으며 전수조사 · 설문조사 · 이메일조사를 통해 실시되었다.

일반적으로 시는 언어예술이며 소설·희곡·수필 등 다른 장르와 비교해 볼 때 함축적인 언어를 사용하기 때문에 상대적으로 작품의 길이가 짧은 특징을 보인다.

따라서 독자가 한 편의 작품에 적힌 문장을 읽어나가는 데 소요되는 시간 역시 짧을 수밖에 없는데, 시의 이러한 특징은 그것을 온전히 작품 자체로 이해할 때보다 작품을 활용하여 새로운 무언가를 생산해 나가는 과정 속에서 더 큰 효과를 발휘하게 된다.

문학전시는 문학예술과 전시콘텐츠를 결합시킨 일종의 융합형 창작물로, 융합형 창작물과 같은 2·3차 창작물은 수용자가 1차 창작물에 대해 깊이 이해하고 정서적 공감을 경험했을 때 예술적 효과가 배(倍)가 되는 특징이 있다. 1차 창작물을 읽고 이해하는 데 오랜 시간과 에너지가 소비되면 수용자의 관심이 2·3차 창작물로 이어지는 데 그만큼 더 많은 노력과 어려움이 수반될 수밖에 없기 때문이다. 오늘날의 전시형태는 일방적으로 보여주는 방식에서 전시를 통해 전시기획자와 관람객이 소통하는, 쌍방향적이고 복합적인 관계구조로 변화하고 있다. 이때 전시기획자와 관람객 사이에 소통체계가 형성되기 위해서는 관람객이 전시를 통해 감각적으로 경험하고 체험하는 과정이 매우 중요하다. 그리고 이 단계에서 관람객에게 의미 전달이 비교적 빠르고 정서적 공감을 통해 작품의 의미를 전달하는 시 텍스트는 효과적인 창작물로 활용될 수 있다.

그동안 소설과 같은 산문 창작물의 경우 서사적으로 유사한 구조를 지니고 있는 영화나 게임 등 다양한 2·3차 창작물로 활용되는 방안이 제시되고 실현되기도 했다. 상대적으로 시텍스트는 서사성이 약할 뿐만 아니라 분량이 짧기 때문에 서사구조를 기반으로 하는 콘텐츠 기획물로 활용되지 못하는 경우가 많았다.

그러나 국내의 문학관을 비롯한 문학 향유 시설의 증가와 함께 문학전시에 대한 수요가 늘어나면서 문학시설에서의 시텍스트를 활용한 다양한 기획과 창작이 요구되고 있다. 시의 새로운 변용과 활용 방식에 대해 고민하고 이를 전시콘텐츠 창작과정으로 이끌어낸다면 시의 저변을 확대하는 좋은 방법이 될 수 있을 것이다.

2
쓰기와 보여주기

2-1. 문학을 보여주는 전시기획자

시(詩)를 향유하는 가장 전통적이고 일반적인 방식은 '쓰고', '읽는' 것이다. 그래서 '보여주는 것'을 중심으로 기획되는 전시에서 시를 활용하기 위해서는 1차적으로, 문학을 향유하는 주체가 쓰고 읽는 행위에서 보여주고 바라보는 행위로 시를 대하는 태도에 변화를 주어야 한다는 사실을 이해하는 과정이 필요하다. 이 과정은 그리 간단하지가 않는데, 시는 언어를 수단으로 하고 언어는 일반적으로 전시되기 어렵다는 고정관념 때문이다.

하지만 문학을 보여주는 방법에 대한 고민은 사실 아주 오래 전부터 시작되었다. 세계 여러 나라가 모여 새로운 공산품을 전시하여 소개하기 위해 개최된 〈만국박람회〉에 관한 기록에서 그 흔적을 찾아볼 수 있다. 프랑스 시인이자 소설가였던 고티에(Gautier, 1811~1872)는 1867년 〈만국박람회〉에서 프랑스 문학사를 정리하여 전시하려는 시도를 했는데, 고티에의 성과물은 전시라는 형식과 결합하지 못하고 인쇄된 형태로 머무르게 된다. 결과적으로 고티에의 시도는 실현되지 못했지만 문학적인 것을 전시하려는 그의 노력이 얼마나 시대적으로 앞서 있었는지는 그로부터 33년이 지나 1900년에 발행된 〈만국박람회〉의 최종 보고서에서 찾아볼 수 있다. 당시 〈만국박람회〉의 총책임자였던 알프레드 피카르(Alfred Picard)는 "문학은 만국박람회의 프로그램에 포함되지 않으며 포함될 수도 없다"는 문장을 남겼다.[5)]

그의 단언에 가까운 이러한 표현에서 우리는 당시 문학을 시각적으로 표현하는 노력과 행위에 얼마나 인색했는지를 짐작해 볼 수 있다.

---

5. 손정훈, 앞의 논문 참조.

문학을 보여주는 것에 대한 고민의 역사는 지금까지도 계속되고 있다. 이 오래된 문제에 천착하기 위해서는 문학분야에서는 조금 낯선 보여주기의 문제, 즉 전시란 무엇이고 전시가 어떤 기능을 가지고 있는지에 대해 살펴볼 필요가 있다.

전시(展示)는 펼쳐 보이는 것으로 그 범위는 매우 넓다. 몸을 치장하는 것도 집안의 가구를 배치하고 상품을 돋보이게 진열하는 것도 모두 전시가 될 수 있다. 다만 우리가 흔히 생각하는 박물관에서 진행되는 전시의 개념으로 좀 더 접근해 보면 '전시'는 '진열'과는 다른 의미를 가지게 되는데, 진열이 단순히 물품을 나열해 놓는 행위라면 전시는 좀 더 적극적으로 밖을 향해 펼쳐 보이며 설명한다는 뜻을 지닌다.

특히 문학관을 비롯하여 박물관·미술관 등 통제된 환경에서 진행되는 전시는 전시자료를 이용하여 목적의식을 가지고 불특정 다수에게 의도된 방향으로 영향을 미치기 위해 관람객에게 보여주는 것을 의미한다. 전시에 기획자의 의도가 개입된다는 것은 전시공간에 전시된 대상을 집중 조명하여 관람자의 눈길을 당기고 정해진 방향으로 인도하며 강조시켜 구조화한다는 것을 말한다. 전시기획자는 전시주제에 담긴 의미를 전달하기 위한 수단으로 시각적인 요소들을 활용하게 되는데, 이 과정에서 전시는 관람자에게 지식을 전달하고 의미를 생성하며 감정을 증폭시키는 역할을 한다.

2-2. 전시기획자의 창작방법

전시기획자가 의도를 가지고 전시공간을 구성하여 전시하는 것 그리고 눈에 띄게 하는 것은 의미를 지닌 어떤 표시를 한다는 것이고 목적이 있는 진열을 한다는 것이며, 구체적 의미를 전달하려는 적극성과 능동성을 함께 지닌다는 의미이다. 말하자면 전시를 기획한다는 것은 단순히 자료를 나열하는 것이 아니라 창조적인 행위이며, 이때 전시기획자와 관람객 사이에는 작가와 독자 사이에서 발견할 수 있는 소통체계와 유사한 구조의 관계망이 형성된다.

【작가 - 독자 소통체계】

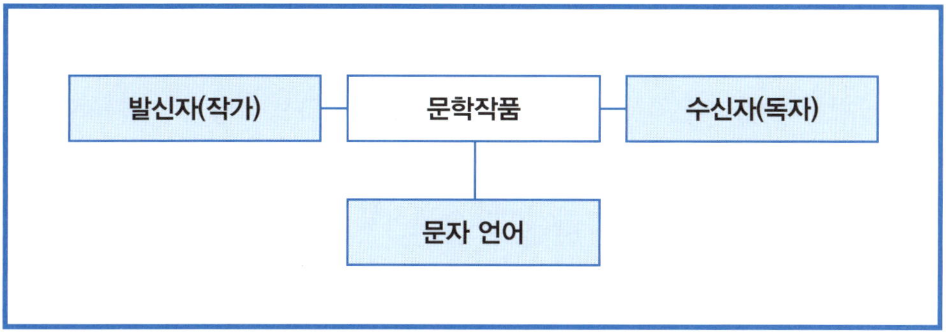

【전시기획자 - 관람객 소통체계】

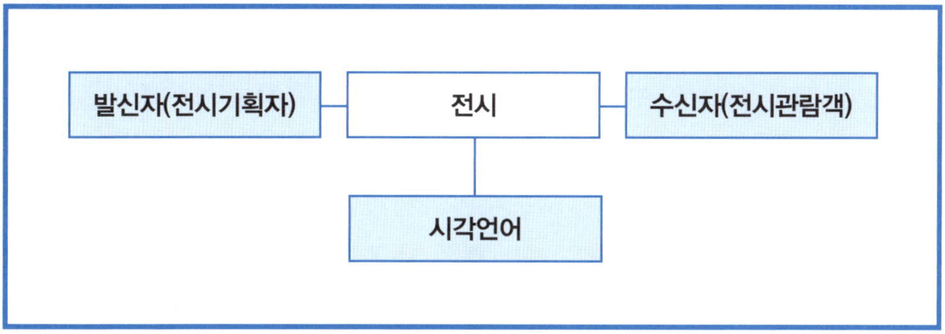

문학작품은 사물이나 물질과 같은 존재가 아니라 살아 움직이는 기호체로 작용하기 때문에 그 속에 화자와 청자가 말을 주고받는 대화적 상황이 설정되어 있다. 러시아의 문학 이론가 미하일 바흐찐(Mikhail Bakhtin)은, 시 텍스트에 시인과 독자 그리고 작품 속 인물들 간에 기본적으로 존재하는 극적 담화구조가 형성되어 있다고 보았고, 야콥슨의 경우 시를 하나의 메시지 전달과정으로 이해하며 시인과 독자, 그리고 그들 사이에 오가는 메시지가 중요하다고 보았다.[6]

이처럼 문학에서 작가가 문학작품을 통해 메시지를 전달하듯이 전시기획자

6. 김창완, 「신동엽 시의 담화 구조」, 『한남어문학』, 한남어문학회, 1995. 435쪽 참조.

는 전시를 통해 관람객에게 주제를 전달한다. 작가가 전달하고자 하는 메시지를 가장 효과적으로 표현하기 위해 다양한 창작기법을 활용하듯이 전시기획자는 가장 효과적인 전시구성과 연출방법 등을 고민한다. 작가와 전시기획자 모두 창조적인 발신자가 되어 최상의 창작물을 만들어내기 위한 다양한 노력을 펼치게 되는 것이다.

메시지를 전달하기 위해서는 메시지를 운반하는 장치가 필요하다. 문학작품에서 활용되는 장치가 문자언어라면 전시에서는 시각언어가 활용된다. 문자언어는 말 그대로 말을 글자로 옮겨 놓은 텍스트인데, 개념적으로 의미를 전달하기 때문에 추상적이고 관념적으로 사물을 묘사한다. 반면 시각언어는 시각적인 요소를 통해 의미를 전달하기 때문에 구체적이고 직접적인 의미전달이 가능하다.

그런데 전시기획자가 활용할 수 있는 시각언어는 그 종류가 매우 다양하다. 사진·영상은 물론 회화나 조각, 인쇄물 등 어떤 매체와 방식도 활용할 수 있으며, 때로는 전시실 구조나 조명이 특별한 분위기를 연출하거나 강조의 기능을 가지며 시각언어로 활용될 수 있다. 최근에는 개념미술에 대한 관심과 인식이 확대되면서 퍼포먼스와 같은 예술을 하는 행위 자체를 전시하는 경우도 나타났다. 뿐만 아니라 전시기획자는 전시물의 실물은 물론 실물과 아주 흡사한 복제품을 전시를 통해 소개할 수도 있다.

2-3. 시인의 상상력과 전시기획자의 상상력

전시를 준비하는 과정은 다양한 매체 수단의 활용을 강구하여 효과적으로 시각화하는 방식이다. 이 과정에서 전시기획자의 상상력이 요구되며 시각언어로 전시공간 곳곳에 구현된 사물과 이미지는 때로 암호처럼 전시가 전달하려는 메시지에 대한 신호를 보내며 그 의미를 극대화하고 관람객에게 확장된 감동을 느끼게 한다.

따라서 전시에서의 시각언어는 구체적이고 직접적이지만 수많은 시각언어들이 모여 새로운 의미를 계속해서 만들어 나가고 전달하기 때문에 그 숨은 뜻을 단번에 알아차리기 어렵다.

여기에서 우리는 문학과 전시의 또 다른 유사성을 발견하게 된다. 그것은 소쉬르가 이야기한 기의를 표현하는 다양한 기표들에 대한 이야기이며, 표현과 의미의 불일치에 대한 이야기이기도 하다. 발신자가 전달하려는 메시지와 그 메시지를 표현하는 장치, 이를테면 문자언어와 시각언어의 불확정성은 창작자가 의도적으로 활용할 수 있는 창작기법이다. 수신자가 누구인지에 따라서 작품을 감상하는 과정 속에 새로운 의미의 창작과정이 나타날 수 있기 때문이다.

① 뜨락의 목련이 핀다
② 뜨락의 목련이 쪼개어지고 있다

위 두 개의 문장을 살펴보자. ①의 문장과 ②의 문장은 서로 동일한 사실을 이야기하는 언술형식이다. 우리는 두 개의 문장에서 뜨락에 있는 목련이 꽃을 피우고 있는 현상을 인식하게 된다. 그런데 조금 더 들여다보면 두 개의 문장 사이에서 차이점을 발견할 수 있다. 그것은 "핀다"와 "쪼개어지고 있다"는 표현의 차이인데, ①의 "핀다"가 꽃이 피고 있는 사실을 담백한 어조로 '설명'하고 있는 것이라면, ②의 "쪼개어지고 있다"는 사물에 대한 현상을 감각적으로 '묘사'하고 있는 것이다.

주지하다시피 묘사는 언어로 그림을 그리듯 표현하는 방식이다. 실제로 두 개의 문장에서 목련의 형상을 좀 더 구체적으로 머릿속에 떠올리게 하는 표현은 설명의 언술형식을 띄고 있는 "핀다"가 아니라 묘사의 언술형식을 띄고 있는 "쪼개어지고 있다"이다. "쪼개어지고 있다"는 표현은 꽃봉오리가 벌어지고 꽃잎이 여러 갈래로 나눠지며 꽃을 피우는 목련의 외향적 특징을 마치 그림을 그리듯 잘 드러내고 있는 문장이다. 주목할 만한 것은 목련꽃이 피어나는 시각적 이미지가 "쪼개어지"는 순간 청각적 이미지로 전이되는 부분인데, 이러한 공감각적 표현에는 창작자의 개성이 잘 나타나 있다.

많은 사람들이 "핀다"고 이야기할 때, 홀로 "쪼개어지고 있다"는 문장을 발견하고 시로 표현해 내는 힘, 그것이 바로 시인의 상상력이고 다양하게 표현될 수 있는 기표의 매력이며 창작적 테크닉이다.

양안다의 시 텍스트를 활용한 문학전시

문학전시의 경우 시 텍스트와 관련된 사인물, 사물 등을 제시하거나 내용 중 일부를 강조하는 방식으로 시의 특징, 주제, 정서 등을 확장하여 표현할 수 있다. 예를 들어, 양안다의 시를 읽다보면 '창문'이라는 단어를 어렵지 않게 발견할 수 있는데, 전시기획자는 시적 소재로 활용되고 있는 창문을 양안다 시인의 시세계를 보여줄 수 있는 좋은 전시 소재로 설정하고 전시를 기획할 수 있다.

전시에서는 다양한 시각언어를 통해 문자언어가 담고 있는 내용 중 일부를 강조하여 표현하면서 관람자의 시선을 집중시킬 수 있는데, '무엇을 강조할 것인가' 또는 '어떻게 강조할 것인가'를 고민하는 과정에서 전시기획자의 의도와 창조적 상상력이 개입된다.

> 이 방은 서향의 창문
> 저녁의 햇볕으로 떠도는 먼지가 보이기도 하고 눈이 부실 땐 눈 안의 세포가 공중을 날아다니기도 하지
> 그것이 너에게 이 방을 사랑하게 만들고
>
> – 양안다, 「평행진입」 부분
>
> 비가 내리면 창문은 쉽게 울고 있다 아무도 기웃거리지 않는 복도를 지나는 동안 젖은 발자국이 우리를 뒤쫓고 있었다
> (…중략…)
> 너는 누군가 중얼거리는 소리를 들었다고 했고 나는 그게 빗소리라고 말하며 창문을 가리켰다 창 위로 비가 쏟아지는데 저 입김은 누가 남기고 간 것일까
>
> – 양안다, 「여진」 부분
>
> 친구의 물음에 소년은 창문을 열었다 나무가 꾸는 꿈을 해몽할 수 있다면 소년은 숲과 나무들의 차이를 구분할 수 있었을까
>
> – 양안다, 「오늘의 숲」 부분

발신자의 이러한 생생하고 다양한 표현방식들은 수신자에게 확장된 의미와 감동을 전달한다. 가령 “목련이 핀다”라는 문장을 읽은 독자는 문장 그대로 목련이라는 꽃이 피어있는 장면 하나를 떠올리게 된다. 하지만 “목련이 쪼개어 지고 있다”라는 문장은 동일한 텍스트라도 그것을 읽는 사람에 따라 서로 다른 의미로 해석될 수 있다. 누군가는 목련이 탐스럽게 피어나는 장면을 상상할 수 있고 또 다른 누군가는 꽃잎이 나눠지며 피는 목련을 통해 슬픔의 정서를 느낄 수도 있다.

양안다의 시 텍스트를 활용한 문학전시를 감상할 때는 관람객의 시선이 글자 텍스트를 따라 움직이면서 종이에 인쇄된 시를 읽을 때보다 텍스트에 더 몰입하는 효과를 얻는다. 텍스트의 크기나 모양, 색을 달리하는 시각적 효과를 통해 강조된 문장들은 관람자의 시에 대한 느낌을 더욱 확장시켜 경우에 따라서는 몇 개의 문장에 대해 더 주목하는 효과를 얻을 수 있다. 그것은 마치 사진 촬영에서의 아웃포커스와 같은 효과로, 중심이 되는 피사체 이외의 사물이나 배경 등을 흐릿하게 표현하는 것과 비슷하다.

이처럼 창작자의 의도나 표현방식에 따라 감상자에게 전달되는 느낌과 효과는 달라질 수 있는데, 그것은 감상자 개개인마다 경험할 수 있는 감동의 영역이 무한하다는 의미이며, 동시에 감동을 전달하는 창작자의 상상력과 창작적 역량이 중요하다는 의미이기도 하다.

3 보여주기의 방법

시인의 상상력과 창작적 테크닉이 그대로 발현되는 곳이 시 텍스트 자체에 있다면 전시기획자의 창조적 표현력이 발휘되는 공간은 전시실이다. 러시아의 언어학자 야콥슨(Jakobson)은 언어에는 하나의 체계를 이루는 요소들이 있다는 것을 전제로 하여 언어의 구조를 밝히는 작업을 진행했는데, 시(詩)공간을 채워나가는 언어를 구조적으로 밝히는 작업을 따라가다 보면 전시공간을 구성하는 다양한 요소들과 만나게 된다.

가령 언어의 최소 단위인 형태소가 모여 낱말을 이루고 낱말이 다시 문장을 이루며 문장과 문장 사이의 상호 작용이 모여 맥락과 의미를 만들고 결국 한 편의 시작품을 완성해 내듯이 전시를 구성하는 요소들은 다양하고 구조적이며 잘 짜인 직조물처럼 서로 유기적 관계를 형성하면서 하나의 완벽한 전시공간을 만든다. 재미있는 것은 전시공간을 효과적으로 구성하는 방식들을 살펴보면 시창작 기법에서 발견되는 구조와 유사한 부분들이 나타난다는 것이다.

시를 쓰고 전시를 기획하는 과정 속에서 시와 전시라는 서로 다른 장르의 유사성을 찾아 나가다보면 시를 보다 효과적으로 보여주며, 전시에 활용할 수 있는 방법 또한 발견하게 될 것이다.

3-1. 무엇으로 보여줄 것인가

시창작은 어떤 대상으로부터 발생하는 특별한 느낌을 우연히 발견했을 때 시작된다. 평소 특별한 의미를 갖지 않았던 대상이 갑자기 새로운 의미를 갖게 되는 순간, 우리는 그것을 영감이라고 부르는데, 이 순간적인 감이 머릿속에 재생될 때 이미지를 만들어낸다.

작은 이미지 단위들은 서로 모여 결속력을 갖게 되고 힘을 가진 이미지들은 상상력이 되는데, 영감에서 이미지로 연결되는 상상력 이전의 단계들이 감각적인 느낌에 가깝다면 상상력은 사유의 힘을 일으켜 대상에 대한 시적 인식을 갖게 하고 한 편의 시를 창작하는 원동력으로 작동한다. '대상 인식 → 영감 → 이미지 → 상상력 → 시적 인식'으로 이어지는 이러한 과정은 사실 창작자의 머릿속에서 거의 동시에 일어나는 단계이며, 창작자는 이러한 과정을 경험하면서 무엇을 쓸 것인가의 문제, 즉 시의 소재를 고민하며 시를 구상하게 된다.

전시에서의 경우 무엇을 전시할 것인가에 대한 문제가 고려된다. 전시물(object)은 시창작에서 시적 대상과 유사한 것으로 전시기획자는 전시기관에서 소장하고 있는 대상물 중 어떤 것을 전시할 것인가를 선택해야 한다. 시인이 우연히 발견한 대상으로부터 영감을 얻고 이미지와 상상력을 만들기 위해 소재를 찾듯이 전시에서는 대상물의 모양과 크기, 색깔, 재질의 특성 등에 따라 전시기획의 방향이 결정되기 때문에 무엇으로 보여줄 것인가에 대한 고민은 매우 중요한 과정이다.

문학과 관련된 기본적인 전시물로는 책, 육필자료, 시화, 작가가 직접 사용했던 물건 등이 있으며, 문학작품 자체 또는 시인과 같은 인물이 전시의 대상이 되기도 한다. 그리고 이들 전시물들은 기획자의 의도에 따라 세부적으로 선택될 수 있다. 예를 들어, 시 텍스트 자체를 전시하고자 하는 경우 아래와 같은 세부 분류 방향에 따라 전시 대상 텍스트를 선정할 수 있다.

① 작품 연대별 분류
② 중심 소재에 따른 분류
③ 주제에 따른 분류
④ 작가 특성에 따른 분류

전시물을 선정하는 기준이 체계적이고 명확할수록 전시물 선정이 용이하며, 전시를 통해 전달하려는 메시지 또한 분명히 할 수 있다. 그리고 특정한 의도를 가지고 선정된 전시물들은 전시개념을 구체적으로 전달하여 관람자에게 보다 적극적으로 흥미를 유발하는 요소로 기능하게 된다.

작품의 분류 방향이 결정되면 전시를 하고자 하는 시텍스트를 선별해야 한다. 작품을 선별할 때는 작품 간의 맥락을 고려해야 하는데, 단편적으로 작품 한 편 한 편을 전시하는 것이 아니라 작품들의 주제를 엮어 전시내용의 흐름이 끊어지지 않게 유기적으로 구성하는 것이 중요하다. 또한 작품의 가치가 고려되어야 하는데, 역사적으로 귀중한 작품이나 내용적으로 의미 있는 작품을 선정하는 일 역시 전시를 통해 무엇을 보여줄 것인가를 고민하는 과정에 포함된다.

3-2. 어떤 내용을 담을 것인가

시창작의 과정에서 소재가 발견되고 그 대상이 시적 인식으로까지 이어지면 이제는 어떤 주제를 담을 것인지를 결정해야 한다. 시의 주제는 시적 화자의 정서나 태도를 드러내고 있는 것으로 시의 중심이 되는 생각이나 사상, 내용 등을 말한다. 시의 주제는 시 전반에 걸쳐 나타나기 때문에 한 편의 시에 대한 전반적인 이해와 분석을 바탕으로 찾을 수 있으며 그 내용은 매우 다양하다.

전시에서의 경우 마찬가지로 전시를 하고자 하는 대상이 결정되면 이를 통해 무엇을 보여줄 것인지 고민해야 한다. 시 텍스트를 활용하여 전시를 기획하는 경우 다음과 같은 유형의 주제를 고려해 볼 수 있다.

① 작품에 내제된 주제 활용

작품 자체에 내제된 주제와 전시의 주제를 동일하게 구성하여 전시를 기획하는 경우로, 시 텍스트가 지니고 있는 상징성을 그대로 활용하기 때문에 한 편의 작품이 지니고 있는 의미가 중요하게 강조되며 작품 간 유기적 관계는 형성되기 어렵다.

② 개념 중심의 주제 활용

어떤 사물이나 현상에 대해 일반적으로 알고 있는 개념을 시 텍스트로 설명하는 방식으로, 전시실에 소개된 여러 편의 작품들이 유기적 관계를 형성하며 하나의 주제를 표현한다.

③ 과정 중심의 주제 활용

하나의 사건이나 경향이 어떻게 벌어졌는지를 설명하며 시텍스트를 활용하는 방법으로 점진적인 변화나 단계적 절차를 표현할 때 활용하는 주제 유형이다.

주제는 사실 소재와 긴밀한 관계를 맺고 있다. 경우에 따라서는 주제에 따라 소재가 결정되기도 하고 소재 선정에 따라 주제의 방향이 정해지기도 한다. 따라서 시를 창작하거나 전시를 기획하는 경우, 주제와 소재 또는 주제와 전시물의 유기적 관계를 고려하여 효과적으로 활용할 수 있다.

3-3. 어떻게 보여줄 것인가

시인은 다양한 창작방법들을 의도적으로 활용하여 시의 효과를 극대화할 수 있다. 묘사의 방식을 통해 시적 대상의 현상이나 성질을 구체적으로 표현할 수 있고, 다양한 시점을 통해 대상과 화자와의 심미적 거리를 조절할 수도 있다. 어떤 종류의 어조를 선택하느냐에 따라 전체적인 시의 분위기를 다르게 구성할 수 있고, 시의 구조를 형성하고 있는 단어·구·절·행·연의 배치 정도에 따라 작품 속에 리듬감을 부여하고 내용의 일부를 강조하여 주제전달을 용이하게 설정할 수도 있다.

전시에서의 경우 전시공간 디자인과 색채, 조명 등에 따라 전체적인 전시 분위기를 다르게 연출할 수 있고, 전시실의 공간 분할, 관람객의 동선 계획을 통해 전시관람의 흐름을 효과적으로 설정할 수도 있다. 전시기획자는 전시물과 전시 주제에 가장 최상의 전시방법을 기획·연출하여 전시의 완성도를 높여나가는 것이다.

눈 오는 날에는 빈 서랍을 털자.
서랍 속에 시든 민들머리 풀대궁
마른 대궁 비비면
프르름히 살아
천년의 맥이

살아
경주 교외의 가을 민들레
시인의 얼굴.

눈 오는 날에는 빈 서랍의 먼지를 털자.

— 박용래, 「경주 민들레」 전문

위 시는 중심 소재인 '민들레'의 의미가 확장되는 과정이 흥미로운 작품이다. 서랍 속 민들레가 경주 교외로 이동하면서 공간이 확장되고, 시든 민들레가 프르릅히 살아나면서 소멸과 생성이 반복되며 시간은 영원성을 획득한다. 흥미로운 것은 민들레의 확장된 의미가 시인과 동일시되고 있는 부분인데, 짧은 시 안에서 시간과 공간의 한계를 허물고 다양한 의미를 만들어나가고 있는 시인의 창작역량이 돋보이는 작품이다.

형식적인 면에서 주목할만한 것은 행의 구분이다. 좀 더 구체적으로 이야기하면 "살아"라는 구절의 행 구분인데, 이 시에서는 "살아"라는 동일한 표현이 모두 두 번 등장한다. 첫 번째 1연 3행에 등장하는 "살아"의 경우 "프르릅히 살아"로 적으며 앞의 표현과 한 행으로 처리한 반면, 두 번째 "살아"의 경우 "천년의 맥이 / 살아"로 적으며 두 개의 행으로 나누어 처리하고 있다. 이 과정에서 두 번의 "살아"는 각각 다른 음보율을 갖게 되고 상대적으로 천천히 읽게 되는 두 번째의 "살아"에는 그만큼 의미에 무게감이 실린다.

박용래 시인은 평소 자신의 글을 "지우다 지우다 남는 것, 까마귀가 내뱉은 떫은 고욤알 같은 것"으로 표현할 만큼 창작과정에서의 신중함을 중요하게 생각하는 작가였다. 「경주 민들레」 역시 함축적인 언어로 시가 가진 형식의 효과와 아름다움을 최대한 발휘하여 한 편의 창작물로 완성하고 있는 것이다.

시 텍스트에서 시인이 행 구분을 통해 음보율을 만들고 독자가 그것을 따라 읽으며 시의 의미를 파악해 나가듯이 전시실 안에는 전시기획자가 전시물의 배치를 기획하며 의도적으로 만들어 놓는 관람자의 다양한 동선이 있다. 동선은 전시공간의 입구와 출구 사이에 관람자의 이동 방향과 관람의 흐름 체계를 만들어 놓은 것으로 단순히 전시관람의 순서를 제시하는 것이 아니라 전시공간에 유기체적인 생명력을 불어 넣는 작업이라고 할 수 있다.

【전시공간 구성 비교[7)]】

① 대전문학관 기획전시「중견작가전」

② 대전문학관 기획전시「문학작품 속 대전」

전시기획자는 전시실을 매혹적인 공간으로 만들고 관람객이 전시에 최대한 몰입할 수 있도록 연출해야 한다. 특히 전시기획자가 제시하는 정보와 메시지를 관람객이 쉽게 받아들일 수 있도록 전시공간을 구성해야 하는데, 이때 관람객은 전시물에 대한 개인적인 관심과 태도에 따라 자신도 모르게 이동하고 바라보며 행

---

7. 두 장의 사진은 모두 같은 전시실에서 촬영한 것이다. 사진 ①은 전시실 바닥면에 대전의 지도를 연출하고 벽면에는 대전을 둘러싸고 있는 네 개의 산을 배치하여 전시실 전체를 대전의 공간처럼 구성하였다. 사진 ②는 전시실 곳곳에 가벽을 세우고 두 개의 컬러를 벽면에 교차 페인팅하여 전시실 안에 몇 개의 독립된 공간을 구성한 후 전시물을 배치하였다. 같은 공간에서 기획된 전시가 기획자의 의도에 따라 관람자에게 서로 다른 느낌과 효과를 전달하고 있는 사례이다.

동하는 등 다양한 전시감상 활동들을 반복해서 경험하게 된다. 따라서 전시기획자는 관람객의 감상 태도, 이동 속도, 움직임, 휴식의 정도 등을 예측하여 그들이 가장 편안한 상태로 그리고 가장 효과적으로 전시내용을 받아들일 수 있도록 전시공간을 구성해야 한다. 관람객의 전시관람 동선을 자연스럽게 유도할 수 있는 방법으로는 다음과 같은 '보여주기'의 방법들을 고려해 볼 수 있다.

① 세부 주제에 따라 전시공간 구분하여 전시물 배치하기
② 다양한 연출 기법을 활용하여 전시의 획일성과 단조로움 극복하기
③ 관람객의 이해를 돕기 위해 리플렛, 월텍스트, 패널 등을 활용하여 전시물 설명하기
④ 시각적으로 화려한 색감, 움직임 등을 가진 전시물을 적절히 구성하여 전시몰입의 강·약 조절하기

이와 같이 전시연출을 위한 다양한 '보여주기'의 방식들은 전시기획자가 완벽한 전시를 완성하기 위한 방법으로 선택하여 전시물을 가장 최상의 위치에 배치 시킬 수 있는 요소들이다. 그리고 이들은 각각의 역할을 수행하면서 하나의 생물체처럼 움직이며 생동감 있는 전시를 만들어 나간다.

4
전시공간콘텐츠의 활용

작품을 전시한다는 개념은 작가에 대한 관심에서 시작되었다. 초창기 문학전시는 문학적인 것에 대한 전시라기보다는 유명한 작가를 기리는 주제로 꾸며져 있는 경우가 많았다. 그렇기 때문에 유명한 작가 또는 그들 작품에 대해 이미 알고 있는 사람들을 대상으로 선보일 수 있는 전시물을 진열하는 방식으로 전시가 구성되었다.

하지만 오늘날의 경우 문학에 대한 관심이 높아지고 문학관을 비롯하여 문학을 향유할 수 있는 문화시설이 증가함에 따라 문학전시의 규모 또한 확대되면서

문학을 다양한 방식으로 보여주기 위한 방법들이 제시되고 있다. 문학을 비롯한 문화예술 분야에서 민주화 바람이 불면서 생활예술 개념이 강조되고 특정 계층이 향유하는 문학이 아니라 누구나, 언제나 문학을 즐기고 창작활동에 참여할 수 있는 다양한 방법들이 모색되고 있는 것이다.

특히 '시'는 대중적으로 오랜 시간 동안 사랑 받아온 장르이며, 다른 장르에 비해 상대적으로 쉽게 창작에 도전할 수 있는 장르이기도 하다. 최근 우리 주변에 시창작 교실을 비롯한 시낭송회, 시강연 등이 활발히 운영되고 있는 것을 보면 시에 대한 관심이 얼마나 확대되고 있는지 짐작해 볼 수 있다.

시텍스트를 활용한 전시문화콘텐츠는 사람들에게 시를 보다 쉽고 재미있게 전달하여 문학에 대한 이해를 제고하고 문학 향유 활동의 기회를 제공하는 데 효과적으로 활용될 수 있다. 뿐만 아니라 전시에는 정보를 전달하는 교육적인 기능이 함께 내재되어 있어 문학전시를 활용한 새로운 문학교육을 개발하는 것도 의미 있는 작업이 될 수 있을 것으로 기대한다.

실제로 대전문학관[8]에서는 전시공간을 활용한 교육 프로그램으로 〈문학관 속 작가 만나기〉를 운영하고 있으며, 지역의 많은 학생들이 문학관을 방문하여 프로그램에 참여하고 있다. 특히 대전문학관은 문학관 곳곳의 공간을 활용하여 문학을 재미있게 경험할 수 있는 상설 체험공간이 조성돼 있어 새로운 문학교육의 장으로 기능하고 있다.

2014년부터 학교 현장에서는 학생들의 진로교육을 위해 교과 중심의 수업에서 벗어나 체험활동 중심의 교육을 받는 자유학기제가 시행되고 있으며, 2018년부터는 자유학기제가 자유학년제로 확대·운영 중이다. 앞으로 문학전시는 새로운 교육정책과 긴밀한 관계를 맺으며 문학교육 현장으로써의 역할을 공고히 해나갈 수 있을 것이다.

---

8. 대전문학관은 2012년 12월 27일 개관한 공립문학관으로, 대전광역시 동구 용전동에 위치한다.

【대전문학관의 〈문학관 속 작가 만나기〉 프로그램 구성】

구분	소요 시간	주요 내용
오리엔테이션	20분	• 인사 및 프로그램 진행 과정 안내 • 대전문학관 소개 • 대전의 대표 문인 5인 소개(영상 자료 활용)
전시 관람	50분	• 상설전시 및 기획전시 관람 • 야외 문학관 탐방
체험 활동	45분	• 전시에 소개된 대표문인 5인의 생애와 작품세계 정리하기 • 낱말퍼즐을 활용하여 대표문인 5인의 작품 제목 찾아보기
		• 작품 눈으로 읽기(감상) 손으로 쓰기(필사) 말로 읽기와 귀로 듣기(낭독) 느낌으로 읽기(작품 읽고 떠오르는 감정을 단어로 표현) • 작품 속 핵심 단어를 찾고 그 의미 생각해 보기 • 작가의 생애와 작품세계를 소개하는 창작활동해 보기
활동 정리	5분	• 소감 발표 및 마무리

【대전문학관의 시 텍스트를 활용한 체험 프로그램 구성】

구분	주요 내용
명명하는 시	• 시인의 작품 읽고 제목 짓기
이어 쓰는 시	• 시인의 작품 앞부분 읽고 뒷부분 완성하기
채우는 시	• 시의 글자 테두리만 인쇄된 체험지에 시의 느낌을 색으로 표현하기
문장 만들기	• 여러 개의 낱말 카드를 자유롭게 배열하여 나만의 문장 만들기

작가가 작품을 창작하고 그 작품을 활용하여 문학전시를 기획하며, 다시 전시공간에서는 문학을 감상하고 이해하며 즐길 수 있는 교육 프로그램이 운영되어 미래의 작가를 양성할 수 있는 역할을 담당하게 되는 순환적 구조가 형성되고 있는 것이다. 앞으로 문학관을 비롯한 문학 전시공간에서 보다 다양한 프로그램이 운영되어 전시공간콘텐츠의 발전적인 모델을 제시하게 되기를 기대해 본다.

【작가 – 작품 – 전시의 관계 모델】

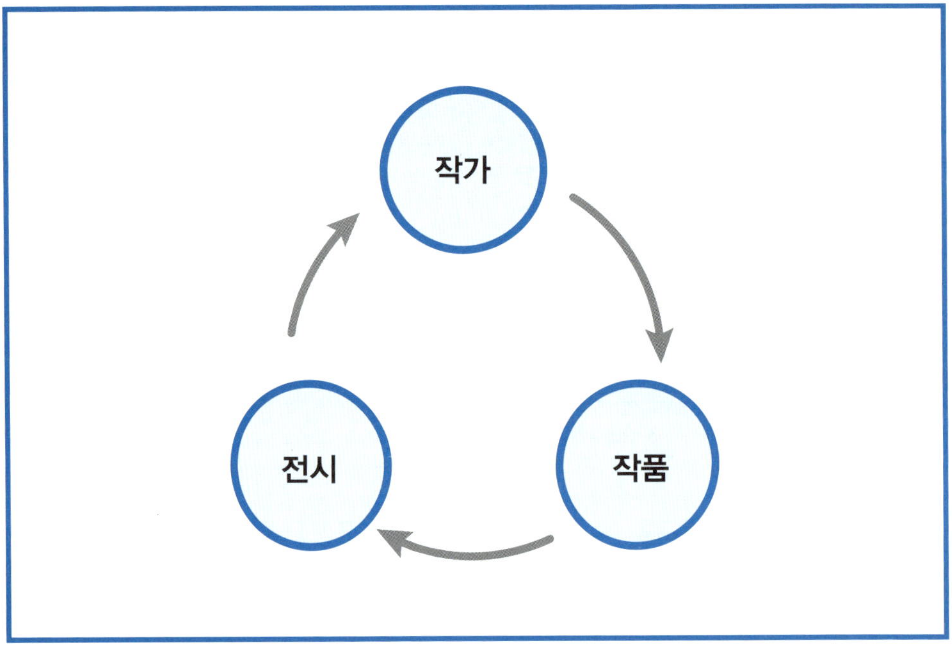

참여하기

1. 시창작과 전시공간 창작의 유사점과 차이점은 무엇인가?

2. 전시기획자가 되어 시를 활용한 문학전시를 기획한다면, 어떤 시인의 작품을 어떤 방식으로 보여주고 싶은가?
전시 제목, 주요 내용, 구성 방법 등을 담아 전시기획안을 작성해 보자.

3. 전시공간콘텐츠를 효과적으로 활용할 수 있는 방법에는 무엇이 있을까?
이 글에서 제시하고 있는 교육 프로그램 외 다른 방안을 창의적으로 생각하여 제시해 보자.

시와 공간 _손 미

공간과 나의 관계

"

낙엽진 오동나무 밑에서
우러러보는 바늘구름
한 권 책도 없이
저무는
황토길

박용래, 「황토길」 부분

"

1. 미지와의 교류

2. 공간 감지(感知)

3. 나의 공간들

4. 공간의 연속성

* 참여하기

13장 Poetry & Space 공간과 나의 관계

1 미지와의 교류

『내셔널지오그래픽스(National Geographic)』를 읽다가 '지구를 식혀라'라는 주제를 읽었다. 북극의 그린란드는 얼음이 줄어 사냥시기가 짧아지고 있다. 이누이트들은 겨우내 꽁꽁 바다가 언 동안에 식량을 쟁여놔야 하는데 그럴 충분한 시간이 없어진다는 말이다. 2월에 얼음이 얼었다가 4월에 녹는다니 바다가 얼어있는 순간은 고작 2개월 밖에 안 된다. 바다가 꽁꽁 얼었을 때는 개썰매를 타고 이웃마을로, 친척집으로 왕래가 잦았다고 하는데 바다가 녹아 있는 동안에는 배를 타거나 비행기를 탈 수 없어 바다가 얼 때까지 기다리는 작은 마을 사람들이 있다고 한다. 그들은 갑자기 변해버린 자신들의 공간에서 병원에도 가고 밥도 해 먹고 사랑하고 이별하고 태어나고 죽으면서 살아가고 있을 것이다. 우리와 아주 상관없는 곳에서 아무런 상관없는 사람들이 죽고 태어나는데 미지의 세계에 가슴이 두근대는 이유는 무엇일까?

반대로 해수면이 상승하고 있는 키리바시는 바닷물에 잠길 위험을 안고 있다. 잡지 내용을 그대로 옮기자면 타리와에 있는 공항 부근의 간척지에 양식장이 들어차 있다. 키리바시의 수도이자 인구 밀도가 가장 높은 환초인 타라와는 해수면 위로 2.5미터도 올라와 있지 않은 곳이 대부분이어서 해수면 상승으로 바다에 잠길 위기에 처해 있다. 즉 고향이 곧 물에 잠기게 된다는 말이다. 이 마을에서 아이들은 난파된 어선을 다이빙대 삼아 물에서 놀고 청년들은 결혼하고 아이를 낳으면서 살고 있다. 내가 사는 곳과는 상관없는 바다 마을의 풍경이 사라진다는 생각을 하니 마음이 시큰해지는 이유는 무엇일까?

테러로 인해 한 번도 가 본적 없는 장소에 있는 사람들이 죽어갈 때 슬퍼지는 이유는 무엇일까? 세월호가 가라앉을 때 우리가 경악을 금치 못하고 아직까지 노란 리본만 보면 가슴이 먹먹해지는 것은 왜일까? 그 사람들이 우리에게 전하는 어떤 호흡 때문일까?

2
공간 감지(感知)

얼마 전 정지용 생가에 다녀왔다. 비가 추적추적 내리는 날이었는데 저는 툇마루에 앉아 오랫동안 그 초가집을 바라봤다. 선생의 초상화도 걸려있었고 온기라고는 하나도 없는 부엌에도 들어가 보았다. 아궁이는 비어 있었고 닭살이 오르도록 추웠다. 이상한 일은 비어 있는 그 공간에서 나는 밥 짓는 냄새가 났다는 것이다. 빈 아궁이와 솥단지와 황토색 어두컴컴한 부엌에서 반찬 냄새도 맡은 것 같았다. 나의 머릿속에 있는 공간에 대한 관념이 상상을 불러일으킨 것이다.

정지용 시인은 어느 날 갑자기 사라진다. 납북이다 월북이다 미군이 죽였다 여러 가지 추측이 뒤를 따랐다. 남북이 갈라지고 난 후 남한에는 없으니까 그는 월북시인이 되었다. 그리고 그의 작품은 모두 금서가 되고 생가도 허물어졌다. 그러다가 1988년 해금 이후 다시 본격적으로 선생에 대한 연구가 활발해졌다. 선생은 폭사했다는 기록이 있다. 폭사라는 것은 말 그대로 매우 고통스럽게 죽었다는 것이다. 북한에서도 정지용을 찾는다는 기사가 나갔다는 기록이 있으니 그는 북으로 가지 않고 일찍 사망한 것으로 보인다.

선생이 폭사했다는 기록을 읽고 나는 “화가는 폭사했다”라는 구절이 나오는 시를 썼다. 폭사(暴死)라는 말. 폭사라고 발음하는 것 자체로 아프다. 죽음을 경험해 보지 않은 우리는 죽음이라는 말이 주는 차가운 뜻에도 겁을 먹는데, 폭사이라니. 나는 정지용 문학관에 가서 선생의 모형 옆에 앉아 선생의 찬 손을 오랫동안 만졌다. 속으로 선생님, 선생님 말을 걸었다.

그러고 찾아간 선생의 생가에서 이상하게 나는 선생의 온기를 느꼈던 것이다. 분명 아무 것도 없는데 그 현장에서 살았을 어린 선생의 모습이 상상되는 것이다. 어떤 저녁에는 여기 부뚜막에서 엄마에게 매를 맞으며 훌쩍거렸겠구나. 어떤 날에는 솥단지에 삶은 감자를 몰래 집어 먹었겠구나. 친구들과 함께 저 감나무에 올라가 마을의 먼 곳까지 관망했겠구나. 그런 생각들이 올라와 이상하게 그 공간을 나와 관계 있는 공간으로 만들어 버리는 것이었다. 내 경험이 아니지만 정지용 시인이 겪었을 법한 기억이 내게 침투해서 의미 있는 장소가 되는 신비한 경험이었다. 그 부엌은 고구마를 삶고 옥수수를 삶는 부엌이 되고 뒤뜰에 우물도 툇마루도 방 안에 있는 책상도 하나 하나 결이 살아나면서 내게 와 부딪쳤다.

나는 여행을 가면 작가의 생가나 문학관에 자주 들르는데 그 낯선 장소에 가면 작가의 삶이 와 닿아 눈물이 난다. 그것은 아마 거기에 묻어 있는 작가들의 체온이 있기 때문인 것 같다. 이미 이 세상에서 사라진 그들의 무언가가 거기에 남아 나를 잡아끄는 것 같다. 함부로 이름 붙여도 된다면 그것을 여섯 번째 감각이라고 해 두겠다.

정말 그 공간에, 그들이 사용하던 만년필을, 손때 묻은 그 책을 만지면 무언가 지르르하고 전해지는 것이 있다. 이미 지나간 기억이 내게 흡수된다. 내 기억이 아닌데 내게 와 머문다. 죽은 작가들의 기억이 비슷한 감수성을 가진 나를 감지하는 듯 내게로 몰려와 말을 건다.

3

나의 공간들

3-1. 대전 속 나의 공간들

그렇다면 내가 살고 지나온 공간들은 자연스럽게 나의 문학과 관계가 있다. 이러한 공간들을 기억하고 써 두는 것만으로도 언젠가는 사라질 기억들의 편린을 잡아 끄는 것이고 사소한 개인의 기억이 공간을 복원하는 용도로 쓰일 수 있다면 기쁘겠다는 생각을 했다. 그러한 생각으로 지역출판사와 산문시집을 엮었는데 그때 쓴 글들을 인용해본다.

〈정 산부인과〉

나는 목척교 옆에서 태어났다. 정 산부인과. 지금 그곳에는 폐업이라는 글씨가 붙어있고 셔터를 내리고 있다. 폐업을 알리는 글씨는 단정한 프린트도 아니고, 유선노트를 북, 찢어 굵은 매직으로 썼다. 둔탁하다. 그렇게 단호하게 찢긴 경계 앞을 나는 몇 번이나 지나가면서 사진이나 한 장 찍어놔야지 생각했다. '폐업' 더 이상 아이가 태어나지 않는다는 뜻, 더는 생명이 탄생하지 않는다는 뜻, 더 이상 윤회는 없다는 뜻, 이곳을 통해 세상으로 나오지 못한다는 뜻. 그렇게 구멍이 묶였다는 뜻.

1982년 겨울, 어린 산모는 침대에 누워 욕을 했다. 그렇게 아픈 적은 처음이었다. 알고 있는 욕이란 욕은 다 뱉었다. 아픔을 이기는 요령으로 세상을 향해 악을 퍼붓는 방법밖엔 몰랐다. 아줌마 그렇게 욕하면 욕쟁이 애기 나와요. 간호사의 말에 화는 더 치밀어 올랐다. 아프고 화가 났다. 어린 산모가 세상을 향해 악을 쓰는 동안 나는 세상을 향해 밀려 나왔다. 눈이 많이 내리던 날이었다.

〈삼화주택〉

아주 어린 시절은 옥천과 아산에서 살았다. 그곳에서의 기억은 거의 없다. 대전으로 이사 온 것은 5살이나 6살 때였을 것이다. 우리 가족이 자리를 잡은 곳은 석교동인데 버스에서 내려서 골목을 몇 개나 구부려 지나야 집이 나오는 곳이었다. 방 한 칸에 엄마 아빠 동생들 그렇게 나란히 누워 잤다. 앞집도 그랬고 뒷집도 그랬다. 놀이터도 없는 동네에서 아이들은 학교 놀이터로 인근 주택 놀이터로 놀러갔다. 그곳에 놀이터가 있었는지 기억나지 않지만, 골목을 더 깊이 올라가면 거기에 삼화주택이 있었다. 거기가 동네에서 제일 좋은 집이었다. 층층 올라간 빌라에, 수세식 화장실이 있다는 것, 그것만으로도 우리는 그곳을 동경했다.

골목은 오르막길이어서 공놀이를 하거나 자전거를 타면 어김없이 아래로, 아랫동네로 미끄러져 내려갔다. 낮 동안 어른들은 모두 빠져나가고, 아이들만 남아 둥글게 둥글게 동네를 뛰어다녔다. 멀리 내려가면 대전천이 있었고, 초등학교에 가서 그네도 탔다. 동네를 몇 번 돌면 하루가 다 간다. 그렇게 지쳐서 잠이 들었을 것이다. 집에 가도 엄마는 없었다. 엄마는 우리보다 늦게 집에 왔다. 우리 삼남매는 기다림부터 배웠다.

또, 그 동네에는 자전거를 타고 내리막길로 달리다가 트럭에 치인 인희 언니가 있다. 나는 언니 뒷자리에 있었다. 언니는 머리카락을 모두 밀고 수술했고, 한동안 모자를 쓰고 다녔다. 언니는 나에게 옥상에서 뛰어내리기, 머리에 있는 이 잡아 죽이기, 개 괴롭히기 같은 것을 가르쳐줬다. 언니가 학교 수돗가에서 남자애들에게 머리를 맞았다. 머리

수술해서 때리면 안 될텐데 나는 숨어서 그런 생각을 했다. 인희 언니를 생각하면 그 생각만 든다. 머리에 피를 흘리고 있던 언니, 머리를 맞고 가만히 서 있던 언니. 그런 아이들만 그 동네에 있었다.

〈계수약국〉

동네 입구엔 계수약국이 있었다. 동네에 약국이 하나뿐이었는지는 기억나지 않지만, 엄마가 아프면 나는 오래 걸어 거기에 갔다. 엄마는 앓아야 집에 누웠다. 나는 엄마가 쥐어주는 지폐를 들고 약국에 가서, 우리 엄마가요. 열이 나고 아프대요. 증상을 설명했다. 처방전이 필요하지 않던 시절이라 약사가 다시 쥐어주는 약을 들고 나는 집으로 뛰어갔다. 손에 쥔 약은 엄마가 죽지 않을 거라는 위로였다. 나는 전달해야했으므로 전속력으로 달려 엄마에게 갔다. 포근한 낮에 엄마가 집에 있다는 것만으로도 좋았다. 비현실적인 행복.

약국은 우리 단칸방의 주치의였다. 거기서 지어온 약을 먹으면 우리는 말끔히 나았다. '계수'의 뜻이 푸른 하늘 은하수에 등장하는 그 계수나무일까. 나는 지금도 약국 하면 약국 앞에 계수라는 수사가 먼저 떠오른다. 그것은 아름다운, 혹은 훌륭한 처럼 나에게는 고유한 수사다. 약국 앞에 으레 붙어야 하는 수사.

약국을 따라 대로변으로 버스 정류장이 있었고 공중전화가 있었다. 우리는 자주 일 나간 엄마를 기다리면서 그곳을 서성였다. 아저씨들은 피우던 담배를 들고 버스에서 내렸다. 우리 단칸방에는 전화가 없었다. 주인집에서 미 엄마, 미 엄마 하면서 불러대면 엄마는 달려 나가 전화를 받았다. 남의 집 전화를 쓰는 것이니 여간해선 우리 집으로 전화가 걸려오지 않았다. 누가 죽었다던가, 죽을 것이라는, '용건만 간단히' 전하는 통화가 다였다.

전화 걸 일이 있으면 엄마는 버스 정류장 옆에 있는 공중전화로 가서 전화를 걸었다. 엄마와 함께 공중전화 부스에 들어가 있는 것이 그렇게 좋았다. 엄마의 치마에 코를 박고 통화하는 소리를 들었다. 엄마의 통화가 끝나면 나는 깨금발을 하고 버튼을 마구 눌렀다. 동전도 없어 아무데도 걸리지 않는 번호였다.

〈보문산 공원〉

어린이날이면 소풍을 갔다. 소풍이라 해봤자 돗자리 챙기고 계란 삶고 김밥 싸서 보문산에 가는 정도였다. 적당한 곳에 돗자리를 깔고 거기에 앉아 밥을 나눠먹었다. 지금 사진을 찾아보면 아빠는 카메라로 우리 삼남매를 찍었다. 나무 뒤에 몸을 숨기라고 요구하고 큰놈 작은놈 막내 순서대로 뛰어오라고 시키기도 했다. 우리에게 남은 사진 속엔 아빠가 원하는 포즈들이 들어있다.

보문산은 내 생애 첫 소풍지이자 첫 즐거움이다. 최근 보문산 공원을 만든 사람이 일본 사람이라는 사실을 알았다. 일제 강점기에 대전에 있었던 스지라는 부자였는데 그 사람이 자신의 이름을 따서 스지공원이라 불렀단다. 그 문서를 읽으니 나의 행복 나의 기쁨 보문산을 만든 것이 일본 사람이라니, 충격적이었다. 스지는 일본 사람인데 그럼 나쁜 사람인가. 나는 그 사람이 만든 공원에서 즐거웠는데 그럼 좋은 사람인가.

– 손미, 『삼화맨션』 부분

3-2. 대전 속 문학공간 (원도심)

나의 기억이 묻어 있는 공간만 나열해도 수 없다. 그렇다면 대전에 머물렀던 시인들은 내가 지나간, 내가 만진 그 공간에 어떤 것을 남겼을까? 공간에 관계 있는 문학과 문학인은 어떤 모습으로 남아있을까? 그런 의문에서 몇 가지 작품을 찾아봤다.

내가 태어난 정 산부인과 옆에 있는 목척교는 대전역에서 몇 백 미터만 직직하면 만날 수 있는 곳이다. 원래는 홍명상가와 중앙데파트가 있던 자리에 건물을 헐고 새롭게 증축했다. 거기에서 플리마켓도 열리고 공연도 열리고 분수쇼도 하면서 대전의 첫 인상이 되는 목척교는 역사가 100년이나 된다. 젓갈이 많이 나던 강경과 논산에서 중앙시장으로 젓갈 장수들이 거래를 하러 왔었는데 중앙시장에 당도하기 전, 눈앞에 흐르던 대전천에서 지게를 놓고 쉬는 모습이 尺과 같다고 해서 목척교라는 이름이 붙었다. 내 엄마가 강보에 나를 싸안고 바라봤던 그 목척교는 언젠가 시인 박용래와 소설가 이문구 선생이 만나 술잔을 기울이던 술집이 있던 자리이기도 하다.
나는 어스름에 밀려 온종일 삶던 더위가 그음하려 하자 목척교 옆의 허름한 탁배기 집으로 박 시인을 불러 모셨다. 내가 초면인 유 씨, 이 씨를 인사시키자 박 시인은 무슨 바람이 불어 옥천 같이 빼어난 고장을 다 둘러보게 되었더냐고 여간 기특해하여 마지않았다. 이에 힘입었는지 이 씨는 시키지도 않은 옥천 지방의 산수를 자랑삼아 덧거리하였다. 그러자 박 시인은 대번에 이 씨를 겨누어 보며
"산 좋고 물 좋은 것은 어느 두메나 일반인데 시인이 고향을 쳐들면서 어떻게 물경풍치(物景風致)만을 떠들 수 있는가. 그런 것은 관광객에

게 맡기고 시인이라면 모름지기 자기 고을이 배출한 시인부터 기리는 것이 마땅하지 않은가"
하고 바로잡아 준 다음
"내가 옥천을 기억하는 건 오로지 시인 정지용을 낳은 땅이기 때문이오."
하며 찻잔을 들어 서운한 마음을 가시려고 하였다. 나와 유 씨가 숙연히 고개를 숙일 때였다. 물정모르는 이 씨가 "그런가요? 나는 정지용이 우리게 사람인 줄도 몰랐네……" 하며 새퉁스런 소리로 두런거렸다. 박 시인의 결곡한 성미를 알고 있던 내가 이제는 큰일 났구나 싶어 민망한 낯을 둘 데 없어 하던 순간이었다. 바람벽에서 벼락 치는 소리가 터지면서 박 시인의 성난 음성이 귓전을 갈겼다.
"야, 이문구. 너 정말 한심하구나. 너는 이런 것밖에 친구 읎네? 정지용이 제 고향 선배인 줄도 모르는 이런 무녀리두 시인 명색이라고 하냥 댄기는 겨? 이런 것두 사람이라고 마주 앉어 술 마시네?"
박 시인은 술잔을 벽에 던져 박살내고도 성이 안 풀려 자리를 박차고 나가버리는 것이었다.

— 이문구, 「박용래 약전」 부분

박용래 시인의 고향은 강경이지만 계룡학숙(鷄龍學熟)에서 상업과 국어 담당 교사로 일자리를 얻으며 서울 조선은행 자리를 박차고 대전에 돌아온다. 이때부터 본격적인 박용래 선생의 문학이 시작된다. 선생은 결혼을 하고 자녀들을 낳으며 타계할 때까지 이곳 대전에 살았다. 대전에서 선생은 계룡학숙(鷄龍學熟)의 교사인 박희선, 백양, 원영한 등과 함께 '동백시인회'라는 시동인을 결성해 동인지, 『동백』을 출간했다. 이 『동백』에 실린 박용래 선생의 시가 청록파 박목월 시인의 눈에 띄었다. 이어 박두진 시인이 『현대문학』에 박용래를 추천하기에 이른다. 이로써 선생은 시인으로 정식 등단하게 된다. 그러니까 대전은 박용래 시인의 문학적 고향이 되며 선생의 문학 태동이 시작된 곳으로 볼 수 있다.

이후 선생은 일자리를 찾아 공주, 대전, 당진 등을 떠돌다가 1965년 처음으로 대전시 오류동 17번지 15호에 가족들과 함께 둥지를 튼다. 선생은 이 집을 '청시사'라 이름붙이며 특별히 아꼈는데 처음으로 자기 집을 장만했기 때문일 것이다. 이 청시사에는 많은 문인들이 오갔으며 1980년 시인이 타계할 때까지 이곳에 머물렀다. 실제로 선생의 작품 전체의 84%인 134편을 이 청시사에서 발표했다.[1)]

> 한때 나는 한 봉지 솜과자였다가
> 한때 나는 한 봉지 붕어빵이었다가
> 한때 나는 좌판에 던져진 햇살이었다가
> 중국집 처마밑 조롱 속의 새였다가
> 먼 먼 윤회 끝
> 이젠 돌아와
> 오류동 동전
>
> – 박용래, 「오류동 동전」 전문

박용래 선생은 실제로 자신이 머물던 오류동을 배경으로 위와 같은 시를 쓴다. 오류동은 지금의 서대전 사거리로 알려진 부근이다. 인근에 백화점과 서대전역이 밀집해 있어 지금도 많은 인파가 몰리는 곳이다. 안타깝게도 선생의 오류동 집터는 헐리고 현재는 공영주차장이 된 자리에 박용래 시인의 집터라는 표지판 하나만 덩그러니 남아 있다.

---

1. 김규동, 『박용래 시창작방법 연구』, 푸른사상, 2010.

나는 그곳에서 20대를 보냈다. 그 오류동 친구의 자취방에서 친구들과 모여 20대를 보냈다. 거의 술을 마시고 새벽까지 왜 이 사랑이 이루어지지 않는지 한탄하는 게 전부였다. 시인이 되고 싶었던 나는 그 작은 방에 옹기종기 모인 친구들에게 시를 쓰고 싶다고 문학을 하고 싶다고 울분을 토했다. 어떤 친구는 돈을 많이 버는 게 꿈이었고 어떤 친구는 시집을 잘 가는 게 꿈이었는데, 그 앞에서 나는 시를 쓰고 싶다고 울먹이며 말했다. 우리는 서로의 이야기에 별로 공감을 하지 못했지만 자취방 바로 옆에 박용래 선생의 집이 있었다는 게 나를 그 방으로 계속 끌어들인 이유 같다. 만약 나의 울음을 선생이 들었다면 이문구 선생에게 역정을 내던 모습과 같이 역정을 내실 지도 모를 일이다. 그 생각을 하면 몹시 부끄럽다.

지금은 친구의 자취방이 사라져 이 일대를 쏘다닐 일이 없지만 어쩌다 서울에서 친한 시인들이 찾아오면 근처의 닭볶음탕 집에 데려가 여기가 박용래 선생이 살던 터라고 설명하곤 한다. 그렇게라도 한 사람에게 더 선생의 자리가 여기였음을 알린다.

3-3. 대전 속 문학공간 (정림동)

오류동에서 대전역 반대방향으로 올라가면 도마동이라는 곳이 나온다. 언젠가 중학교 때 딱 한 번 가출한 적이 있는데 나는 그때 도마동 어딘가를 헤매고 다녔다. 한 겨울이었다. 발가락이 시려웠고 친구들과 나는 갈 곳이 없었다. 그 겨울, 공중전화 박스에서 오들오들 떨면서 그럼에도 집에 가지 않았다는 사실에 우리는 두근대며 그렇게 밤을 보냈었다. 공중전화 박스에서 서로의 온기를 느끼면서 친구는 우리 담배 펴볼래?라고 말했고 슈퍼에 담배를 사러갔다가 주인에게 거절당했을 때 우리는 더 고집부리지 않았다. 날이 밝아올 때 추위에 못 이겨 집으로 돌아가면서, 화가 난 아빠의 얼굴이 떠올라 엉엉 울면서 집으로 돌아가면서,

충혈된 눈으로 나를 매섭게 때리는 엄마와 아빠를 보면서, 꽁꽁 언 나를 이불 속에 밀어 넣고 따뜻한 밥을 짓는 엄마의 등을 보며 한 없이 울었던 기억. 중학교 졸업을 며칠 앞둔 그날, 나는 그렇게 마음속에서 차오르는 알지 못할 그리움 때문에 자꾸만 집을 나가고 싶었다. 집 밖에서 나를 부르는 소리가 들리는 것 같았다. 그렇게 도마동은 알지 못할 열기로 심장이 뜨거울 때, 춥고 슬픈 온도로 돌아가라고 돌아가라고 등을 떠밀었다. 고향을 한 번도 떠나지 않는다는 것은 한 장소에 대한 기억을 다른 기억이 덧칠하는 것을 무덤덤하게 지켜보는 일이다. 처음으로 우리 집에서 가장 먼 곳으로 떠났던 그 지명. 칼바람이 매섭게 불어 닥치던 그 좁은 골목의 공중전화 박스. 어쩌면 거기서 나는 알 수 없는 그리움을 달랬다. 그게 다 시가 되려는 태동이었을 것이다.

정림동엔 갑천이 있다. 정림동 인근 갑천엔 유독 살찐 나무가 많이 잠겨 있다. 가수원교를 건너기 전 옆길로 빠져 천을 따라 들어가면 대전에서 유일한 화장터가 있다. 지금은 뼛가루를 천에 뿌리지 않지만 오래 전엔 화장터에서 하얗게 빻아 나온 가루들은 이 천에 뿌렸다. 그래서 이 천의 물고기와 나무는 유독 살이 올랐다. 한 번도 가 본 적 없는 이 화장터에 나는 얼마 전에 다녀왔다. 친구가 화장되는 소리를 들었다. 암으로 세상을 떠난 서른다섯의 키가 작았던 내 친구는 그곳에서 누런 뼈가 되어 나왔다. 두 손으로 모아들면 전부 들릴 것 같던 그 얼마 안 되는 뼈는 분쇄기에 갈려 가루가 되어 다시 왔다. 나는 친구가 갈리는 소리를 들었다. 언젠가 철공소 앞에서 들었던 쇠가 갈리는 소리 같았다. 그곳에서 가루가 되는 친구를 보았다. 교실 맨 앞자리에서 매일 꾸벅꾸벅 졸던 아이. 키가 제일 작았던 아이. 연애를 한 번도 안 해보고 첫 사랑과 결혼했던 아이. 교회에 나간다고 아빠에게 많이 맞던 아이. 정림동에서 그 아이는 사라졌다. 죽으면 어디로 가는가. 집 같은 건 한 번도 나간 적 없던 그 아이는, 늘 밖으로 가는 나를 두렵고 당황스러운 눈으로 바라보던 그 아이는 어디로 갔을까.

그곳은 항상 튜울립나무 꽃이 피어 있다
노란 새처럼 앉아 피는 꽃,
붉은 벽돌로 지은 사각 굴뚝에선
흰 연기 하늘로 가는 길 묻고
파란 하늘 거기 한 사내가 웃고 있다
가슴속 뜨거운 피를 어쩌지 못해 그는 가고
남아 있는 사람들이 아직도 술잔을 기울인다
살아서 없던 욕심 죽음에 더욱 몰라
땅 한 평 차지 않고 떠난 사내.
정림동 파란 하늘 끝자리
서른 살의 그 사내가 웃고 있다

– 주용일, 「정림동」 전문

정림동은 "땅 한 평 차지 않고 떠난" 그 누군가를 보내는 허무한 공간이다. 정림동이 주는 서늘한 공통분모가 있다. 이 시를 쓴 주용일 시인도 세상을 떠났다. 시인이 떠나보냈을 "서른 살의 사내"가 사라진 것처럼 쉰을 넘긴 시인 역시 그렇게 사라졌다.

생전에 주용일 시인을 딱 한 번 만난 적이 있는데, 시를 쓰고 싶어 하는 습작생들을 기특하게 바라보던 눈빛이 생각난다. 선생의 시집 제목처럼 그곳에서의 '문자들의 다비식은 따듯하'길 마음 깊이 바라본다.

나의 공간들

–너무 긴, 골목

그런 골목이 있다.

가난한 남자와 가난한 여자가 결혼해 내가 나왔다. 가난한 남자와 가난한 여자는 나를 낳기 전, 두 명의 아기를 지웠다고 했다. 가난 때문이었다. 세상으로 빠져 나오지 못한 형제들은 골목 같은 질 속에 갇혔다. 나오지 못한 형제들을 위해 엄마는 지금도 불상 앞에서 절을 한다. 그들이 나오고 내가 나오지 않았다면, 어땠을까. 가끔 그런 생각을 한다. 내가 없고 그들이 있었다면, 더 좋았을까.

내가 나오고 동생 둘이 골목 같은 몸을 빠져 나왔다. 가족이 된 우리는 작은 방에서 살았다. 끝없이 뻗쳐있는 골목의 어딘가에 살았다. 그 동네 골목은 높은 곳에 있었다. 골목을 빠져나갈 땐 물에 잠기듯이 아래로, 아래로, 몸이 사라진다.

누군가 저 아래로 걸어갈 때 다리가 사라지고 그 다음은 종아리, 허벅지, 허리, 목, 정수리까지 조금씩 사라지는 골목. 버스가 다니는 큰길에서 한참을 올라가야 집들이 옹기종기 붙어 있는 골목. 직장을 잃은 아빠를 대신해 엄마는 아침마다 골목을 빠져나갔다.

어른들은 아침이면 모두 골목을 빠져나갔다. 어른들이 빠져나간 골목에서 아이들은 긴 하루를 견뎠다.

놀이터가 없는 동네에선 골목이 놀이터였다. 지나가는 고양이에게 돌을 던지고, 전봇대에 고무줄을 묶고, 경사진 골목 아래로 페달 없는 자전거를 타고 달려가면서 긴 하루를 견뎠다.

엄마가 도착할 때까지 동물원 한 번 가보지 않은 아이들은 그 시간들을 거기서 견뎠다. 모두 공평하게 가난했다.

그 골목 안 아이들과 나의 신분이 달라지는 날이 딱 하루 있었는데 그날은 바다삼촌이 오는 날이다.

바다삼촌은 오랜 시간 원양어선을 탔다. 아주 가끔 한국에 들어왔고 그때마다 우리에게 진귀한 물건을 가져다주었다. 늘 바다에 나가 있기에 우리 형제는 삼촌을 바다삼촌이라 불렀다.

나는 삼촌이 가져온 간식이며 학용품을 들고 가서 아이들에게 자랑했다. 가난한 아이들은 벌떼처럼 몰려들어 초콜릿을 뜯어 먹었다. 바다삼촌이 오는 날이면 나도 모르게 어깨가 쭉 펴졌다. 동네 아이들의 신기한 눈동자가 나만 바라보고 있었다.

– 손미, 『나는 이렇게 살고 있습니다 이상합니까』 부분

4 공간의 연속성

시간과 지면이 할애된다면 더 많은 공간도 찾을 수 있으리라. 지금 현재 우리가 머물고 있는 이 공간에 남아있는 이야기를 찾고, 시간을 뛰어넘어 아직 살아있는 작품을 조우할 때 작품과 공간은 연속된다.

우리는 떠나거나 머문다. 자의적이든 타이적이든 우리는 떠나거나 머물고 있다. 제프 말파스(Jeff Malpas)의 『장소와 경험』에서 저자는 이렇게 말한다. 본질적으로 정신의 구조 자체가 로컬리티(locality)나 공간성에 뗄 수 없이 연결되어 있다는 말이다. 그러면서 헤겔을 비롯한 많은 철학자들이 공간과 관계에 대해 이야기한 부분을 발췌하고 있는데 결론적으로 말하자면 사람과 장소가 긴밀하게 연결되어 있고 자아와 주변세계 역시 긴밀하게 연결되어 있다는 말이다. 세계라는 거대한 공간 안에서 우리는 연결되어 있고 그 안에서 관계를 맺는다. 이것을 이해하지 못한다면 자아와의 관계도 맺을 수 없다는 말도 덧붙인다.

하나의 세계라는 거대한 공간 안에서 우리는 서로에게 빚을 지고 있다. 그러나 그 공간의 밀도가 높을수록 관계는 더 긴밀해질 것이다. 먼 이국의 테러와 세월호에 가라앉은 사람들을 생각할 때 통증의 강도는 다르다.

그래서 우리는 같은 학교를 나왔고 같은 고향에 살았다는 유대감을 더욱 강조하는 것일지 모른다. 지명의 핏줄이 끌어당기는 어떤 힘이 있다. 이 이상한 연대는 모두 한 공간과 관계있다.

지금, 여기 있는 우리는 이곳에 우리를 묻히고 있다. 이 장소에 대한 지분이 있다. 그것은 어떤 방식으로든 훗날 어떤 관계를 가져다 줄 것이다. 목척교를 지나면서, 정림동을 지나면서, 오정동을 지나면서 우리가 묻어 있는 이 장소들은 또 다른 이야기를 만들고 그것은 시가 되고 소설이 되고 혹은 나 자신이 될 것이다.

잠시 머물렀던 장소를 사랑해 보자. 사랑하니, 그곳에 대해 써보는 것도 좋겠다. 그것은 정지용 시인과 같이, 박용래 시인과 같이, 내가 거기 있었음을 확실하게 설명해 줄 유일한 증거가 될지 모른다.

참여하기

1. 공간에 관한 자신의 경험과 기억을 꺼내어 자유롭게 기술해 보자.

2. 문학과 관련된 공간에 대한 경험을 자유롭게 토론해 보자.

3. 자신의 흔적이 가장 많이 남아있는 공간을 기억해서 시 한 편을 작성해 보자.

시와 여행 _박희준

나의 심연으로 떠나는 여행

"

먼 여행을 준비하는 마음으로
오직 가벼운 영혼 하나
소중히 챙긴다

남상학, 「가벼워지는 연습」 부분

"

1. 배낭에 무엇을 넣을까
2. 떠남의 미학
3. 본다는 것의 의미
4. 돌아옴의 미학
5. 가슴에 무엇을 담을까
6. 길의 끝에는 항상 시가 있었다

* 참여하기

14장 Poetry & Travel
나의 심연으로 떠나는 여행

1
배낭에 무엇을 넣을까

당신이 내일 당장 여행을 떠난다면 무엇을 할 것인가. 그렇다. 배낭이나 캐리어 등에 짐을 챙길 것이다. 또 체크리스트를 만들고 여행에서 꼭 필요한 것들을 담으며 빠뜨린 것이 있는지 꼼꼼히 하나하나 체크할 것이다. 여행은 늘 설렘을 동반한다. 어쩌면 여행은 떠나기 전이 가장 흥분된 상태일지도 모른다. 당신은 잠자리에 들기 전 다음날 펼쳐질 여행지의 풍경을 상상하며 뒤척인 적이 있을 것이다. 하지만 막상 여행을 떠나면 어떠한 어려움에 부딪히기 마련이다. 길을 헤맨다거나 지갑이나 휴대폰을 잃어버릴 수도 있기 때문이다.

사실 여행을 뜻하는 영어 단어 'travel'의 어원은 'travail(고통, 고난)'이다. 그렇다면 왜 우리는 돈과 시간을 들여가며 기어코 여행을 떠나는 것일까. 여행은 떠남으로써 돌아오는 이중적 행위다. 일상에서 영원히 벗어나는 것이 아닌 좀 더 넓어진 시야와 마인드 그리고 가득 충전된 에너지를 가지고 일상으로 돌아오는 일이다.

우리가 쓰는 시 또한, 현실의 공간을 벗어나 원래의 나, 본성 그대로의 나를 발견해 나가는 모험이자 미지의 세계를 향해 떠나는 여행과도 같다. 본업 삼아 시를 쓰는 시인도 본인만의 일상으로 돌아오기 마련이다. 여행이 끝나고 집으로 돌아와 빨래를 하고 집 앞 마트에서 장을 보는 일처럼 말이다.

시와 여행은 많이 닮아있다. 여행을 떠나기 위해 배낭에 짐을 챙기는 일, 여행지에서 느끼는 감정들, 여행을 마치고 돌아오는 차창 밖의 풍경. 시를 쓰기 위해 책상에 앉는 일, 하얀 종이가 가져다주는 설렘과 공포, 시를 다 쓴 후의 퇴고의 과정. 어쩌면 시를 쓴다는 것은 여행을 떠나는 일일 것이고, 여행을 떠난다는 것은 눈과 가슴에 시를 담기 위한 과정일지도 모른다.

결국 여행도 삶의 일부분이라고 생각하면 쉽다. 여행에서의 고통과 고난도 시 창작의 지점이 되어 내면의 소리가 발화되는 경우가 많기 때문이다. 온 신경을 곤두세울 것. 하지만 너무 작위적인 감정은 절제할 것. 시와 여행은 따로 분리되지 않아야 한다. 또한 지금까지의 세계를 허물어야만 비로소 새로운 세계가 보인다. 내가 찾던 풍경이든, 내가 찾아 헤멘 단어이든.

필자는 일간지 중도일보사에서 5년여 간 편집기자로 근무하며, 여행 섹션을 담당한 바 있다. 최대한 많은 것을 기사에 담고자 온 신경을 곤두세워가며 보고, 듣고, 느끼기 위해 고군분투했었다. 같은 시기에 한남대학교 대학원에서 시 과정도 병행하고 있었는데, 비록 기사를 쓰기 위해 특수한 목적으로 떠난 여행이었지만 시창작에 많은 도움이 된 것은 부인할 수 없는 사실이다. 수없이 많은 시어를 만나게 했던 여행지 '남이섬'이 일터가 되었다가, 남이섬에서 이어진 인연으로 '강아지숲'이라는 곳에 둥지를 틀게 된 것도 어찌 보면 인생이란 긴 여정의 하나와 같다는 생각을 하게 된다. 관광지가 나의 직장이 된다는 것. 매일 매일 여행하는 기분으로 출근한다는 것. 출근길에서 피부로 느끼는 건 '여행은 우리 일상과 그리 멀지 않다'는 것이다.

'시와 여행'이라는 친숙하면서도 심도 있게 풀기 어려운 장을 맡았지만, 본 장을 읽는 이들이 시와 여행의 상관관계를 이해하는 데 조금이나마 도움이 되었으면 좋겠다. 무엇보다 당신이 책을 덮고 무작정 어딘가로 떠났으면 좋겠다. 본 장의 한 문장, 한 문장이 여행으로 연결되길 바란다. 또한 당신의 여행이 여행으로 그치지 않고 시로 연결될 수 있도록 나침반이 되었으면 좋겠다.

이제 떠날 준비가 되었는가?

그렇다면 배낭을 머리맡에 두고 잠자리에 드는 심정으로 노트와 펜을 준비하라.

그리고 '심연(深淵)'으로 들어가 배낭에 무엇을 넣을지 고민해 보자.

아래는 여행을 떠나기 전 가슴 속에 새기며 적어두었던 메모지에서 발견한 문장이다. 당신도 지갑 속에 넣어두고 기차를 기다릴 때 한 번쯤 꺼내 보면 좋겠다.

> 스러지고 버려지는 것들을 다시 한번 제대로 보고 싶습니다. 한낱 작은 것에도 스며 있는 시간이 있을 텐데요. 저라도 묵묵히 기억해 주고 싶습니다.[1)]

사실 배낭에 무엇이 들었는지는 중요하지 않다. 그날의 컨디션이나 날씨에 따라 조금씩은 달라질 수 있겠지만, 여행의 시작은 마음가짐에 달렸다. 무엇보다 이 세상에는 나와 닮은, 혹은 나와 다른 수많은 사람들이 제각기 살게 마련이라는 것을 믿어야 한다. 그들은 왜 나와 다르고, 왜 나와 다른 곳에서 살고 있는가라는 궁금증이 여행의 출발이다.[2)]

시도 마찬가지다. 남들이 보지 못하는 지점까지 가 닿아야 한다. '스러지고 버려지는' 것에도 눈길을 둬야 한다. 나와 닮았지만 나와는 확연히 다른 이들의 삶을 인정하고 그 안에 들어가 동화되어야 한다. 끝내는 파괴해야 한다. 결국 여행의 끝에는 홀로 남겨져야 할 각오를 해야 한다.

---

1. 김창완, 『안녕, 나의 모든 하루』, 박하, 2016, 250쪽.
2. 안치운, 『길과 집과 사람 사이』, 들린아침, 2005, 78쪽.

2
떠남의 미학

마르셀 프루스트(Marcel Proust)는 여행을 이렇게 정의했다.

> 진정한 여행은 새로운 풍경을 보는 것이 아니라, 새로운 눈을 가지는 것이다.

우리는 늘 여행을 꿈꾼다. 여행지에서만 느낄 수 있는 여유, 그곳에서 만나는 사람들, 음식, 잠자리. 그리고 여행지에서 아주 커다란 영감을 받아 다시는 없을 인생의 시 한 구절을 만나는 것. 모든 자유에 책임이 따르듯이 우리가 먼 거리를 이동해 먹고 마시는 모든 것이 막연하게 여행으로 귀결되고 글로 풀어지는 것이 아니다. 여행과 시는 결을 함께 한다. 마음 가는대로 끄적인다고 해서, 훌쩍 떠난다고 해서 갑자기 만난 '단어'가 '문장'으로 완성되는 것이 아닌 것이다.

프루스트가 말한 여행의 정의에서 '새로운 눈'이란 무엇을 의미하는 것일까. 일단 긍정적인 면부터 살펴보자. 여행은 뭔가 새로운 것을 경험하고 새로운 감정 속에 자신을 던져보는 일이라는 점에서 매우 즐겁고 의미 있는 시간이다. 또한 너무나 익숙해서 도무지 새로움을 발견할 수 없는 환경으로부터 유리시켜 낯선 도시나 거리에서 발견하게 함으로써 감각의 감도를 예민하게 하기에도 최적의 방법이다.

여기에서 일상을 벗어난 시간, 공간, 정신까지도 모두 여행의 한 부분이 될 수 있으며, 이는 원래 갖고 있지 않았던 '새로운 눈'을 가질 수 있는 촉매제가 된다. 그렇다면 '새로운 눈'의 부정적인 면도 있을까. 물론이다. "여행의 위험은 우리가 적절하지 않은 시기에, 즉 제대로 준비가 되지 않은 상태에서 사물을 볼 수 있다는 것이다. 그렇게 되면 새로운 정보는 꿸 실이 없는 목걸이 구슬처럼 쓸모없고 잃어버리기 쉬운 것이 된다."[3)]

시를 쓰는 사람이라면 이 점에 주목해야 한다. 온 신경을 곤두세워 두 눈과 가슴에 풍경을 담아야 하겠지만, 이 역시 언제나 긴장하고 있어야 하며, 준비된 마음으로 임해야 한다는 것이다. 곧 '새로운 눈'을 가져야 한다는 말이다. 또한 너무나도 당연한 말이지만 여행은 여행이고, 시는 시여야 한다. 둘 사이가 가까웠다가 멀어지는 것을 반복하면서 상상력은 새롭게 피어난다.

우리는 떠남으로써 무언가를 얻고자 하지 않아도 저절로 얻게 되는 것이 있다. 여행지에서 마주하는 모든 것들이, 두 눈에 담은 것들이 고스란히 여행자에게 전달되는 것 같지만, 이것은 사실 가슴 어딘가에 안착하여 무중력의 상태로 떠돈다. 고로 떠남은 피할 수 없는 학습의 연속이다. 또한 "여행은 생각의 산파이다. 움직이는 비행기나 배나 기차보다 내적인 대화를 쉽게 이끌어내는 장소는 찾기 힘들다. 우리 눈앞에 보이는 것과 우리 머릿속에서 떠오르는 생각 사이에는 기묘하다고 말할 수 있는 상관관계가 있다. 때때로 큰 생각은 큰 광경을 요구하고, 새로운 생각은 새로운 장소를 요구한다. 다른 경우라면 멈칫거리기 일쑤인 내적인 사유도 흘러가는 풍경의 도움을 얻어 술술 진행되어 나간다."[4] 떠남으로써 시가 탄생하는 순간이다.

여기에서 기억해야 할 점은 '내적 외로움'의 상태를 지속해야 한다는 것이다. 외로움은 혼자 남겨져서 느끼는 단순한 감정이 아니다. 누구에게도 말할 수 없는 비밀을 스스로에게서도 고립시키는 감정. 이 감정은 여행을 떠나게 만드는 동력이자, 외로움을 버텨낼 수 있는 근력이다. 때때로 여행지에서 받은 위안이 '문장'을 완성하곤 한다.

아침저녁으로
짐을 정리하면서

---

3. 알렝 드 보통, 『여행의 기술』, 정영목 역, 청미래, 2002, 161-162쪽.
4. 위의 책, 83쪽.

버리는 연습을 한다

낡은 옷가지와 신발, 사진과 때묻은 수첩까지
한 가지씩 버리면서 버리면서
가벼워지는 연습을 한다

가벼워지면서 나는 깨닫는다
더 가지고 싶어 허둥대던 지난 일들이
얼마나 허망한 것인지
허둥대면서 상처로 남긴
삶의 자국들이
얼마나 부끄러운 것인지

버림의 의미를 새롭게 되새기는 지금
마지막 허망함과 부끄러움마저도
버리고, 또 버리면서
홀가분한 몸으로
나의 구겨진 일상(日常)을 다림질한다

그리고
먼 여행을 준비하는 마음으로
오직 가벼운 영혼(靈魂) 하나
소중히 챙긴다.

– 남상학, 「가벼워지는 연습」 전문

떠난다는 것을 단순히 공간이나 시간의 이동으로 단정 짓기엔 무리가 있다. 공간과 시간의 이동으로 인해 수많은 생각을 하게 만들기 때문이다. 삶의 터전에서 안일함에 매몰되지 않는 것, 과욕과 집착을 버리는 것, 어딘가에 속하지 않는 것, 종국엔 "가벼운 영혼(靈魂) 하나 소중히 챙기"는 것. 이런 것들은 떠남의 본질이다. 하지만 떠남은 곧 돌아옴을 암시한다. 돌아가기 위해 떠나는 것은 아닐 것이다. 분명 떠남은 떠남만의 의미를 가진다. 떠나 있는 동안 우리는 거대한 자연과 잘 다듬어진 사회와 마주하게 된다. 평소에는 느끼지 못했던 자연의 섭리, 시시각각 변하고 있는 사람들의 표정, 평소에는 느끼기 힘들었던 햇볕의 농도와 바람의 밀도. 처음 보는 것들이 나를 둘러싸고, 하루를 지배할 것이다. 낯섦을 느낄 때면 내가 떠나온 길을 뒤돌아보게 된다. 하지만 돌아갈 곳이 있다고 해서 똑바로 그 길로 돌아갈 필요는 없다. 떠남의 미학은 여기에 있다. 내가 걸어온 길은 지워지고 또 다른 길로 돌아가게 되는 것이다.

3
본다는 것의 의미

여행을 떠나면 수없이 마주하게 되는 눈동자가 있다. 가령 사물이나 식물에도 눈이 있다면 생각보다 더 많은 눈동자를 마주하게 될 것이다. 어쩌면 우리는 수많은 눈동자들에 둘러 싸여 살고 있는지도 모른다. 내가 바라보는 것도, 어쩌면 누군가가 나를 보고 있다는 의미겠다. 소설가 존 버거(John Peter Berger)는 『본다는 것의 의미』에서 '보는 행위'에 대해 이렇게 정의했다.

> 관람객들은 동물들을 구경하기 위해 동물원을 찾는다. 그들은 화랑을 찾은 관람객들이 한 점의 그림 앞에서 멈췄다가 곁에 있는 그림, 또는 그 다음다음 그림으로 이동하는 것과 별반 다르지 않게 우리에서 우리로 옮겨간다. (중략) 제 아무리 당신이 동물들을 자세히 본다하더라도, 비록 그 동물이 당신으로부터 한 발자국도 떨어져 있지 않은 쇠창살에 기대어 사람들을 향해 바깥쪽을 보고 있을 경우에조차도, 당신은 철저히 무시되어 주변으로 밀려난 어떤 것을 바라보고 있는 것이며, 당신이 짜낼 수 있는 모든 집중력을 있는 대로 다 짜낸다 하더라도 그것을 다시 중심에 자리잡도록 만들기에는 결코 충분치 못할 것이다.[5)]

우리는 '눈으로는' 보고 있지만 '마음으로는' 보고 있지 않는 경우가 많다. 그저 스쳐지나갈 뿐 충분히 주시하고 관찰하고 배려하지 않는 것이다. 어쩌면 존 버거는 '눈으로 보지 말고 마음으로 보라'는 메시지를 전하고 싶었는지도 모른다. 시를 쓸 때도 마찬가지다. 무언가를 바라볼 때는 수백, 수천 개의 눈을 가지고 응시해야 한다. 그리고 가만히 응시하고 있으면 불꽃처럼 스파크가 튀어오르는 순간이 있다. 그것을 포착해야 한다. 여행에서 본다는 것의 의미는 여기에서 확장된다.

사람들이 여행지에서 가장 많이 행하는 오류는 '사진 찍기'다. 사진은 피사체를 필름이나 저장장치에 그 순간만을 가둘 뿐 그때의 느낌이나 상황을 전부 말해주지 못한다. 아주 오랜 시간 사진을 찍어온 작가도 그 순간을 더욱 극대화하거나 오히려 왜곡할 가능성도 배제할 수 없다. 이를 시에 적용시켜 보자. 시를 쓰는 행위는 사진을 찍듯 그 때의 포착된 이미지를 언어 안에 가두는 것과 같다. 그렇다보니 늘 언어가 표현할 수 있는 한계에 다다를 수밖에 없다.

---

5. 존 버거, 『본다는 것의 의미』, 박범수 역, 동문선, 2000, 36-37쪽.

결국 본다는 것은 그것을 오래 본다고 해서 혹은 순간을 생생하게 사진으로 남긴다고 해서 끝나는 문제가 아니다. 시선이 머물며 탄생하는 언어가 있다. 아주 값비싼 명품 의자나, 분교 한켠에 버려진 낡은 의자나 '사람이 걸터앉는 데 쓰는 기구'라는 기능은 같지만 보는 이가 처한 상황에 따라 다르게 바라보게 된다. 그러나 의자를 바라보는 행위를 통해 얻을 수 있는 어떤 통찰은 하나로 합쳐질 수 있다. 가령 "의자는 명사가 아니라 '기다리다'라는 동사이다."[6]라는 문장에서 우리는 어떤 깨달음을 얻는다.

> 풍경의 진정한 소유는 그 요소들을 살피고 그 구조를 이해하고자 하는 의식적 노력에 달려 있다. 우리는 눈만 뜨면 아름다움을 잘 볼 수 있다. 그러나 이 아름다움이 기억 속에서 얼마나 오래 살아남느냐 하는 것은 우리가 그것을 얼마나 의도적으로 파악하느냐에 달려 있다. 카메라는 보는 것과 살피는 것 사이의 구별, 보는 것과 소유하는 것 사이의 구별을 흐려버린다.[7]

필자는 지난 2015년 9월 17일자 ≪중도일보≫ 여행면에 '바람에 추억이 실려오면, 바다가 다독여줄테니'라는 제목의 거제도 여행기사를 게재한 바 있다. 기사를 작성한 지 수년이 지났지만 아직도 그때의 기억이 선명하다. 그때 마주했던 바닷바람과 몽돌이 구르는 소리, 뱃고동 소리까지 생생하게 떠오른다. 본다는 것은 기억과 기록으로 남는다. 아래는 그 당시 기억을 되살려 준 여행기사의 일부분이다.

---

6. 양병호 외, 『사랑의 시 여행에서 만나다』, 작가와비평, 2012, 190쪽.
7. 알렝 드 보통, 앞의 책, 306쪽.

> 마음의 고향, 거제도. 훌쩍 떠나고 싶을 때 거제를 찾는 이유는 어느 곳에 가도 만날 수 있는 바다의 포근함과 함께 지친 일상을 달래주는 나만의 비밀공간이자 탈출구이기 때문일 것이다. 일에 치이고 사람에 치여 마음이 수심보다 깊어질 때 찾아오면 언제든 다독여주는 바다. 바다는 22살의 철없던 때를 기억하고 있을 것이다. 건널 수 없다고 생각했던 철창을 벗어던지고 사회에 나온 지 5년째. 아직도 미숙하고 서툰 점이 많아 눈물지을 날이 많지만 거제의 바람은 더욱 거세게 나를 채찍질 했다. '아무도 울지 않는 밤은 없어' 거제의 밤바다가 조용히 타이른다. 저 멀리 등대가 비추는 빛을 따라 작은 배들이 하나 둘 모여 들고 있었다.
>
> – 박희준, 여행기사 〈바람에 추억이 실려오면, 바다가 다독줄테니〉 부분

여행은 또 다른 기억의 연장선이다. 본래 기억과 새로운 기억이 만나 충돌하는 과정의 연속이다. 또한 머리는 그것을 기록한다. 22살의 나이로 학비를 벌기 위해 무작정 짐 싸서 내려갔던 거제와, 기자가 되어 여행기사를 쓰기 위해 찾았던 거제, 이 글을 쓰며 사진과 그 당시의 상황이 생생하게 담긴 기사에 존재하는 거제. 모두 다 다르다. 다를 수밖에 없다.

여기에서 본다는 것에 대한 해답을 찾을 수 있다. 본다는 것은 시선과 함께 기억과 기록이 인식되는 과정에서 사적인 감정과 상황에 따라 제각각 결합되어 응축될 수도, 확장될 수도 있다. 어떠한 방식으로든 시간이 지나 기억이 변형될 것이라면, 그것을 기록해 두는 것이 중요하다.

기록은 기억을 배신하지 않는다. 다만 여행지에서 만큼은 절대 펜을 들지 말라. 그리고 최소한의 셔터만 눌러라. 다만 두 눈 가득 담고, 생각하라. 그것이 필자의

여행 철학이다. 시와 여행은 한 끗 차이다. 본다는 것은 쓸 준비를 하는 워밍업인 셈이다.

그때 내 품에는
얼마나 많은 빛들이 있었던가
바람이 풀밭을 스치면
풀밭의 그 수런댐으로 나는
이 세계 바깥까지
얼마나 길게 투명한 개울을
만들 수 있었던가
물 위에 뜨던 그 많은 빛들,
좇아서
긴 시간을 견디어 여기까지 내려와
지금은 앵두가 익을 무렵
그리고 간신히 아무도 그립지 않을 무렵
그때는 내 품에 또한
얼마나 많은 그리움의 모서리들이
옹색하게 살았던가
지금은 앵두가 익을 무렵
그래 그 옆에서 숨죽일 무렵

– 장석남, 「옛 노트에서」 전문

또한 어떤 '눈동자'를 마주했을 때 당신은 이미 쓰고 있을지도 모를 일이다. 무엇을 보았다면 '옛 노트'를 들춰보는 것도 한 방법이다. '옛 노트'에는 그 당시의 풍경과 감정이 아무리 진솔하게 적혀있더라도 노트가 빛이 바래는 것처럼, 자신의 기억도 빛이 바래져 있을 것이다. 본다는 것은 지금 이 순간에도 시시각각 변하고 있다. 흐르고 있는 수많은 눈동자를 응시해야 한다.

4
돌아옴의 미학

여행을 마치고 돌아오는 길은 언제나 아쉽다. 글도 마찬가지다. 본인이 쓴 글은 언제나 아쉬움을 남긴다. 돌아온다는 행위는 다시 처음으로 돌아가는 것이 아니라 또 다른 곳으로 나를 옮겨다준다. 사실 다시 돌아간다는 것이 아쉽게 느껴지는 것은 언제나 그랬듯 반복되는 일상으로 다시 뛰어들어야 하기 때문이다. 하지만 분명한 한 가지는 보고 들은 것들은 배신하지 않는다는 것이다. 다시 뛰어든 삶에도 분명 변화가 있을 것이다. 돌아가는 기차 안, 감상에 빠져든 적이 있을 것이다. 돌아온다는 것은 나도 모르는 종착지로 내달리는 기차와 같다. 사실 일상으로 돌아가면 여행에서의 기억은 시간이 지나면 까마득한 옛날 일이 될 것이다. 다만 여행지에서 있었던 일들은 '뼈와 살'이 되어 있다는 것을 잊지 말자.

필자는 여행지에서는 가능한 한 펜을 꺼내지 않고 돌아가는 기차에서 펜을 꺼내들곤 했다. 발효된 감정은 나의 몸에서 한 번 더 걸러지고 걸러져서 비로소 문장이 된다. "감상은 때때로 무의식적으로 찾아오지만, 여행자는 가끔 그 감상을 인위적으로 만들 필요가 있"[8]다. 물론 갑자기 떠오르는 찰나의 문장은 예외다. 날 것 그대로의 문장이 더 좋을 때도 있다. 필자의 경우 대부분의 글들이 주로 기차에서, 여행을 마친 후 탄생했다. 무의식적으로 밀려 들어오는 생각은 막을 수 없지만, 그 생각을 붙잡고 기록하는 일은 여행자의 부지런함과 집착에 달려있다.

---

8. 윤용인, 『한 손엔 차표를, 한 손에 시집을 시가 있는 여행』, 에르디아, 2012, 14쪽.

겨울의 한가운데에서, 나는 마침내 꺾이지 않는 여름이 깃들어 있음을 알게 되었다.(알베르 카뮈)

알베르 카뮈(Albert Camus)는 여행을 지독히도 사랑했다. 그는 여행에서 기록한 것들을 이후 그의 작품에 다루었는데, 미국 여행기록은 「뉴욕의 비」로 남아메리카 여행기록의 단편들은 「가장 가까운 바다」, 「자라나는 돌」 등을 탄생시켰다. 카뮈는 여행을 "어려움에 대한 관심과 미지의 세계에 대한 사랑"이라고 표현했다. 그에게 여행은 일종의 고행이었고 자기 완성의 수단이자 '낯설게 하기'를 통해서 삶의 참다운 얼굴을 발견하는 수단이었다.

카뮈가 말한 '겨울'은 현재의 일상과 같다. 매일 반복되는 추위에 익숙해지면 '여름'을 잊기 마련이다. 여행에서 꼭 잊지 말아야 할 사실은 '겨울' 속에서 '여름'을 찾는 일이다. 여행지에서 다시 돌아간 곳이 비록 아직 '겨울'일지라도 마음속에는 항상 '여름'을 품어야 할 일이다. 떠나기는 쉽지 않을 것이다. 책상에 앉아 펜을 드는 것도 쉬운 일은 아닐 것이다. 이를 가능하게 만드는 것은 역설적이게도 떠났다가 다시 돌아오는 일에서 비롯된다. 돌아옴으로써 다시 떠날 수 있을 것이고, 돌아옴으로써 책상 앞으로 가서 앉을 수 있는 것이다.

물은 맹수처럼 기다린다. 운문호에서 물의 시퍼런 기다림을 보았다. 기다림은 언제나 길다. 봄 산을 덮는 진달래같은 화려한 폭발을 기다리고 있는 화약 가루의 적막한 시간. 높이에 기대지 않고 서지 못하는 기다림은 수면에 누운 나무 그늘처럼 가늘게 떨고 있다.

움직임을 잃은 물은 수용소의 긴 시간을 안다. 가시철망 너머 바라보는 일몰의 가슴 저미는 쓸쓸함을 안다. 물은 적막한 물질이다. 적막의

극한은 맑을 수 있다. 물의 시퍼런 깊이는 얼룩진 잎새 그늘에 숨어 있는 표범의 우아한 자세같이 살의를 숨기고 기다리고 있다. 물은 다시 흐르는 것이 되기 위하여 결정적인 한순간을 태풍 전야의 고요처럼 기다리고 있다.

– 허만하, 「물은 기다리고 있다」 전문

어제의 강물이 오늘의 강물이 아닌 것처럼, 여행자는 물과 같은 존재다. 위의 시에 나오는 물처럼 여행은 모든 가능성을 내포한다. 같은 여행지라도, 같은 시간이라도 여행자가 느끼는 감정은 제각각이다. 시 또한 모든 가능성을 품는다. 같은 말이라도 배열에 따라, 읽는 이의 상황에 따라 다르게 읽히기 때문이다.

돌아옴의 미학은 여기에서 찾을 수 있다. 얼어붙었다 녹더라도 다시 또 얼어붙는 물처럼. 여행을 떠났다고 하지만, 사실 당신은 여행지에서 떠나 온 것도 되기 때문이다. 고로 여행에서 일상으로 돌아온다는 것은 사실 또 다시 떠나는 여행의 과정일 수도 있다. 가령 여행지에 오래 머물며 여행이 곧 일상으로 느껴졌다면, 다시 돌아온 집이 낯설게 느껴지는 것처럼 말이다. 반면 '다녀오겠습니다, 다녀오세요, 갔다 올게, 잘 갔다 와' 등의 표현에서 정겨움이 느껴지는 것은 항상 돌아옴에 대한 기대가 있기 때문이다.

돌아옴의 역설은 여기에 있다. 삶의 경계를 무너뜨리면서도 다시 되돌아가고 싶어하는 성질. 물이면서 물이 아닌 것이 된다. 시는 이런 돌아옴의 미학과 역설을 동시에 내포한다.

5
가슴에 무엇을 담을까

여행지에서는 누구나 시인이 된다. 가슴에 무엇을 굳이 담으려 하지 않아도 무언가는 담긴다. 하지만 잘 담아야 한다. 싱싱한 것들만 잘 골라 담아야 한다. 시도 마찬가지다. 오래되고 낡은 것들은 솎아내야 한다. "세상은 알 수 없는 것들로 가득 차 있다. 겨울 철새들이 어디서 날아와서 또 어디로 날아가는지 그들의 헤쳐온 망망대해의 구름이 어디에서 비가 되어 내리는지 알지 못한다."[9] 그렇기에 선택과 집중이 필요하다. 여행을 떠나기 전 배낭을 챙길 때의 마음과 같아야 한다. 보고 들은 것들을 다 주워담을 필요는 없다. 다만 '망망대해의 구름'이 어디에서 비가 내릴지 상상해 보는 것이 중요하다.

여행지 상점가에서
그림엽서 몇 장 고를 때면
별달리 이름 환한
사람 하나 있어야겠다고
각별히 절감한다.

이국의 우표를 붙여
편지부터 띄우고
그를 위해 선물을 마련할 것을

9. 양병호, 노용무, 이승철 외, 『그리운 詩, 여행에서 만나다』, 도서출판 박이정, 2006, 133쪽.

이 지방 순모실로 짠
쉐타 하나, 목도리 하나,
수려한 강산이 순식간에 다가설
망원경 하나,
유년의 감격
하모니카 하나,
최소한 일년은 몸에 지닐
새해 수첩 하나,
특별한 꽃의 꽃씨 잔디씨,
여수(旅愁)서린 해풍 한 주름도 넣어
소포를 꾸릴 텐데

여행지에서
그림엽서 몇 장 고를 때면
불 켠 듯 환한 이름 하나의 축복이
모든 이 그 삶에 있어야 함을
천둥 울려 깨닫는다

– 김남조, 「그림엽서」 전문

홀로 여행을 떠나게 되면 가장 먼저 드는 생각은 '나는 혼자가 되었다'는 사실이다. 외로움이 짙어질 때면 떠나온 곳에서 그리운 이들이 떠오를 때가 있을 것이다. 그렇다면 더더욱 철저히 혼자가 되어라. 다만 위의 시처럼 '그림엽서'를 사는 마음은 유지해야 할 것이다.

돌아갈 곳을 완전히 잊어서도, 시간에 쫓겨서도 안 된다. "여행은 비록 모호한 방식이기는 하지만, 일과 생존투쟁의 제약을 받지 않는 삶이 어떤 것인지를 보여준다. 그럼에도 여행에서 철학적인 문제들, 즉 실용적인 영역을 넘어서는 사고를 요구하는 쟁점들이 제기된다고 생각하는 사람은 드물다. 여행할 장소에 대한 조언은 어디에나 널려있지만, 우리가 가야 하는 이유와 가는 방법에 대한 이야기는 듣기 힘들다. 그러나 실제로 여행의 기술은 그렇게 간단하지도 않고 또 그렇게 사소하지도 않은 수많은 문제들과 자연스럽게 연결된다."[10] 아무 이유없이 훌쩍 여행을 떠날 수도 있지만, 잊지 말아야 할 것은 왜 여행을 떠났는지 떠나기 전이든, 떠난 후든 알아야 한다는 것이다.

평소에 관심 없던 것들도 관심을 가져야 한다. 이것은 여행자의 '의무'다. 겨우내 꽁꽁 얼어붙은 강물 아래 흐르는 물의 리듬과 그 물의 리듬 속에서 살아가는 생의 소리를 들어야 한다. 심해에 사는 '이름 모를 물고기'가 되어야 한다. 이를 귀 기울이기 위해서는 나에게 집중해야 한다. 돌아가는 길, 가방 속에는 소중한 사람들에게 줄 기념품과 내 마음 속에 담아야 할 '나를 위한 선물'을 꼭 챙겨야 한다.

6
길의 끝에는 항상 시가 있었다

길 위에서 놓쳐버린 인연을 생각한다. 여행지는 늘 바래져 가는 추억과 수많은 이야기를 머금고 새빨간 입을 벌리고 서 있다. 여행의 이면에는 항상 허무함이 있었다. 시를 쓸 때도 열심히 자판을 두드리다 전원을 끄면 허탈함이 먼저 찾아왔다. 여행은 끝났다. 다시 그 시간을 거슬러 돌아갈 수도, 돌이킬 수도 없다. 하지만 시는 다르다. 시는 내 몸에 축적된 여러 풍경들이 파노라마처럼 펼쳐지며, 겹쳐지고 또 흩어진다. 사실 여행을 떠나며 시를 쉽게 얻고자 하는 요행을

---

10. 알랭 드 보통, 앞의 책, 17쪽.

바라기도 했었다. 종종 시가 찾아오는 행운의 순간이 있었지만 그렇지 않은 경우가 다반사였다. 그러나 아무 욕심 없이 무작정 나간 산책길에서도 만나는 것이 시일 때도 있었다. 명심해야 할 것은 '무작정' 나갔다 해도 '무조건' 시가 찾아오는 것이 아니니 항상 준비된 자세로 길을 나서야 한다는 것이다.

잃어버렸습니다.
무얼 어디다 잃었는지 몰라

두 손이 주머니를 더듬다
길에 나아갑니다.

돌과 돌과 돌이 끝없이 연달아
길은 돌담을 끼고 돌아갑니다.

담은 쇠문을 굳게 닫아
길 우에 긴 그림자를 드리우고

길은 아침에서 저녁으로
저녁에서 아침으로 통했습니다.

돌담을 더듬어 눈물짓다
쳐다보면 하늘은 부끄럽게 푸릅니다.

풀 한 포기 없는 이 길을 걷는 것은
담 저쪽에 내가 있는 까닭이고

내가 사는 것은 다만
잃은 길을 찾는 까닭입니다.

– 윤동주, 「길」 전문

길은 사람이 만든 것이다. 길 위에는 사람이 산다. 길은 곧 사람이라고 해도 과언이 아니다. 길을 걷는 일 자체가 여행이고, 시를 쓰는 행위다. "길과 닮은 것은 무엇보다도 길을 걷는, 길가에 사는 사람이다. 사람이 길을 만들기도 하지만, 길이 사람을 더 크게 만든다는 말은 옳다. 사람은 길에 훨씬 더 깊게 길들여진다."[11] 여행은 길 위에서 시작되고 길 위에서 끝난다. 시도 그렇다. 시인은 독자에게 길을 내어주는 것이다. 잘 닦인 길이든, 험난한 길이든 독자들은 시인이 내어놓은 길을 따라 걷는다. 시인은 묵묵히 길을 내어주고 말없이 뒤따라 걷는 동행자이기도 하다.

시인이 곧 '여행자'라는 생각을 해본 적이 있다. "시인은 언어의 집을 짓고 산처럼 지친 어깨를 누인다. 시는 시인의 숨소리이다."[12] 여행은 곧 시로 연결되며, 시를 쓰는 행위 자체가 여행을 하는 것이라고 굳게 믿는다. 여행 중 만난 들꽃 하나, 작은 돌맹이 하나도 헛되이 스쳐 지나지 않는 것이 시인의 숙명이다. 이 글을 쓰는 지금도 여행과 시는 한몸이라고 확신한다. 다만 내가 쓰는 시가 단 한 번의 여행에 휘둘리지 않게 꽉 붙들고 있어야 한다는 당부를 드리고 싶다. 지나치는 모든 이들에게 늘 여행을 떠나는 마음으로 하루를 보내라고 속삭이고 싶다. 넓은 백사장에 작은 모래알처럼 눈에 보이진 않지만 천천히 가라앉는 시를 쓰고 싶다. 흙탕물이 다시 고요한 시냇물이 되듯이, 회복이 빠른 시를 쓰고 싶다. 배낭에 아무것도 넣지 않아도 두려움 없는 여행을 떠나고 싶다.

---

11. 안치운, 앞의 책, 67쪽.
12. 양병호, 노용무, 이승철 외, 앞의 책,157쪽.

참여하기

1. 여행체험을 한 편의 시로 써 보자.

2. 내가 제일 가고 싶은 여행지를 제시한 후 그 이유를 말해 보자.

3. 여행체험 중 가장 감동적인 순간을 떠올려 보고 그 이유를 말해 보자.

시창작과 문화콘텐츠
Poetry Creation & Cultural Contents

2021년 8월 16일 인쇄
2021년 8월 20일 발행

저 자 김완하 김지숙 김혜경
박세아 박송이 박희준
변선우 성은주 손 미
손혁건 신영연 양인경
여진숙 유선영

발행처 한남대학교 출판부(글누리)
대전광역시 대덕구 한남로 70
전화 (042) 629-7722, 7536

인쇄처 도서출판 이화
전화(042) 255-9708

ISBN 978-89-7066-406-4 93800
정 가 19,000원